현대 명문가의 자녀교육

현대 명문가의 자녀교육

초판 1쇄 발행 2012년 7월 10일   초판 4쇄 발행 2012년 8월 27일

지은이 최효찬   펴낸이 연준혁

출판1분사 분사장 최혜진
디자인 하은혜   제작 이재승

펴낸곳 (주)위즈덤하우스   출판등록 2000년 5월 23일 제13-1071호
주소 (410-380) 경기도 고양시 일산동구 장항동 846번지 센트럴프라자 6층
전화 031) 936-4000   팩스 031) 903-3891
전자우편 yedam1@wisdomhouse.co.kr   홈페이지 www.wisdomhouse.co.kr
종이 월드페이퍼   인쇄·제본 (주)현문   후가공 이지앤비

값 16,000원   ⓒ최효찬, 2012   ISBN 978-89-5913-688-9 13590

* 잘못된 책은 바꿔드립니다.
* 이 책의 전부 또는 일부 내용을 재사용하려면
  저작권자와 (주)위즈덤하우스의 동의를 받아야 합니다.

국립중앙도서관 출판시도서목록(CIP)

현대 명문가의 자녀교육 / 최효찬 지음. — 고양 : 위즈덤하우스, 2012
p. ; cm
ISBN 978-89-5913-688-9 13590 : ₩16000
자녀 교육[子女敎育]
598.1-KDC5
649.1-DDC21   CIP2012002980

현대 명문가의 자녀교육

● 최효찬 지음

● 프롤로그

3대, 100년 동안 수많은 인재를 배출한 현대 명문가,
자식 농사의 비결을 알면 누구나 '부모 노릇' 제대로 할 수 있다!

자녀교육은 아버지한테 달렸다

요즘 새로운 자녀교육의 트렌드이자 신조어로 쓰이는 '딸바보'는 자녀교육에서 아빠의 역할이 강조되는 현상과 맞물려 있다. '아빠의 귀환'이라는 점에서는 환영할 만하다. 자녀교육은 '부모'라는 두 축이 조화롭게 제 역할을 할 때 균형 있는 인재를 키워낼 수 있기 때문이다.

우리 역사상 '딸바보' 아빠를 둔 인재 중에서 가장 유명한 인물을 꼽으라면, 다름 아닌 신인선(신사임당)을 들 수 있겠다. 어린 시절 신인선이 여성이 접할 수 없었던 학문과 '시서화'에 능할 수 있었던 것은 딸바보인 아버지 신명화의 남다른 교육열 때문이었다. 신명화는 딸만 다섯을 두었는데, 아들이 없던 아버지는 둘째 딸 인선을 외출할 때에도 꼭 데리고 다니는 등 마치 아들처럼 키우며 공부를 시켰다. 16세기에 여성은 조신하게 집안일을 배우다 결혼해 현모양처가 되는 게 일반적인 통념이었다. 책을 가까이 하면 "계집애가 글공부를 해선 무엇해? 과거를 볼 건가, 벼슬을 할 건가?"라는 핀잔을 듣기 일쑤였다.

신사임당에 이어 약 100년 후에 또 다시 걸출한 여성이 탄생한다. 조선 중기의 문인인 장계향(1598~1680)이 바로 그 주인공이다. 부인 장씨로도 잘 알려진 장계향은 최초의 한글 요리책인 『음식디미방』의 저자이기도 하다. 더욱이 장계향은 선비들로부터 '여중군자(女中君子)'라는 칭호를 들었다고 한다. 남성 중심의 신분사회에서 여성에게 군자라는 칭호를 부여한 것은 당시로선 이례적이고 파격적이었다. 장계향은 여중군자로 불릴 만큼 학식이 뛰어났을 뿐만 아니라 자식 교육에도 힘쓴 훌륭한 어머니였다. 정부인 장씨는 아들(이현일)과 손자(이재)를 내로라하는 학자로 키워 자신에게 가르침을 준 아버지 장흥효의 퇴계학맥을 잇게 했다.

장계향에게도 신사임당처럼 '딸바보' 아버지가 있었다. 아버지는 퇴계 이황의 수제자로 꼽히는 경당 장흥효다. 그는 아들 없는 집안의 늦둥이 외딸이었던 장계향을 살뜰히 챙겼다. 아버지가 아들에게 하듯 어릴 때부터 직접 학문을 가르쳤고, 사랑방에 손님이 올 때면 딸을 그 자리에 동석시켜 고담준론(高談峻論)을 엿듣게 했다. 딸이 아버지의 사랑방에서 접빈객들 틈에 끼어 이야기를 듣게 하는 것은 그야말로 파격이었다.

"내가 아버님 경당에게 당시로는 아주 늦어서야 본, 아들 없는 외딸이었다는 점도 나를 그렇게 기르는 데 한몫을 했다. 아들 없이 늙어가는 서운함에서였는지 아버님은 내가 말을 알아듣기 시작하면서부터 또래의 여자아이들로서는 받기 어려운 훈도를 베푸셨다."

이는 정부인 장씨를 소재로 쓴 이문열(정부인 장씨의 후손)의 소설 『선택』의 한 구절이다. 삼보컴퓨터 이용태 창업자 역시 정부인 장씨의 시아버지인 운악 이함의 직계 후손이다. 이 집안은 무려 500년을 이어오며 인재를 배출해오고 있는데, 그 시작이 바로 '딸바보' 아버지로부터 교육을 받은 정부인 장씨였다. 그녀는 문화관광부에서 시(詩), 서(書), 화(畵)에 능하고 자녀교육에 귀감이 된다며 '이달의 문화인물'(1999년 11월)에 선정되기도 했다.

신사임당과 정부인 장씨가 조선시대를 대표하는 여성 인물이 되기까지는 '딸바보' 아버지의 남다른 노력에 힘입은 바가 컸다. 오늘날의 '딸바보' 신드롬에서 보듯이 자녀교육에서 어머니 못지않게 아버지 역할은 아무리 강조해도 지나치지 않는다.

아버지의 독특한 자녀교육으로 세계적인 인물을 키워낸 현대의 대표적인 사례로는 영국의 경제학자 존 메이너드 케인스(1883~1946)가 꼽힌다. 세계적인 경제학자 존 메이너드 케인스는 아버지 네빌 케인스에게 진로와 공부에 대해 철저하게 코칭을 받은 '만들어진' 인재였다. 물론 천재적인 수학적 재능을 타고났지만, 거기에 아버지의 자녀교육 열정이 더해져 큰 인물이 탄생할 수 있었던 것이다.

필자는 케인스의 평전을 읽다가 무릎을 쳤다. 케인스의 전기 작가들에 따르면, 케인스가 천재성을 드러내기까지는 아버지 네빌 케인스의 치밀한 자녀교육법이 큰 몫을 했다. 케인스를 영국을 대표하는 경제학자로 만든 것은 이튼스쿨 재학 시절 케인스가 아버지와 주고받은 '공부 편지'였다. 아버지는 아들이 이튼스쿨에 입학하자마자 "공부가 진행되는 상황을 매주 내게 알려주기 바란다"는 내용의 편지를 보냈다. 아버지에게 쓰는 공부 편지는 케인스가 7세 때부터 시작된 습관이었기에 거역할 수 없었다.

케인스는 아버지에게 학습법, 시험 기술, 글쓰기 스타일, 일반적인 품행에 관해 끊임없이 지도를 받았다. 또한 그의 아버지는 공부 편지를 통해 아들을 '고전의 바다'로 이끌었다. 이렇듯 공부 편지 덕분에 아버지는 아들의 학업이나 교우 관계, 그리고 시험 성적 등에 대해 소상히 파악할 수 있었고, 아들은 아버지의 학문적인 정수(精髓)를 흡수하면서 지적으로 성숙할 수 있었다.

8세 때 케인스는 경쟁으로 인한 압박감과 스트레스로 말을 더듬기도 했다. 하지만 아버지의 체계적인 학습 코칭에 힘입어, 이튼스쿨 재학 시절 동안 무려 63개의 상을 탔다. 이어 케임브리지 킹스칼리지로 진학해 수학을 비롯한 고전과 철학, 경제학과 통계학 등을 두루 섭렵했다.

추앙받는 경제학자로서 수학은 물론 고전과 철학에 정통하고 문학과 토론에도 능했던 케인스, 그를 키운 사람은 바로 아버지였다.

자녀가 케인스처럼만 된다면야 부모 노릇이 더없이 보람 있는 일일 것이다. 그러나 현실적으로 대다수 부모들에게 자식 농사는 결코 쉽지 않다. 그렇다고 손놓고 있을 수도 없는 노릇이다.

인생에서 가장 어렵다는 자식 농사,
부모 노릇 제대로 하려면 먼저 비법을 공부하라

사람의 일생에 세 가지가 뜻대로 이루기 어렵다고 했으니, 자식이 그렇고 명리가 그렇고 수명이 그렇다고 했겠다.

조정래의 소설 『아리랑』에 나오는 말이다. 이중에서도 뜻대로 이루기 가장 어려운 게 무엇일까. 누구에게는 자식일 테고, 또 누구에게는 명리(명예와 재력)일 수 있으며, 또다른 누구에게는 수명일 것이다. 처한 환경과 여건, 나이 등에 따라 각각 다른 대답이 나올 수 있다.

그런데 자녀를 둔 부모라면 대부분 '자식'이 가장 뜻대로 되지 않는다고 대답할 것이다. 그 까닭은 명리나 수명은 개인의 노력 여하에 따라 어느 정도 통제가 가능하지만, 자식이야말로 부모의 통제 범위를 벗어나 있기 때문이다. "가만히 내버려두어도 저 스스로 알아서 잘 크더라"라고 말하는 사람도 있겠지만, 이런 경우는 극히 드물다 하겠다.

역사를 살펴보면 중국 황제도 자식 때문에 힘들어했다는 기록이 있다. 청나라의 4대 황제 강희제는 몸소 아들을 가르칠 정도로 열성을 다했지만, 태자 윤잉은 공부하는 흉내만 내고 탈선을 일삼다가 결국 폐위되었다. 또한 8대 황제 도광제는 공부를 싫어하는 맏아들을 걷어차서 죽게 했다. 때로는 황제도 자식 문제만큼은 뜻대로 이루지 못했다는 얘기다.

자녀를 키우다 보면 하는 양이 마음에 들지 않아 버럭 화를 냈다가 이내 반성하는 못난 부모가 되곤 한다. 그럴 때일수록 아이의 단점보다 장점에 주목하면서 강점을 키워주는 장기적인 안목과 계획이 필요하다. 부모가 된다는 것은 끊임없는 인내와 기다림의 연속이다. 아마도 세상에서 가장 힘든 일은 '부모 노릇'이 아닐까.

아들과 손자를 키우면서 『양아록』을 쓴 이문건(1494~1567)은 퇴계 이황 등과 교우한 학식을 갖춘 선비였다. 그런 선비도 놀기만 좋아하고 공부를 등한시하는 아들의 얼굴을 때려 코피를 쏟게 하고, 공부를 멀리하는 손자에게 지팡이를 휘두르기도 했다. 자기 수양으로 존경받은 선비도 말 안 듣는 아들과 손자에게 분노하고 때로는 절망했다. 자녀교육의 어려움은 예나 지금이나 별반 다르지 않은 듯싶다.

조선 선비가 쓴 최초의 육아 일기라 할 수 있는 『양아록』은 이문건이 23년 동안 성주의 유배지에 머물면서 아들과 손자를 키우며 기록한 글이다. 이문건이 그토록 정성을 기울였지만 결국 그의 아들과 손자는 과거에 합격하지 못했고, 선비로 이름을 남기지도 못했다.

조선의 대학자 퇴계 이황의 자녀교육 철학도 눈여겨볼 만하다. 그는 아들에게 613통, 손자에게 125통 등 아들과 손자, 후손에게 모두 1,300여 통의 편지를 써서 가르침을 전했다. 그렇지만 아들과 손자는 과거의 최종 관문인 문과에서 번번이 떨어졌다. 대학자가 생전에 자녀교육으로 얼마나 노심초사했을지 짐작하고도 남을 일이다. 다른 선비나 학자들이 자식과 손자의 과거 합격 소식을 은근히 자랑할 때마다 퇴계는 속울음을 삼켰을지 모른다. 조선에 이름을 떨친 수많은 학자를 양성한 대학자조차 자녀교육만큼은 뜻대로 해내지 못했으니, 자녀교육이 얼마나 어려운 일인지 실감하게 된다.

조정래 작가가 『아리랑』에서 밝힌 뜻으로 보자면, 세상에서 가장 이루기 어려운 자식과 명리, 수명을 모두 얻은 사람이야말로 억세게 운이 좋은 것이라고 이해해도 지나치지 않을 것이다. 이 책 『현대 명문가의 자녀교육』에는 이 세 가지 가운데 특히 이루기 어려운 '자식 농사'의 해법을 담았다. 근현대의 3대, 즉 100여 년에 걸쳐 누구보다 치열한 노력과 열정적인 자식 교육으로 인재를 배출한 11개 가문의 진솔한 이야기들을 엮었다. 한마디로 정리하자면 당대의 핵심 인재를 배출한 명문가들의 '양아록'쯤 되겠다.

필자는 '명문가의 자녀교육 시리즈'를 쓰는 동안 가끔 "명문가의 기준이 무엇이냐"는 질문을 받곤 했다. 흔히 명문가라 하면 사람들은 재력을 기준으로 재벌이나 상류층을 주로 꼽는다. 하지만 그들을 모두 명문가라고 부르기에는 무리가 있다는 데 대부분 동의할 것이다. 명문가에는 재력만으로는 이룰 수 없는 여러 소중한 사회적 가치가 빛을 발하고 있기 때문이다.

필자는 명문가의 기준을 '소통과 공감'이라 생각한다. 명문가란 다름 아닌 '사회적 소통'과 '따뜻한 공감'을 잘 나누는 가문이라 정의할 수 있다. 즉, 명문가란 재력이 많아서도 권력이 높아서도 아닌, 이웃 및 사회와 잘 소통하고 따뜻한 공감을 공유해온 가문에게 주어지는 사회적 명성이라 하겠다.

필자는 당대에 수많은 핵심 인재들을 배출해낸 현대 명문가들에서 다음과 같은 자녀교육 11훈을 발견할 수 있었다.

1. 자녀의 '꿈'을 위해선 때로 '모진 아빠'가 되어라 (피천득 가)
2. 아버지가 '밑줄' 치며 평생 공부하라 (장재식 가)
3. 꿈을 향해 뛰다 보면 언젠가부턴 꿈이 나를 데려간다 (송하성 가)
4. 과학자에게 수학 재능은 기본, 여기에 창의력을 더하라 (홍용식 가)
5. 열심히 하는 것만으로는 부족하다, '잘해야' 한다 (신평재 가)

6. 좋은 아버지란 자녀와의 '대홧거리'가 많은 아버지다 (윤여준 가)
7. 장학금 없이는 유학 갈 생각을 마라 (황병기·한말숙 가)
8. 신념과 자기주장이 강한 아버지가 리더를 만든다 (조지훈 가)
9. '가족문화의 날'을 만들어 재능에 눈뜨게 하라 (전형필 가)
10. 우리 것을 세계에 알리는 '문화 전령사'를 꿈꿔라 (정인보 가)
11. 고학생을 키워준 교회와 남을 위해 일하라 (정일형·이태영 가)

아울러 현대 명문가에서 배우는 큰 인물 만드는 11가지 비법 또한 얻을 수 있었다.

1. 세계적인 여성 물리학자를 만든 피천득의 '역할 모델' 코칭
2. 중3 때 영어 정복한 장하석 교수의 '영영 사전으로 원서 읽기' 공부법
3. 보통 학생을 '열공' 모드로 변화시키는 '100일 작전' 실행법
4. 데니스 홍의 로봇 공식, '어린아이의 호기심 99%+어른의 영감 1%'
5. 영어 못한 고1이 하버드 대학에 들어간 비결, '작심 3년' 공부법
6. 허약한 자녀에게 자신감을 충전시키는 '식스팩(몸짱)' 요법
7. 세계적인 수학자와 물리학자를 만든 '오기 공부법'
8. 외교관의 필수 능력, '3개 외국어+인테그러티(integrity)'
9. 우리 아이를 '문화 리더'로 만드는 '옵저버'형 참여교육법
10. 우리 집만의 DNA를 강화시키는 '독서 리스트' 만들기
11. 교회 종지기 소년을 큰사람으로 만든, '큰 새처럼 꿈꾸기'

이제부터 시인·수필가·물리학자·수학자·외교관·경제학자·변호사·철학자·예술가·정치가·기업가 등 다양한 인재를 배출한 한국 사회 명문가들의 자녀교육 비결을 하나씩 살펴보자. 책을 읽고 나서 여러분도 자식 농사를 멋지게 짓게 된다면 필자는 더없이 영광스러울 것이다. 인재는 10%의 재능에 90%의 열정, 즉 '부모와 자녀가 의기투합하는 열정'으로 완성되는 것이 아닐까.

2012년 7월

최효찬

● 차례

프롤로그 · 005
3대, 100년 동안 수많은 인재를 배출한 현대 명문가,
자식 농사의 비결을 알면 누구나 '부모 노릇' 제대로 할 수 있다!

· · · · · · ·
딸바보의 노하우가 필요한 아버지에게 · · · · · · · · · · · · · · · · · · · 020
현대 명문가의 자녀교육 1 **피천득 가**

한국판 퀴리 부인을 키워낸 원조 딸바보
자녀의 꿈을 위해선 때로 '모진 아빠'가 되어라

〈명문가에서 배우는 큰 인물 만드는 비법 1〉 · · · · · · · · · · · · · 044
세계적인 여성 물리학자를 만든 피천득의 '역할 모델' 코칭

· · · · · · ·
부모 공부가 필요한 부모에게 · 048
현대 명문가의 자녀교육 2 **장재식 가**

케임브리지 대학 최초 '형제 교수' 배출의 비결
아버지가 '밑줄' 치며 평생 공부하라

〈명문가에서 배우는 큰 인물 만드는 비법 2〉 · · · · · · · · · · · · · 077
중3 때 영어 정복한 장하석 교수의 '영영 사전으로 원서 읽기' 공부법

평범한 자녀를 수재로 키우고 싶은 부모에게 · · · · · · · · · · · · · · · · · 080

현대 명문가의 자녀교육 3 **송하성 가**

내 아이의 꿈을 이루는 '수재 만들기 학습법'
꿈을 향해 뛰다 보면 언젠가부턴 꿈이 나를 데려간다

〈명문가에서 배우는 큰 인물 만드는 비법 3〉 · · · · · · · · · · · · · · · · · 107
보통 학생을 '열공' 모드로 변화시키는 '100일 작전' 실행법

자녀를 다빈치처럼 창의적인 인재로 키우고 싶은 부모에게 · · · · · · · · · · · 112

현대 명문가의 자녀교육 4 **홍용식 가**

'과학을 뒤흔드는 젊은 천재 10인'에 뽑힌 로봇 과학자 데니스 홍
과학자에게 수학 재능은 기본, 여기에 창의력을 더하라

〈명문가에서 배우는 큰 인물 만드는 비법 4〉 · · · · · · · · · · · · · · · · · 137
데니스 홍의 로봇 공식, '아이의 호기심 99%+어른의 영감 1%'

공부 잘하는 기술이 알고 싶은 부모에게 · · · · · · · · · · · · · · · · · · · 142

현대 명문가의 자녀교육 5 **신평재 가**

'1000일 독서'로 교보문고를 일으킨 집안의 저력
열심히 하는 것만으로는 부족하다, '잘해야' 한다

〈명문가에서 배우는 큰 인물 만드는 비법 5〉 · · · · · · · · · · · · · · · · · 166
영어 못한 고1이 하버드 대학에 들어간 비결, '작심 3년' 공부법

멘토 역할을 제대로 하고 싶은 아버지에게 · · · · · · · · · · · · · · · · · 170

현대 명문가의 자녀교육 6 **윤여준 가**

형제를 '파파보이'로 만든 아버지의 비결
좋은 아버지란 자녀와의 '대홧거리'가 많은 아버지다

〈명문가에서 배우는 큰 인물 만드는 비법 6〉 · · · · · · · · · · · · · · · · · 201
허약한 자녀에게 자신감을 충전시키는 '식스팩(몸짱) 요법'

● ● ● ● ● ● ●
자녀를 유학 보낼 계획이 있는 부모에게 · 206
현대 명문가의 자녀교육 7 **황병기 · 한말숙 가**

좋아하는 것에 '미친' 그 아버지에 그 아들
장학금 없이는 유학 갈 생각을 마라

〈명문가에서 배우는 큰 인물 만드는 비법 7〉 · 230
세계적인 수학자와 물리학자를 만든 '오기 공부법'

● ● ● ● ● ● ●
자녀를 외교관으로 키우고 싶은 부모에게 · 234
현대 명문가의 자녀교육 8 **조지훈 가**

'공부 스트레스'를 이겨내고 글로벌 인재가 되는 법
신념과 자기주장이 강한 아버지가 리더를 만든다

〈명문가에서 배우는 큰 인물 만드는 비법 8〉 · 263
외교관의 필수 능력, 3개 외국어+인테그러티(integrity)

자녀를 예술가로 키우고 싶은 부모에게 · · · · · · · · · · · · · · · · · · · 268
현대 명문가의 자녀교육 9 **전형필 가**

자녀의 손을 잡고 간송미술관에 꼭 가야 하는 이유
'가족문화의 날'을 만들어 재능에 눈뜨게 하라

〈명문가에서 배우는 큰 인물 만드는 비법 9〉 · · · · · · · · · · · · · · · 294
우리 아이를 '문화 리더'로 만드는 '옵저버'형 참여교육법

자녀를 자기주도적인 인재로 키우고 싶은 부모에게 · · · · · · · · · · · · · · · · · 298
현대 명문가의 자녀교육 10 **정인보 가**

정해진 길보다 '나만의 길'을 찾고 있다면?
우리 것을 세계에 알리는 '문화 전령사'를 꿈꿔라

〈명문가에서 배우는 큰 인물 만드는 비법 10〉 · · · · · · · · · · · · · · 326
우리 집만의 DNA를 강화시키는 '독서 리스트' 만들기

● ● ● ● ● ●
자녀에게 가업을 잇게 하고 싶은 부모에게 · 330
현대 명문가의 자녀교육 11 **정일형·이태영 가**

해방 후 첫 '3대 정치가'를 배출한 내력
고학생을 키워준 교회와 남을 위해 일하라

〈명문가에서 배우는 큰 인물 만드는 비법 11〉· · · · · · · · · · · · · · · · · · · 354
교회 종지기 소년을 큰사람으로 만든, '큰 새'처럼 꿈꾸기

에필로그 · 358
한국을 빛낸 '글로벌 리더'에게 배우는 또 하나의 자녀교육 성공 비결
-고 강영우 전 백악관 차관보와 김용 세계은행 총재의 사례

딸바보의 노하우가 필요한 아버지에게

현대 명문가의 자녀교육 1
피천득 가

수필가

한국판 퀴리 부인을 키워낸 원조 딸바보

자녀의 꿈을 위해선 때로 '모진 아빠'가 되어라

피천득 가에서 배우는 자녀교육법 7

1. 희망을 심어주는 '피그말리온 효과'를 활용하라
2. '친구 같은 아빠'여도 때로는 '모진 아빠'가 되어야 한다
3. '딸바보'의 조건, 아이의 홀로서기를 응원하라
4. 자녀를 결코 편애하지 마라
5. 역할 모델을 갖고 꿈을 이루도록 이끌어라
6. 아버지의 멘토링에는 '생존의 기술'이 담겨 있다
7. 집 안에 늘 음악이 흐르게 하라

수필 『인연』을 쓴 피천득은 7세 때 아버지를, 10세 때 어머니를 여의고 고아나 다름없이 자랐지만, 감성을 울리는 주옥같은 수필을 쓰는 작가가 되었다. 그의 작품 세계의 뿌리는 어린 시절 너무 일찍 아들 곁을 떠나간 엄마가 아니었을까. 소년 시절 어머니와 함께한 피천득.

수필 『인연』으로 잘 알려진 국민 작가 고 피천득(1910~2007)은 유별난 딸 사랑으로도 유명했다. 요즘 유행하는 '딸바보'의 원조가 아닐까 싶을 정도다. 필자는 롯데월드에 있는 '금아 피천득 기념관'을 둘러보면서, 피천득 선생에게 딸 서영은 삶의 전부나 마찬가지였다는 사실을 새삼 확인할 수 있었다. 딸바보 피천득의 무한 사랑을 받은 딸 피서영은 서울대학교를 거쳐 유학길에 올랐고 현재 미국 보스턴 대학교 물리학과 교수로 재직중이다.

    이제는 자녀교육의 새로운 트렌드이자 신조어로 자리 잡은 '딸바보'는 딸을 각별히 아끼는 아버지를 뜻하는 말로, 요즘은 너도나도 딸바보를 자처한다. 지난해에 배우 차승원은 자기 팔뚝에 딸을 상징하는 천사 문신을 새긴 게 드러나 "딸바보 종결자"로 화제가 되기도 했다. 피천득은 어쩌면 우리 시대 딸바보의 '원조'라고도 할 수 있는데, 실제로 피천득이 쓴 수필에서 딸 서영은 실명으로 종종 등장한다. 심지어 딸의 이름을 제목으로 삼은 『서영이』라는 수필도 있다. 『서영이』는 제목에서도 이미 예상했겠지만, 바로 딸을 향한 애틋한 사랑을 담은 작품이다.

다행히 내가 오래 살면 서영이 집 근처에서 살겠다.

피천득의 다른 수필 작품 『나의 사랑하는 생활』에도 서영이 등장한다. 그는 "서영이가 크면 눈 내리는 서울 거리를 같이 걷고 싶다"며 자신이 딸바보라는 사실을 숨기지 않았다.

다른 사람이 없는 방 안에서 내 귀에다 귓속말을 하는 서영이 말소리를 좋아한다. 서영이가 크면 눈 내리는 서울 거리를 같이 걷고 싶다.

피천득은 심지어 비가 오거나 딸이 조금이라도 아프면 학교에 보내지 않았다고 한다. 이와 관련해 유명한 일화가 지금도 회자된다.

우리 딸아이가 공부를 잘하니까 경기여고와 이화여고 양쪽에서 보내달라고 했지요. 이화여고 교장이 나하고 친구였는데 무슨 조건이든 다 들어줄 테니 저희 학교로 보내라는 거예요. 그래서 내가 조건을 제시했죠. 학칙상 수업 일수의 3분의 2만 출석하면 되니 나머지 3분의 1은 결석을 시키겠다. 그 조건을 들어주면 우리 딸을 보내겠다. 그렇게요. (피천득 외, 『대화』 중에서)

이쯤 되면 피천득이 생전에 얼마나 지독한 딸바보였는지 짐작하고도 남을 것이다. 요즘의 딸바보 아빠들과 비교해도 절대 뒤지지 않을 정도다.

희망을 심어주는 '피그말리온 효과'를 활용하라

피천득은 실제로 비가 내리거나 서영의 건강이 조금이라도 염려되면 아예 등교를 시키지 않았다. 딸을 직접 가르치고 싶은 마음도 있었겠지만 그보다는 딸을 옆에 두고 싶은 바람이 더 컸을 것이다.

비가 오는 날이면 피천득은 기다렸다는 듯이 딸을 서재로 데려와 직접 공부를 가르쳤다. 서울대 영문학과 교수이자 유명한 수필가였으니 영어나 국어는 누구보다 잘 가르쳤을 것이다. 당연히 서영의 학교 결석은 잦을 수밖에 없었고, 그러다 보니 평소의 학업 성적도 썩 좋지는 않았다. 대신 아빠의 과외 덕분인지 모의고사 성적만큼은 다른 학생들보다 월등히 뛰어났다.

피천득이 딸바보의 원조라면, 피서영은 '엄친딸'의 원조라고 할 수 있다. 피천득의 식을 줄 모르는 딸 사랑은 서영이 대학생이 된 뒤에도 변함이 없었다. 1965년 서울대 화학과에 들어간 서영은 밤늦게까지 실험을 하느라 늦게 귀가하기 일쑤였다. 그때마다 피천득은 딸을 데리러 학교까지 찾아가곤 했다. 그리고 결국에는 실험을 하지 않아도 되는 물리학과로 바꾸게 하기까지 했다. 오늘날의 피서영 교수가 세계적인 물리학자가 된 것은 아빠의 '못 말리는 딸 사랑' 덕분이라고 할 수 있다.

그의 지극한 딸 사랑은 서영이 어린 시절에 쓴 「기다림」이라는 시에도 잘 나타나 있다.

아빠는 유리창으로
살며시 들여다보았다

뒷머리 모습을 더듬어
아빠는 너를 금방 찾아냈다

너는 선생님을 쳐다보고
웃고 있었다

아빠는 운동장에서
종 칠 때를 기다렸다

그렇다고 피천득이 딸을 응석받이로 키운 것은 아니다. 그는 인생의 스승이자 멘토 역할에도 최선을 다했다. 피수영에 따르면, 피천득은 딸에게 "퀴리 부인처럼 되어라", "아인슈타인같이 공부해라"라는 말을 자주 들려주었다고 한다. 어린 딸의 남다른 총명함을 일찍 알아본 피천득은 딸이 세계적인 과학자가 되기를 바랐다.

퀴리 부인은 라듐을 발견한 위대한 여성 과학자로, 역시 과학자인 남편 피에르 퀴리와 노벨 물리학상을 공동 수상한 데 이어 노벨 화학상을 단독 수상했다. 그의 딸 부부도 노벨 화학상을 공동 수상해 2대째 노벨상 수상자를 낸 가문이 되었다. 피천득은 딸 서영이 퀴리 부인을 역할 모델 삼아, 훗날 노벨상을 받는 훌륭한 여성 과학자로 성장해주기를 염원했던 것이다.

누군가에 대한 믿음, 기대, 예측이 그 대상에게서 실현되는 것을 '피그말리온 효과'라고 하는데 피천득은 이런 심리를 활용한 것이라고 할 수 있다. 피서영은 "퀴리 부인처럼 되어라"라는 아빠의 바람대로 훗날 저명한 과학자가 되었다. "칭찬은 고래도 춤추게 한다"는 말이 있듯, 자녀교육에서도 칭찬과 격려의 효과는 상상 이상이라 하겠다.

'친구 같은 아빠'여도
때로는 '모진 아빠'가 되어야 한다

피천득은 딸이 더 넓은 세상으로 나아가 공부할 수 있도록 미국으로 유학 보내기로 굳게 마음먹었다. 툭하면 학교에도 보내지 않고 딸을 끼고 돌았던 딸바보로서는 중대한 결심이자 모험이 아닐 수 없었다. 그가 수필에서 썼듯이 딸을 평생 옆에 두고 살고 싶었지만, 딸의 미래를 위해 이기적인 아빠이기를 스스로 포기한 것이다. 딸을 사랑하는 인자한 아빠였지만, 딸의 미래가 달린 결정적인 순간에는 더없이 단호했다.

1970년대 초반의 국내 과학 연구 환경은 그야말로 척박했다. 서울대 교수였던 그는 딸이 유능한 과학자로 성장하기에는 국내의 열악한 교육 환경으로는 역부족이라는 사실을 누구보다 잘 알았다. 피천득은 45세인 1954년, 1년 동안 하버드 대학교의 연구교수로 지내면서 세계적 수준의 선진 교육 환경을 경험한 바 있었다. 더 크게 성장할 수 있는 딸의 가능성과 더 '큰 물'을 경험한 아버지로서 딸의 미래를 위해 가만히 있을 그가 아니었다. 그는 서영에게도 선진 교육 환경에서 공부할 수 있는 기회를 주고 싶었다.

> 대학 졸업 후 딸아이는 미국으로 유학을 가게 되었지요. 학비도 면제되는 조건인데 떠나기 전날 울면서 가지 않겠다는 거예요. 간신히 달래놓았는데 공항에서 또 어떻게나 울어대던지요. (피천득 외, 『대화』 중에서)

피서영은 뉴욕 주립대 스토니브룩 대학교 장학금을 받고 유학길에 올랐다. 그런데 며칠 후 미국에서 공부하고 있어야 할 서영이 돌연 귀국해 집으로 돌아왔다.

> 혼자서는 미국에서 도저히 못 살겠다는 딸아이를 달래 다시 미국으로 보냈는데 한 달 만에 또 왔어요. 그 짓을 세 번이나 했지요. (피천득 외, 『대화』 중에서)

그렇게 딸을 떠나보낸 피천득은 서영이 남긴 인형을 곁에 두고 허전한 마음을 달랬다. 그 인형이 바로 세간에 화제를 모았던 '난영'이다. 이

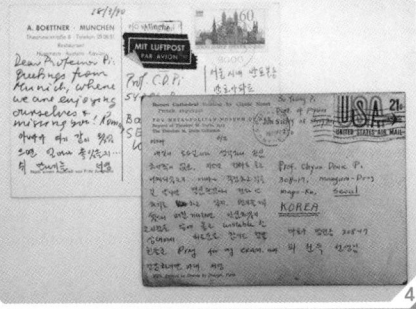

---

1. 작가 피천득은 2남 1녀의 자녀 중에서 딸 '서영'을 유별나게 사랑한 '딸바보'였다. 차남 피수영(전 아산병원 부원장)은 딸바보 아버지에게 서운한 점이 많았다고 한다. 필자와 인터뷰를 하고 있는 피수영..
2. 소설가 박완서와 함께
3. 롯데월드 3층에 '금와 피천득 기념관'(금와는 피천득의 호)이 있는데 여기에는 생전 그가 쓰던 서재와 책상이 그대로 재현되어 있다.
4. 피천득을 '딸바보'로 만든 서영의 엽서. 1972년 6월 미국 MIT 대학 유학 시절에 보낸 것으로 엽서에서도 아빠에게 반말로 적고 있다. 피서영은 현재 보스턴대학 물리학과 교수로 재직중이다.

인형은 피천득이 하버드 대학교 연구교수직을 마치고 귀국할 때 동생이 없는 서영을 위해 사다 준 것이다.

피천득은 2000년 5월 29일 〈중앙일보〉 인터뷰에서 "선생님이 늘 씻어주고 이불 덮어 재워준다는 난영이라는 딸은 지금도 잘 있나요?"라고 묻자 이렇게 답했다.

"하하, 잘 있지. 우리 딸이 가지고 놀던 건데, 다른 사람이 보면 우스운 어린애 같은 놀음이지만 내가 그런 면이 있지. 해변에서 조가비나 돌멩이를 줍는 그런 마음이지."

피천득은 서영이 유학을 떠난 뒤에는 난영을 마치 서영의 동생처럼 보살피고 돌보았다고 한다. 결코 주책없다고 할 수 없는 딸바보의 부성애를 읽을 수 있는 대목이다. 난영은 금아 피천득 기념관에 고이 전시되어 있다.

2003년 피천득은 한 대담 자리에서 "그때 유학 보내는 것을 포기하고 미국으로 보내지 않았더라면 일생 딸을 가까이 두고 행복하게 살았을 텐데 말이에요"라고 소회를 털어놓기도 했다. "다행히 내가 오래 살면 서영이 집 근처에서 살겠다"고 말하던 딸바보였지만 딸의 장래를 위해서는 기꺼이 '모진 아빠'가 될 수밖에 없었던 것이다.

딸바보의 조건,
아이의 홀로서기를 응원하라

피천득은 딸에게 자애로운 아빠, 즉 '자부(慈父)'였지만 결정적인 순간에는 이렇듯 '엄부(嚴父)'이기도 했다. 딸에게 언제나 살갑고 다정했지만, 아이의 인생이 걸린 중대한 문제 앞에서는 마치 페르소나(persona, '가면을 쓴 인격'이라는 뜻)처럼 '엄부'의 얼굴로 바뀌어 냉정한 멘토로서 딸을 이끌었다.

서영은 아빠의 바람대로 퀴리 부인과 아인슈타인을 역할 모델 삼아 과학자의 길로 정진했고 세계적인 과학자가 되었다. 현재 서영은 이론물리, 특히 우주론 분야의 세계적인 물리학자로 손꼽힌다. 1989년 어느 국내 언론 매체에서 선정한 '한국을 빛내는 해외 과학자'로 국내에도 소개된 바 있다.

아빠,

지난번 전화할 때 울어서 어찌되었는지 아빠가 걱정하고 있을 걸 알지만 결심한 것이니 전화 안 하기로 하고 있지. 편지를 자주 썼으니 며칠 기다리면 안심하겠지. 큰 시험을 앞에 놓고 unstable(불안)한 상태에서 외로움을 참기는 정말 힘들군. Pray for my exam. 아빠 건강하기만 바라. 서영.
(1972년 6월, 피서영의 편지 중에서)

서영은 유학 도중에도 아빠에게 종종 엽서를 보내며 부녀간의 정

----

5. 피천득의 2남 1녀 자녀들의 어린 시절 모습. 아빠의 유별난 딸 사랑 때문에 어린 형제는 마음의 상처를 입었을지 모른다.

6. 피천득은 사랑하는 이들의 사진을 액자에 넣어 서재에 전시했다. 도산 안창호와 베토벤, 외손자 재키브 등의 사진이 보인다. 피천득은 청소년 시절 춘원 이광수의 집에서 지냈고, 이때 주요한 등의 도움으로 상하이에 유학해 호강대학에서 영문학을 공부했다. 이때 안창호 선생을 만났는데 청빈한 독립운동가의 삶에 감동했다고 한다.

7. 피천득은 '원조 딸바보'였다. 그의 수필의 주인공이기도 한 딸 서영과 옛 서울대 교정에서.

8. 바이올리니스트로 활동중인 외손자 스테판 피 재키브(피서영의 외아들)는 외할아버지의 문학 세계가 음악적 영감의 원천이라고 말한다.

을 이어갔다. 딸은 마치 친구에게 하듯 아빠에게 엽서를 보냈다. 피천득은 이미 1960년대에 요즘 유행하는 '친구 같은 아빠'였던 셈이다. 친구 같은 아빠의 진짜 모습이란 이렇게 부모는 자녀를 사랑하고 자녀 또한 부모를 존경하며 서로 믿고 진심을 다하는 것이라 하겠다. 이상적인 부모 자녀 관계는 어렵고 힘든 일이 있을 때 언제든 친구처럼 허심탄회하게 털어놓고 조언을 구하는 사이일 것이다.

서영이 외롭고 고된 유학 생활을 성공적으로 버텨낼 수 있었던 원동력 중 하나가 바로 아빠와의 편지 왕래였음은 의심의 여지가 없다. 서영이 아빠에게 보낸 편지에는 시험 스트레스, 타국 생활의 외로움과 가족을 향한 그리움, 향수를 토로하는 내용이 엿보인다. 이런 딸의 편지를 받아볼 때마다 피천득은 뜨거운 속울음을 삼켰을 것이다. 그러나 피천득은 무조건 딸의 편에서 보듬기보다 때로는 자상하게 다독이고 때로는 엄하게 타이르면서 딸이 힘든 시기를 잘 극복하도록 이끌었다.

피천득은 수필을 다음과 같이 정의했다.

> 수필은 청자연적이다. 수필은 난(蘭)이요, 학(鶴)이요, 청초하고 몸맵시 날렵한 여인이다. 수필은 그 여인이 걸어가는 숲속으로 난 평탄하고 고요한 길이다.

어쩌면 "그 여인"은 피천득의 나이 10세 때 세상을 떠난 그의 어머니 혹은 그의 딸 서영이라는 생각이 언뜻 스친다.

자녀를 결코
편애하지 마라

"글쎄 지금은 오히려 잘된 일인지 모르겠지만…… 나는 딸아이를 너무 편애했어요."

피천득은 생전에 이렇게 고백했다. 자신의 바람대로 훌륭한 물리학자로 성장한 딸이 기특하고 대견한 한편, 딸바보로서의 자기반성도 엿보인다. 왜냐하면 그에게는 서영뿐 아니라 두 아들도 있었기 때문이다.

아버지의 편애 속에서도 두 아들은 반듯하게 자라 걸출한 인재가 되었다. 장남 피세영은 1960년대 한국의 라디오 진행자 1세대인 이종환, 최동욱과 함께 '디제이(DJ) 3인방' 중 한 사람이다. 나아가 라디오 드라마, 연극, 뮤지컬 등에서도 명성을 떨쳤고, 제4회 동아연극상 남자 연기상을 수상한 한국 공연계의 주요 인사였다. 1960년대 청춘의 상징으로 통했던 서울 무교동의 음악 감상실 '세시봉'에서 유명 디제이로 활약한 이력도 빼놓을 수 없겠다. 그를 제외하고서는 '세시봉 시절'을 이야기할 수 없을 정도다. 한창 전성기일 때 피세영은 "너무 지쳤다"며 돌연 미국으로 떠났다. 그는 캐나다에서 사업을 하다가 40년 만에 귀국해 문경새재에서 살고 있다.

차남 피수영은 서울대학교 의과대학을 졸업하고 미국으로 건너가 20여 년 동안 미네소타 의과대학 외래 부교수 등을 지냈다. 1995년 귀국 후에는 서울아산병원 신생아과 과장을 거쳐 부원장으로 재직했다.

문경새재 집에서 필자와 만난 피세영은 '아빠'에게 서운한 점도 있었다고 털어놓았다. 고희를 넘긴 아들은 아직도 피천득을 '아빠'라고 부르고 있었다. "아빠는 아빠로서 역할을 다하셨지만 자식 입장에서는 서운한 점이 많았다"는 것이다. 아버지에게 인정받고 싶은 마음도 컸지만 아들에게는 그만의 꿈이 있었다. 피세영은 연극인의 꿈을 위해 동국대학교 연극영화과에 지원하겠다고 고집을 부렸다. 당시 동국대학교 연극영화과는 신설 학과로 첫 입학생을 모집하고 있었다. 자녀들이 과학자나 의사가 되기를 바랐던 피천득에게 어쩌면 이는 쉽게 받아들일 수 없는 꿈이었을 것이다.

이후 피세영은 연극인, 성우, 디제이로 명성을 얻었지만 아버지에게는 인정을 받지 못했다고 한다. 동생 피수영은 "아버지가 형의 선택에 대해 용기를 주고 격려해주었다면 훨씬 더 성공할 수 있었을 겁니다"라며 아쉬움을 전했다.

구약성서의 〈창세기〉에 나오는 이야기를 보면, 야곱에게 12명의 아들이 있었는데 야곱은 늦둥이로 얻은 요셉을 편애했다. 그래서 그는 다른 자식들에게 준 비단보다 동전 두 닢 가치가 더 나가는 비단을 요셉에게 주었다고 한다. 이를 알고 분노한 요셉의 형들은 급기야 요셉을 노예로 팔아버렸고, 그는 이집트로 끌려가 파란만장한 삶을 살게 된다. 성경에서 요셉의 이야기를 통해 전하는 가르침은 '자녀를 편애하지 말라'는 것이다. 아버지 야곱은 12형제를 각자의 개성에 맞게 고르게 사랑한 것이 아니라 요셉 하나만 차별적으로 편애했고, 결국 큰 화를 부르고 말았다.

유대인의 율법이 담긴 탈무드의 가르침 역시 마찬가지다. 편애는 치우친 사랑을 받는 사람에게까지도 결국 마음의 상처를 주기 때문이다.

부모나 스승에게는 편애를 받을지언정 형제자매나 친구들한테는 미움을 살 수 있다. 편애는 차별을 낳고 차별은 미움과 시기심을 싹트게 한다. 탈무드에서도 자녀에 대한 공평한 사랑이란 자녀 모두를 똑같은 방식으로 사랑하는 것이 아니라 각자의 개성에 맞게 치우침 없이 사랑하는 것이라고 강조한다.

『죽기 전에 한번은 유대인을 만나라(The Book of Jewish Values)』의 저자, 랍비 조셉 텔루슈킨은 이렇게 조언한다.

> 자식들을 차별적으로 사랑하는 부모는 상대적으로 사랑을 적게 받는 자식에게 평생 지울 수 없는 상처를 줄 수 있다. 한 자식이 세상으로 나가면서 자기 부모조차 다른 형제자매보다 자신을 덜 사랑한다는 느낌을 갖는 것만큼 불행한 일이 또 있을까?

아무리 딸바보, 아들바보라도 자녀가 여럿이라면 다른 자녀를 차별하거나 편애해선 안 된다. 아들은 아들대로, 딸은 딸대로 각자의 개성에 맞게 고르게 사랑해야 한다.

역할 모델을 갖고
꿈을 이루도록 이끌어라

피천득 가문은 서울 토박이로 할아버지가 사업으로 성공해 부유해졌다. 한때는 서울의 알짜배기 땅을 많이 소유했을 정도로 갑부였다. 하지만 피천득은 어렸을 때 부모님이 세상을 떠나는 바람에 힘겨운 어린 시절을 보냈다.

소년 피천득은 한동안 춘원 이광수의 집에서 지내기도 했다. 춘원은 피천득에게 부모이자 멘토 같은 존재였다. 춘원의 든든한 후원이 없었다면 피천득은 영문학자이자 수필가, 시인으로 이름을 남길 수 없었을지도 모른다. 상하이 호강대학교로 유학을 가 영문학을 공부할 수 있었던 것도 춘원의 후원 덕분이었다. 또한 상하이 유학 시절에는 도산 안창호에게 도움을 받았는데, 독립운동가로서의 그의 삶에 깊은 감명을 받았다. 그는 자신의 롤모델로 도산을 꼽으며, 독립운동에 평생을 바치고 사리사욕을 멀리한 청빈한 삶에 감동했다고 회상하곤 했다.

피천득의 문학적 역할 모델은 영국 시인 윌리엄 버틀러 예이츠였다. "바람 소리만도/마음을 아프게 하거든"이라고 노래하던 예이츠처럼, 피천득은 시를 사랑하며 평생을 '소년'으로 살았다. 또한 하버드 대학교 연구교수 시절에 만난 시인 로버트 프로스트에게도 많은 영향을 받았다.

어린 시절 고아나 다름없이 자란 피천득은 한 사람의 삶에 부모와 멘토, 역할 모델이 얼마나 중요한지 누구보다 잘 알았다. 그러했기에 자녀들의 인생 설계에서 부모와 멘토 역할에 최선을 다하고자 했다.

최근에 『잘 가요 엄마』라는 소설을 펴낸 작가 김주영 역시 아버지의 얼굴도 모르고 자란 데다 일곱 살 때 아버지를 여의었기에 아버지에 대한 상(像)이 없다고 한다. 그래서 그의 소설에는 아버지에 대한 이야기가 없다. 아버지에게 단 한 번의 사랑도 받지 못하고 자랐기 때문이다.

그런데 어머니마저 10세 때 여의었다. 그는 세상에 그렇게 홀로 남겨져 자신의 의지와 힘만으로 세상과 대면해야 했다. 피천득과 김주영은 어린 시절 일찍이 부모님을 여의고 어두운 숲의 환한 등불과도 같은 부모의 사랑 없이, 멘토의 격려 없이 험난한 인생의 굽잇길을 묵묵히 걸어서 이 시대의 거목 같은 작가로 자리매김한 것이다.

피천득은 생전에 자신의 서재에, 존경하는 안창호를 비롯한 위인들의 사진을 액자에 담아 세워두었다. 또한 스웨덴 태생의 아름다운 여배우 잉그리드 버그먼의 사진을 액자에 담아두고 보기를 즐겼다. 어쩌면 액자 속의 안창호는 '아버지'를 대신하는 존재였고, 잉그리드 버그먼은 어린 시절 어머니의 죽음으로 인한 모성 결핍에 대한 보상 심리는 아니었을까.

아버지의 멘토링에는 '생존의 기술'이 담겨 있다

차남 피수영은 어려서 자주 아팠다고 한다.

"아버지의 친구인 이국주 교수님(전 서울대학교)께 자주 진료를 받았어요. 그러면서 의사가 되겠다는 꿈을 가졌죠."

수영은 이국주 교수와 홍창의 교수를 역할 모델로 삼았고, 소아과를 거쳐 신생아학의 개척자가 되었다. 피천득도 어릴 적부터 아들이 의사가 되었으면 하는 소망을 종종 내비쳤다. 험난한 세상을 살아가는 생

----
9. 딸 서영의 어릴 때 모습. 딸바보 아빠를 두어서인지 서영의 사진이 유독 많다.

10. 미국 유학을 떠나며 남겨진 딸 서영의 인형에게 피천득은 '난영'이라는 이름을 지어주었다. 딸이 그리운 아빠는 인형을 딸 삼아 매일 옷을 갈아입혀주고 살뜰히 보살폈다.

11. 피천득의 장남 피세영은 1960년대 '세시봉' 3인방으로 전성기를 구가하다 돌연 미국으로 건너가 사업가로 변신했다. 40년 만인 2010년에 귀국해 지금은 문경에서 자연을 벗하며 살고 있다.

존의 기술로써 아들이 의술을 펼칠 수 있도록 멘토링하며 꿈을 이룰 수 있도록 적극적으로 이끌었다. 그의 수필 『피가지변(皮哥之辯)』에 이런 대목이 나온다.

> 피(皮) 씨의 직업은 대개가 의원이요, 그중에는 시의(侍醫, 임금·왕족의 진료를 맡은 의사)도 있었다는 것이다. (……) 의학을 공부하는 우리 '아이'는 옥관자는 못 달더라도 우간다에 가서 돈을 많이 벌어 가지고 올 것이다.

수필에서 보듯 피 씨 집안에는 대대로 의사가 많았던 모양이다. 피천득의 아들은 "우간다에 가서 돈을 많이 벌어" 오는 대신 미국에 가서 의사로서 명성을 얻었다.

어려서 병치레가 잦아 병원을 제집 드나들듯 했던 아이는 훗날 아픈 아이들을 돌보겠다며 소아과 의사의 꿈을 키웠고, 자칫 세상의 빛을 못 볼지도 모르는 여린 새 생명들을 구하고자 미국 유학 때 신생아과에 도전했다. 당시 국내에서는 신생아과를 찾아볼 수 없던 시절이었다.

피천득은 수영의 선택을 지지하고 아낌없이 후원했다. 한번은 38세가 되도록 결혼도 하지 않은 채 미국 땅에서 의사로 고군분투하는 아들의 손을 꼭 감싸 쥐고 한동안 아무 말 없이 다독였다고 한다. 수영은 그날 아버지의 모습을 아직도 잊지 못한다고 했다.

집 안에 늘
음악이 흐르게 하라

피천득은 생전에 음악을 아주 좋아했다. 음악 전문 FM 채널이 생기자 누구보다 기뻐했다. 그는 "음악이야말로 신이 인간에게 준 최고의 선물"이라며 "베토벤 교향곡 9번이 여전히 내 마음을 가장 사로잡고 있다"고 말하곤 했다.

한 집안의 유전적 성향은 지속적으로 그 후세들에게 발현되곤 하는데, 피천득 가는 예술적 재능과 의사의 자질이 이어지고 있는 듯하다. 피수영은 "할머니가 거문고 연주를 잘하셨다고 들었어요. 후손들의 예술적 자질은 할머니에게서 대물림된 것 같죠"라고 말하며 웃었다. 피수영의 외가 쪽에서는 외할아버지와 외삼촌이 의사였는데 그 역시 의사다.

피세영과 피수영의 자녀들은 모두 미국에서 살고 있다. 세영의 네 자녀는 미국과 캐나다에서 영화와 애니메이션 등의 분야에서 일하고 있다. 차남 수영의 두 아들은 모두 로스쿨에 재학중이다. 보스턴 대학교 물리학과 교수인 피서영은 역시 물리학과 교수(MIT)인 남편과의 사이에 외아들을 두었는데 그가 바로 바이올리니스트로 유명한 스테판 피 재키브다. 스테판은 물리학자 부모 밑에서 자랐지만 4세 때 바이올린을 켜기 시작해 지금은 전 세계 클래식계의 주목을 받으며 활동하고 있다. 피천득은 스테판에게 바이올린을 직접 사주기도 했다.

2000년 스테판은 14세 나이로 런던필하모닉과 멘델스존의 곡을 협연했을 때 깐깐하기로 이름난 유럽 평론가들에게 '바이올린 천재'라는 극찬을 받기도 했다. 지금도 세계의 유명 오케스트라들이 그와 협연하기 위해 러브콜을 보낸다. 스테판은 "클래식계의 아이돌"이란 별명을 가진 '앙상블 디토'의 멤버이기도 하다. '앙상블 디토'는 비올리스트 리처드 용재 오닐이 이끄는 다국적 실내악단이다.

스테판은 한 인터뷰에서 외할아버지의 문학과 음악에 대한 소양이 자신이 음악가가 되는 데 자양분이 되었다고 했다.

"네 살 무렵부터 십대 때까지 여름방학 때마다 한국을 찾아 할아버지와 함께 지냈어요. 내 음악적 영감의 원천은 외할아버지입니다."

그는 할아버지와 함께 보낸 시간을 통해 음악을 이해하고, 외할아버지의 작품을 통해 문학을 이해하게 되었다고 말한다. 피천득은 방학 때마다 찾아오는 외손자와 함께 바흐의 칸타타와 브람스의 교향곡, 베토벤의 현악 사중주를 들었다. 스테판은 "외할아버지는 제가 위대한 음악에 눈과 귀를 열도록 이끌어준 분"이라며 어느 인터뷰에서 말한 바 있다. 할아버지는 시와 그림, 영화, 체스도 가르쳐주었다. 흔히 손자 손녀는 아버지가 아니라 할아버지의 사랑으로 큰다는 말이 있다. 피천득은 딸 서영에게 준 지극한 사랑 못지않게 외손자에게도 큰 사랑을 베풀었다.

피천득은 외손자의 음악적 재능에 기뻐했고, 거문고 연주자였던 어머니의 재능이 대물림된 것이라고 믿었다. 피천득은 외손자와 함께 유럽 여행을 하기도 했다. 피천득이 문학적으로 매료된 시인 윌리엄 버틀러 예이츠의 고향인 아일랜드의 더블린에 들른 것도 그때였다. 스테판은 당시 여행을 이렇게 추억했다.

"예이츠의 무덤 앞에서 할아버지는 제게 그 비문에 새겨진 문구를 외우라고 하셨어요. '삶과, 죽음을, 냉정히 바라보라, 길손이여, 지나가라(Cast a cold eye on life, on death, horseman, pass by)'라는 내용이었어요."

피천득은 떠났지만, 스테판의 마음속에는 음악의 영감을 불어넣어 준 외할아버지의 자리가 오롯이 남아 있을 것이다.

평생을 소년같이 살았던 피천득은 자녀들의 기억 속에 여전히 '소년 같은 아빠'로 남아 있다. 그가 늘 어머니를 '엄마'라고 부른 것처럼 말이다. "5월은 금방 찬물로 세수를 한 스물한 살 청신한 얼굴이다"라고 했던 그의 글처럼 우리에게도 그는 언제나 소년이다.

피천득의 묘비명에는 "사랑을 하고 갔구나"라고 새겨져 있다. 그의 아들과 딸, 손자뿐 아니라 그를 기억하는 모든 사람들은 그가 남긴 소년 같은 웃음과 글들을 그리워하며 오늘도 변함없이 사랑의 의미를 되새기고 있다.

**명문가에서 배우는
큰 인물 만드는 비법 1**

세계적인 여성 물리학자를 키워낸
피천득의 '역할 모델' 코칭

프랑스가 자랑하는 대문호 빅토르 위고(1802~1885)는 14세 때 "샤토브리앙이 아니면 아무것도 되지 않겠다!"라고 당차게 선언하며 작가의 길로 들어섰다. 프랑수아르네 드 샤토브리앙(1768~1848)은 당시 프랑스를 대표하는 작가이자 정치가였다. 샤토브리앙의 작품을 읽고 깊이 감동한 위고는 그의 작품뿐 아니라 삶에도 매료되어 주저 없이 그를 자신의 역할 모델로 삼았다.

샤토브리앙은 브르타뉴 지방의 오래된 귀족 가문의 둘째 아들로 태어났다. 그가 태어났을 때는 가문이 이미 파산한 뒤였다. 군인이었던 샤토브리앙의 아버지는 식민지와의 상업 거래와 노예 매매에까지 손을 뻗치는 등 그야말로 수단과 방법을 가리지 않고 무너져가는 가문을 일으켜 세우는 데 필사적으로 매달렸다. 부도덕하게 모은 재산으로 브르타뉴 지방의 콩부르 성을 사들이고 백작 지위를 얻어 몰락 귀족에서 겨우 벗어났다.

샤토브리앙은 아버지의 부끄러운 성공과 그로 인한 비극적인 가족사를 극복하기 위해 부단히 노력했다. 샤토브리앙 역시 군인이 되었지만 아버지와는 다른 길을 걸었고 사회적 명성도 얻었다. 이후 그는 프랑스 낭만주의 문학과 문인들에게 깊은 영향을 준 작가로 성장했다.

빅토르 위고의 아버지 역시 군인이었다. 샤토브리앙과 비슷한 가정환경이 위고에게 일종의 동류의식을 불러일으켰을지 모르겠다. 위고 역시 샤토브리앙을 인생의 역할 모델로 삼고 꿈을 향해 정진해 위대한 작가로, 정치가로 이름을 알렸다.

빅토르 위고처럼 모든 아이들이 스스로 역할 모델을 정해 꿈을 향해 열심히 나아간다면야 부모로서 무슨 걱정일까. 하지만 아이들 대다수가 역할 모델을 찾지 못하고 청소년기를 보낸다. 심지어 대학을 졸업할 때까지도 앞으로 어떻게 살아야 할지 몰라 막막해하는 실정이다. 인생의 목표를 세우거나 닮고 싶은 대상을 발견했다는 것은 이미 성공의 절반을 이룬 것이나 마찬가지다.

초등학생 혹은 청소년 자녀가 역할 모델이나 꿈을 정하지 못했다면 부모가 도와줘야 한다. 물론 역할 모델이나 꿈은 언제든 바뀔 수 있다. 더 나은 목표가 생겼다면 당연히 도전해볼 가치가 있는 것이다. 그것이 자녀의 성장과 발전에 훨씬 유익할 수 있다. 부모는 자녀가 역할 모델을 정할 수 있도록 아낌없이 조언해주고, 자녀가 더 큰 꿈을 갖고 도전적으로 학창 시절을 보낼 수 있도록 조력해야 한다. 역할 모델을 정하면 그때부터 목표가 생긴다. 목표가 있으면 열정도 더불어 생겨나는 법이다.

피천득은 딸바보였지만 딸을 응석받이로 키우지 않았다. 그는 딸에게 "퀴리 부인이나 아인슈타인처럼 되어라"라는 말을 주문을 걸듯 자주 들려주었고 목표를 갖도록 이끌었다. 딸을 오래도록 곁에 두고 살고 싶은 마음은 간절했지만, 아이의 홀로서기를 위해 모진 마음을 먹고 미국으로 유학을 보냈다. 피천득과 같은 지독한 딸바보여도 자식의 홀로서기를 도와야 하고 때로는 '모진 아빠'의 얼굴을 보여야 한다. 그렇지 않으면 소설 『고리오 영감』에서처럼 이기적인 딸들과 홀로 쓸쓸히 죽어가는 아버지가 될 수도 있다.

오노레 드 발자크의 소설 『고리오 영감』은 딸들을 너무 사랑한 나머지 사랑과 돈을 아낌없이 퍼주다가 비극적인 최후를 맞이하는 딸바보 고리오 영감의 쓸쓸한 말로를 보여준다. 소설 속 고리오 영감은 프랑스판 딸바보였다. 고리오 영감은 매년 6만 프랑 이상을 벌어들이는 갑부였지만 자신을 위해서는 1,200프랑 이상을 쓰는 법이 없었다. 반면 그의 행복인 두 딸, 아나스타지와 델핀을 위해서라면 아낌없이 돈을 썼다. 두 딸은 승마를 배웠고, 고급 마차(지금의 승용차)를 타고 다녔다. 고리오 영감은 두 딸이 원하는 것이라면 얼마를 지불해서든 딸들의 욕망을 채워주었다. 그 대가로 딸들이 아버지를 한 번 껴안아주면 그것으로 족했다.

제면 업자로 성공한 고리오 영감은 애지중지하며 키운 두 딸을 거액의 지참금과 함께 귀족과 자산가에게 시집보낸다. 이후 딸들은 아버지의 재산을 상속받고 나자 아버지를 인정사정없이 내쫓는다. 급기야 무도회에 입고 갈 옷 값을 내놓으라며 죽어가는 아버지를 매정하게 다그친다. 『고리오 영감』이 보여주는 것은 무조건적인 사랑을 베풀었던 어느 딸바보 아버지의 비극적 최후다.

무조건 좋기만 한 부모 밑에서 자라는 자녀는 성숙한 인간으로 성장하지 못할 가능성이 높다. 사춘기 이후에는 자녀를 통제하고 싶어도 할 수 없게 된다. 이미 시기가 늦어버린 것이다. 자녀를 사랑한다면 평소에는 자애로운 부모라도 때로는 단호해질 필요가 있다.
　또한 부모는 한 자녀만 결코 편애해서도 안 된다. 편애는 편애받는 아이나 차별받는 아이 모두에게 마음의 상처를 남기기 때문이다. 자녀에게 치우침 없이 균형 잡힌 사랑을 보여주는 것이 부모 노릇이고, 그렇기에 부모 노릇이 가장 어려운 일이기도 하다. 그리고 더없이 힘든 부모 노릇을 통해 부모도 인간으로서 한층 더 성장할 수 있다.

부모 공부가 필요한 부모에게

현대 명문가의 자녀교육 2
장재식 가
전 산업자원부 장관

케임브리지 대학 최초 '형제 교수' 배출의 비결

아버지가 '밑줄' 치며 평생 공부하라

장재식 가에서 배우는 자녀교육법 7

1. 밑줄 그으며 평생 공부해온 아버지
2. 나를 위해 50, 국가와 인류를 위해 50을 써라
3. 작은 집에 살아도 훌륭한 인재로 키울 수 있다
4. 자녀의 친구들에게 '한턱' 쏠 줄 아는 아버지가 되어라
5. 집중력 있게 몰입하는 공부를 하게 하라
6. 영영 사전을 끼고 원서를 반복해서 읽어라
7. 취미를 만들고 운동으로 체력을 다져라

장재식 전 산업자원부 장관의 연구실 책상 한 켠에는 영어와 일어로 된 경제서들이 쌓여 있고, 사설에 밑줄 그어가며 읽은 신문들이 펼쳐져 있다. 그것이 세계적인 '형제 교수'를 키워낸 비결이다.

700년이 넘는 케임브리지 대학 역사상 최초의 '형제 교수'를 영국이 아닌 한국이 배출했다. 장하준 교수(경제학)와 장하석 교수(과학철학)가 바로 그 주인공이다. 필자는 이 사실을 처음 접하고 매우 놀랐다. 학문 영역에서 세계적으로 가장 도도하기로 이름난 영국 케임브리지 대학 최초의 형제 교수가 한국인이라니! 소식을 확인하고도 믿어지지 않았다. 영국의 내로라하는 명문 학교(기숙형 사립학교)를 취재한 적이 있다. 고풍스러운 캠퍼스와 엄격한 학교교육 등 말로 표현할 수 없이 부러웠다. '아, 청소년기에 이런 학교에서 공부할 수 있다면 얼마나 좋을까' 하는 생각이 절로 들었다.

형제 교수의 아버지인 장재식 전 산업자원부 장관을 인터뷰하면서 필자는 또 한 번 놀랐다. 그가 은퇴 후 쓰고 있는 연구실 책상이 여느 학자의 그것보다 훨씬 더 학구적으로 보였기 때문이다. 국어·영어·일어 사전이 꽂혀 있고, 그 옆으로 여러 개의 포스트잇이 붙은 경제 관련 영어·일어 원서들이 놓여 있었다. 독학으로 공부한 일어는 자유롭게 구사하는 데 어려움이 없고, 일본 경제와 관련한 책은 아직도 원서를 읽는다고 했다. 또한 미국 리처드 닉슨 대통령의 하야를 초래한 정치 사건인 '워터게이트' 사건을 파헤친 밥 우드워드 기자의 『그늘(Shadow)』도 원서로 갖고 있었다.

책상 한쪽에는 오려놓은 신문 사설들이 겹겹이 쌓여 있었다. 호기심에 사설들을 들여다보니 한·미 FTA 등 경제 관련 이슈를 다룬 내용들이 눈에 띄었는데, 하나같이 주요한 내용에는 밑줄이 죽죽 그어져 있었다. 책이나 신문을 볼 때 밑줄을 긋는 것이 그의 오래된 습관인 듯했다. 옛말에 '하나를 보면 열을 안다'고 했듯 그의 책상을 보는 것만으로도 어떤 자세로 아버지의 길을 걸어왔는지 미루어 짐작할 수 있을 것 같았다.

밑줄 그으며
평생 공부해온 아버지

"밑줄 긋기는 오랜 시간 반복해야 몸에 자연스럽게 배는 습관 같은 것인데, 두 아드님을 세계적인 석학으로 키우신 비결을 알 수 있을 것 같습니다."

필자가 말을 건네자 장 전 장관은 "행정고시를 공부할 때부터 해오던 습관인데 평생의 습관이 되었어요"라며 내력을 들려주었다. 그는 서울대학교 법과대학 재학 시절인 21세 때 고등고시(행정 1과)에 도전해 4개월 만에 수석 합격을 한 경이적인 기록의 보유자다. 밑줄 긋기 공부법이 단기간 내 수석 합격의 비결인가 싶었지만, 사실 이는 요즘의 고시생뿐 아니라 모든 수험생이 활용하는 방법이니 특별할 것도 없고 비결이라고 할 수도 없겠다. 다만 누구나 하는 공부법이 합격의 비결이 될 수 있었던 데는 그만의 남다른 집중력이 있었다. 고시 수험생 장재식 공부법의 핵심은 바로 집중력이었다.

"절에서 하루 열두 시간씩 공부했습니다. 혼자서 공부하는데도 책에 집중하기 위해 양쪽으로 챙을 낸 종이 모자를 만들어 썼어요. 그냥 공부할 때보다 집중력이 훨씬 높아졌어요."

이렇게 그는 한적한 절의 독방에서 공부하면서도 집중력과 몰입력을 높이기 위해 종이 모자를 쓰고 공부했다고 한다. 공부 시간도 가장 집중력을 높일 수 있는 시간의 양을 직접 재서 정했다고 한다.

"하루 열 시간을 공부했더니 체력이 남았어요. 열네 시간을 공부했더니 체력이 소진되어 다음 날 공부에 집중할 수 없었고요. 그 중간인 열두 시간을 공부했더니 집중력과 체력을 유지하면서도 다음 날에 영향을 주지 않았습니다."

장 전 장관은 하루 열두 시간씩 공부해 두 달 열흘 만에 전 과목 1회독을 마쳤다. 4개월 만에 과목마다 4회독을 하고 본 첫 시험에서 수석 합격을 한 것이다. 그는 "뛰어난 사람도 8회독 이상은 해야 합격하고, 10회독을 하려면 3년 정도 걸린다"고 말했다. 그 차이로 집중력을 꼽았다.

그가 수석 합격을 할 수 있었던 또다른 비결에는 유전적인 요인도 작용한 듯하다. 요즘 누리꾼들의 표현을 빌리자면, 장재식 가는 그야말로 '우월한 유전자'를 타고났다는 생각이 든다. 사 형제 중 막내인 장재식은 3선의 국회의원을 지냈고, 그의 두 아들은 케임브리지 대학 형제 교수다. 장남 장하준 교수는 세계적인 경제학자로 유명하고, 차남 장하석은 2004년 39세 때 저서 『온도계에 담긴 철학(Inventing Temperature)』의 학문적인 성과를 인정받아 과학철학 분야의 노벨상이라 불리는 '라카토스(Lakatos)' 상을 최연소의 기록으로 수상했다.

'PD 수첩 검사'로 알려진 임수빈 전 서울지검 부장검사는 장재식의 사위다. 광우병을 보도한 〈PD 수첩〉 제작진이 정부에 의해 명예훼손 혐의를 받아 수사가 진행되었는데, 이 사건을 맡았던 검사가 바로 서울중앙지검 임수빈 형사 2부장(주임검사)이었다. 당시 임 검사는 "명예훼손죄를 적용하기 어렵다"는 의견을 냈다가 상층부와 마찰을 빚어 사표를 냈다. 그의 아들 임재혁은 서울대학교 법과대학 4학년 때인 2011년 사법고시에 합격했다. 임 검사는 사법고시에 두 번 낙방했는데 아들은 한 번 만에 합격했다. 고시에 한 번 만에 합격한 것은 외할아버지와 닮았다. 외손녀(임서정)도 올해 서울대학교 공대에 진학했다. 이들 남매를 키운 장연희(이화여대 영어교육과 졸)는 '케임브리지 형제 교수'를 키워낸 아버지 못지않게 삭막한 우리의 입시 현실에서 어머니 역할을 무난히 해낸 셈이다.

장재식은 자녀들에게 평생 밑줄 치며 공부하는 모습을 보여주었다. 따로 공부하라는 잔소리를 해본 적이 없지만 자녀들은 알아서 스스로 공부했다. 장재식은 작은 집에 2,500여 권의 장서를 보관해오다 집이 좁아 1,200권은 작년에 도서관에 기증했다. 지금도 그는 차에 타면 책을 읽는데, 하루는 눈앞에 큰 빌딩이 보였다. 비서에게 그 빌딩이 언제 생겼는지 물었더니 "3년 전에 생겼어요"라며 비서가 웃더라는 것이다. 부인 최우숙 씨(연세대 영문과 졸)에게 자녀를 훌륭한 인재로 키운 비결을 묻자, "아버지가 늘 공부하는 모습을 보여준 것밖에 없어요"라고 말했다. 어머니는 "아이들이 학교에서 집에 돌아올 시간이 되면 반드시 집에서 아이들을 기다렸다"고 말한다. 그게 두 아들을 키운 비결 중의 비결이라는 것이다. 자녀들이 학교에 다닐 때에는 엄마가 집에 있는 것만으로도 심리적인 안정을 찾고 공부에 열중할 수 있게 된다.

나를 위해 50, 국가와 인류를 위해 50을 써라

2012년 상반기 시청자의 큰 사랑을 받은 인기 드라마 〈해를 품은 달〉에서 왕비가 될 운명을 타고났으나 무녀로 생사를 넘나들다 다시 왕의 곁으로 돌아온 연우(월)에게 성수청 국무(國巫) 녹영은 이렇게 말한다.

"연우가 살아날 수 있었던 것은 저의 덕도 아니고, 또 저에게 연우를 지켜달라고 유언을 남긴 친구 무녀(아리)의 덕도 아닙니다. 월을 살린 것은 다름 아닌 월의 어머니의 공덕입니다."

연우의 어머니는 길을 가다 외척 윤대감 일파에게 쫓기는 아리를 발견하고 자신의 가마로 피신시킨다. 목숨을 구해준 은혜에 아리는 태중의 아이를 죽어서도 지켜주겠다고 다짐한다. 연우의 어머니는 어려움에 처한 이웃에게 위험을 무릅쓰고 도움을 준 것이다. 이 장면에서는 누구나 따뜻한 소통과 공감을 느낄 수 있다.

최명희의 대하소설 『혼불』을 보면 "앞모습(전상)은 뒷모습(후상)만 못하며, 뒷모습은 마음의 모습(심상)만 못하다"는 말이 나온다. 앞모습은 꾸밀 수 있지만 뒷모습(뒤태)은 꾸밀 수 없기 때문이다. 패션을 통해 뒤태 역시 꾸미는 것이 가능하지만, 심상은 드러나지 않는 것이어서 그 마음을 알 수 없다.

한 사람의 심상은 어려운 상황이 닥치면 이내 드러나곤 한다. 위기일수록 자신보다 더 어려움에 처한 사람이나 이웃을 따뜻한 사랑이나 도움으로 감싼다면 그 사람이야말로 아름다운 심상을 가진 것이다. 그런 사람은 도움을 주어도 대가를 바라지 않는다. 베풂은 대가를 바라지 않는 것이어야 한다. 하지만 대가를 바라지 않고 베푼 일들로 인해 언젠가는 경사를 맞는다는 게 아름다운 인생의 법칙이기도 하다.

장 전 장관은 불교 철학의 가르침인 '남에게 베풀어라. 그러나 그 자리에서 즉시 그 베풂을 잊어라'라는 말을 실천하려고 노력한다고 말했다. 하지만 아직은 온전한 베풂의 경지에는 오르지 못했다고 털어놓았다.

그는 12년 동안 서울대학교 법과대학에서 강의를 했는데 당시 어려운 처지에서 열심히 공부하는 두 학생의 등록금을 6년 동안 대신 내주었다. 그런데 도움을 받은 학생의 부모들이 그에게 단 한 번도 고맙다는 전화나 인사를 하지 않았다고 한다. 학생도 졸업 후에 한 번도 찾아오지 않았다. 그는 내심 그 부모와 학생들에게 서운한 감정이 들었다고

1. 장하준·장하석 형제가 가족과 식사하며 담소를 나누는 모습. 장하준은 한국에서는 경제학자로 자신이 더 알려져 있지만 케임브리지 대학에서는 '과학철학자'인 동생이 더 유명하다고 말한다.
2. 장재식 전 장관 부부의 3대가 함께 찍은 가족사진. 5명에서 12명으로 늘었다.

토로했다. 인간으로서 서운한 감정이 드는 것은 당연하다고 할 수 있다. 그 일이 있은 뒤로는 등록금 지원을 그만두고 수강생들에게 점심을 사거나 '호프데이(hof day)'를 갖는 것으로 대신했다고 한다. 하지만 그러한 일련의 과정을 거치면서 그는 베풂에 대해 나름대로 생각을 다시 하게 되었고, 최근에는 불교 철학을 접하면서 자신의 이기적인 베풂을 크게 반성했다고 한다.

그가 슬하의 2남 1녀 자녀들에게 잔소리처럼 하는 말이 바로 "나를 위해 50을 쓰고, 국가와 인류를 위해 나머지 50을 쓰라"는 것이다. 그가 서울대학교 법과대학을 나와 행정고시에 합격하고 공직자의 길을 걸으면서 42세에 경제학 박사 학위(중앙대)를 취득한 것도 그의 신념 때문이라고 한다. 경제학은 한국에서 사회와 국가의 부를 늘리는 데 꼭 필요한 실용 학문이라고 판단한 것이다. 국세청에서 근무할 때는 독학으로 세법을 공부해 세금으로 고민하는 이들에게 도움이 되고자 『조세법』이라는 역저를 펴내기도 했다.

큰아들이 대학 진학을 앞두고 진로를 고민할 때 그가 경제학과를 추천한 것도 이 같은 맥락에서였다. 장하준은 당시 역사학과로 진학하고 싶었는데 아버지의 조언을 듣고 경제학을 전공하기로 마음을 바꾸었다. 아버지의 멘토링이 없었다면 세계적인 경제학자 장하준은 다른 명함을 갖게 되었을지 모를 일이다.

장재식 가는 3대에 걸쳐 큰 족적을 남긴 유례없는 가문이자 수많은 인재들을 배출한 호남의 '천재 집안'으로 꼽힌다. 1대로 호남의 지주였던 장진섭에 이어, 2대 사 형제는 모두 독립운동에 투신했는데 장남 장병준은 상해임시정부의 외무부장을 지냈다. 3대는 사 형제가 모두 6·25 한국전쟁에 참전해 '노블레스 오블리주'(가진 자의 도덕적 의무)를 실천했다. 3, 4대에는 정치인, 학자가 많다.

전체적으로 보면 3대에 걸쳐 100년 동안 독립유공자 두 명(2대), 상이용사 두 명(3대), 장관 두 명, 교수 아홉 명, 미국 변호사 한 명(이상 3, 4대) 등을 배출했다. 대부분 서울대학, 케임브리지 대학, 옥스퍼드 대학, 뉴욕 대학 등을 졸업했거나 그곳에서 교수로 재직하고 있다. 장하준, 장하석과 사촌간인 장하성의 형제자매 네 명은 모두 교수가 되었고, 장하성(고려대 전 경영대학장)의 누나 장하진은 여성부 장관을 지냈다. 여기에 그치지 않고 5대에서도 인재 배출이 이어지고 있다. 장하준은 부인 김희정(서울대 영문과 졸)과 결혼해 남매(유나, 진규)를 두었는데, 두 자녀 모두 영국에서 전교 수석을 놓치지 않고 있다. "당대 최고의 천재 집안"이라는 세간의 평가가 틀리지 않다.

필자는 수많은 명문가를 취재하고 연구해왔지만 이 가문만큼 걸출한 인재들을 배출한 집안은 보지 못했다. 이 가문을 취재하는 내내 감탄과 부러움을 금할 수 없었다. 좋은 학벌은 물론 한결같이 사회 정의를 위해 앞장서 한국 역사 속 중요한 순간마다 독립운동, 참전, 민주화 투쟁 등 국가를 위해 몸을 바쳤다.

장재식은 이승만 대통령이 3선 제한을 철폐하고 종신 집권을 위해 불법적으로 '사사오입' 개헌을 강행하자 이에 항의하다 붙잡혀 20일 동안 구류(1일 이상 30일 미만의 기간 동안 교도소 또는 경찰서 유치장에 가두는 형벌)를 살았다. 장하준도 서울대학교 재학 때 전두환 정권에 맞서 항의 시위를 하다 붙잡혀 구류를 살았다. 그 아버지에 그 아들이다. 장재식 가는 3대에 걸쳐 불의에 저항했는데, 이는 "주어진 재능을 사회를 위해 쓰라"고 강조한 아버지 세대의 영향이 컸다고 말한다.

작은 집에 살아도
훌륭한 인재로 키울 수 있다

전남 신안에서 장재식의 할아버지 삼 형제는 내로라하는 큰 부자였다. 삼 형제의 재산을 합치면 만 석에 달할 정도였다. 부자 할아버지를 두었지만 장재식은 1962년 결혼해 1980년까지 20평 주택에서 살았다. 더욱이 당시 고위직에 해당하는 국세청 차장 시절과 주택은행장 시절에도 20평의 작은 집에서 살았다. 아이들이 공부할 책상이 없어 밥상으로 대신했지만 그들은 세계적인 경제학자와 과학철학자가 되었다. 책상이 좋다고 공부를 잘하는 것은 결코 아니다.

러시아 문예이론의 대가로 꼽히는 바흐친의 형은 케임브리지 대학에서 공부하고 연구했다. 반면 동생인 바흐친은 시베리아로 유형을 떠나 시골에서 교사로 지내면서 연구를 계속했다. 하지만 결국 세계적인 업적을 남긴 이는 열악한 환경에서 연구한 동생 바흐친이었다. 즉 좋은 환경이 뛰어난 연구 성과로 반드시 이어지는 것은 아니며, 열악한 환경에서 오히려 더 위대한 연구 성과가 나올 수 있다는 말이다. 장하준 형제는 비록 20평 주택에서 중학교 시절까지 보냈지만 작은 집이 독서를 하고 공부를 하는 데 지장을 주지는 않았던 것이다.

한 번은 경찰관인 지인에게 충격적인 이야기를 들었다. 서울 부촌의 한 가정에서 부인이 남편의 외도를 의심해 고소를 했는데, 그 가정을 방문해 그들이 사는 모습을 보고 놀랐다고 한다. 남편과 아내, 자녀들이 각각 자가용을 소유하고 있었고, 집 안에서도 각자 자기 방이 있었으며 방마다 텔레비전과 컴퓨터가 있었다.

이 집은 아침이나 저녁을 온 가족이 함께 먹는 일이 거의 없다고 했다. 각자 들어오는 대로 가정부가 차려주는 식사를 하거나 아예 밖에서 밥을 먹고 들어오는 일이 많다고 했다. 이름만 가족일 뿐, 하루 중 서로 얼굴을 마주치거나 이야기를 나눌 일이 거의 없었던 것이다. 한마디로 각자 따로 노는 가족이었다며 지인은 혀를 찼다. 이런 가정이 화목할 리 없다. 지인은 그 가정이 불화하는 것은 바로 넓은 집 때문이라고 했다. 실제로 미국에서는 집의 규모가 클수록 이혼율이 높다는 연구 발표가 있었다고 한다.

부잣집이 더 검소하다는 말이 있듯, 장재식 가는 사치와는 거리가 먼 집안 분위기를 이어왔다고 했다. 부인 최우숙 씨는 지금도 남대문, 동대문 시장을 즐겨 찾아 옷이며 생필품을 구입했다. 장하준 형제는 브랜드 신발을 신어본 적이 없었다. 장하석 교수는 지금도 자가용이 없다. 그가 지난해 처음으로 휴대전화를 구입한 것이 집 안의 '빅뉴스'였을 정도다. 그가 휴대전화를 구입한 까닭도 런던 대학교에서 케임브리지 대학교로 옮겨 가면서 주말부부가 된 부인과 통화하기 위해서였다. 주말부부가 되지 않았다면 지금도 휴대전화를 굳이 구입하지 않았을지 모른다.

장재식 가의 경우처럼 작은 집에 살아도 훌륭한 인재는 양성된다. 살아보면 알겠지만 넓은 집에서 살면 가족끼리 정을 나누기가 쉽지 않다. 도리어 자녀가 이기적이고 사회성이 부족해질 수 있다.

자녀의 친구들에게 '한턱' 쏠 줄 아는 아버지가 되어라

주변을 보면 돈에 인색하거나 탐닉하는 사람들이 더러 있다. 아버지가 돈에 욕심이 많아 재산을 쌓아두면 그 자녀가 부자가 될 수 있을 것 같지만 꼭 그렇지만은 않다. 돈을 맹신하는 아버지는 결코 이웃과 좋은 관계를 유지하지 못한다. 사회와 소통하지 못하고 자기 자신과 가족만 챙기는 이기적인 부모 밑에서 자라는 자녀들은 부모와 가문에 대한 자긍심을 느낄 수 없다. 오히려 자린고비 아버지에 대한 반감으로 사치스럽고 방탕해질 수 있다.

고려대학교 석영중 교수가 쓴 『도스토예프스키, 돈을 위해 펜을 들다』를 보면, 도스토옙스키는 늘 쪼들리는 생활을 했지만 돈을 물 쓰듯, 과시하듯 썼다고 한다. 석영중 교수는 도스토옙스키를 이해하기 위해 그의 아버지에게 주목했다. 즉 그의 아버지는 아들과 달리 검소하고 돈을 아끼는 성격이었던 것이다. 도스토옙스키는 그런 아버지의 모습이 싫었는지 모른다. 그래서 자신은 남들보다 돈이 많다는 것을 과시하고 싶었을 것이고 사치하는 성격이 되어버렸을 수도 있다.

자녀교육에서 가장 바람직하지 않은 아버지상이 '인색한 아버지'일지 모른다. 반면 자기 자신에게는 인색하고 검소하지만 다른 사람에게는 관대한 사람도 있다. 작가 박경리는 「사람의 됨됨이」라는 시에서 이렇게 적고 있다.

> 인색함은 검약이 아니다
> 후함은 낭비가 아니다
> 인색한 사람은
> 자기 자신을 위해 낭비하지만
> 후한 사람은
> 자기 자신에게는 준열하게 검약한다

아버지 장재식은 자녀가 초등학교와 중학교에 다닐 때는 학교 행사에 가급적 참석해 자녀들을 위해 한턱을 내곤 했다. 한 학기가 끝나거나 생일 등을 맞으면 자녀의 친구들을 근사한 식당으로 초대했던 것이다. 물론 자녀의 기를 세워주고 싶은 부모의 욕심이 있었지만 자녀의 교우 관계를 돈독하게 해주고 싶은 아버지의 마음도 작용했다. "자녀의 친구들이 집에 놀러오면 상다리가 부러질 정도로 푸짐하게 대접하라"는 말이 있다. 자녀의 친구를 융숭하게 대접하면 자녀가 어려움에 빠지거나 도움이 필요할 때 외롭지 않을 수 있다. 드라마 〈해를 품은 달〉에서 연우의 어머니가 그랬던 것처럼 말이다.

----
3. 연세대를 나온 부인 최우숙 씨는 지금까지 명품은 가져본 적이 없을 정도로 검소함이 몸에 배었다. 자녀들이 학교를 마치고 집에 오면 항상 따뜻하게 맞이해주는 게 어머니의 최고 역할이라고 강조한다.
4. 장하준은 케임브리지 대학에서 유학한 지 4년 만인 27세에 이 대학의 경제학부 교수에 임용되었다. 자식 농사가 이 정도 되면 어느 부모가 덩실덩실 춤을 추지 않을까.
5. 장하준은 최고의 경제학자에게 수여하는 상을 두 번이나 받았는데, 2003년 유럽정치경제학회로부터 '뮈르달' 상을, 2005년에는 '레온티에프' 상을 최연소로 수상했다. 동생 장하석은 과학철학자에게 수여하는 최고의 영예인 '라카토스' 상을 수상했다. 가히 케임브리지 대학을 빛내는 형제 교수이자 대한민국을 빛내는 글로벌 인재다.

집중력 있게
몰입하는 공부를 하게 하라

장하준 교수가 세계적인 경제학자가 될 수 있었던 원동력은 아버지의 조언, 그리고 아버지와 같은 놀라운 집중력이었다. 한국의 경제학 전공자 대부분이 미국의 대학으로 유학을 가는 데 비해 장하준은 영국의 케임브리지 대학을 선택했다. 당시 주류 경제학은 수학과 통계학을 많이 활용하는 신고전파였지만 그는 다른 경제학, 흔히 말하는 '비주류' 경제학을 공부하고 싶었다. '위키디피아'에는 장하준이 "대한민국의 경제학자이자 케임브리지 대학교 경제학부 교수"로 "비주류 경제학 분야에 기여하"고 있다고 소개되어 있다.

당시 케임브리지 대학의 석사 과정은 외국인에게 학위 과정이 아니라 수료증만 주는 '디플로마' 과정에만 입학을 허가했다. 장하준은 '당시 세계 200위권에도 들지 못하는 대학(서울대) 졸업생'이라는 이유로 입학 허가가 나지 않았다. 그래도 장하준은 케임브리지 대학교로 향했다. 그리고 케임브리지 대학교에서 공부한 지 4개월 만에 실력을 인정받아 1년 만에 석사 학위를 받았다. 그리고 박사 과정이 채 끝나기도 전에 "우리 학교의 경제학과 교수로 채용하겠다"는 제안을 받았고 유학한 지 4년 만인 27세에 동양인으로는 처음 경제학부 교수에 임용되었다.

"하준이는 초등학교 4학년 때 책을 한 시간에 무려 250페이지를 읽었어요. 나와 내기를 하며 직접 시간을 재보았는데 내가 지고 말았죠. 나는 반도 읽지 못했어요."

아버지 장재식의 말처럼 장하준은 초등학생 때부터 독서광이었다. 그의 속독 실력은 아버지도 혀를 내두를 정도였다. 이런 말을 들으면 자녀교육으로 고민이 많은 부모들은 속이 더 상할지 모르겠다. '저렇게 뛰어난 자식도 있는데 내 자식은 한 달에 한 권도 제대로 읽지를 않으니, 이것 참!' 하면서 쓴웃음을 짓거나 헛기침을 할 것이다.

장하준은 어렸을 때 소심하고 걱정이 많은 성격이었다. 지금도 그는 늘 걱정이 태산 같다. 동생 장하석은 곧잘 형을 놀린다고 했다.

"형님은 걱정할 게 없으면 그것도 걱정이지."

소심하고 걱정을 안고 사는 장하준의 성격을 잘 아는 아버지는 항상 "최선을 다하면 결과가 안 좋아도 상관이 없다"고 격려해주었는데 그 말이 장하준에게는 정말 큰 힘이 되었다고 한다. 그 역시 영국에서 공부하는 게 결코 쉽지 않은 도전이었다. 장하준도 영국 유학 초기에는 공부 잘하는 학생들에게 '굴욕감'을 느꼈다.

"맨 처음 유학 갔을 때는 원서 한 쪽을 읽는 데 30분 가까이 걸렸으니, 남들이 하루 서너 시간 공부하면 될 것을 저는 일고여덟 시간씩 매달리는 것 외에는 도리가 없었습니다."

장하준의 고백에서 그의 성취가 저저 얻은 게 아님을 알 수 있다. 아버지의 조언대로 늘 최선을 다해 공부했고 그럴수록 놀라운 집중력이 생겼다고 했다. 결국 장하준의 천재성을 완성시켜준 것은 치열한 노력이었던 셈이다.

장하준은 『나쁜 사마리아인』으로 세계적인 베스트셀러 경제학자가 되었다. 그는 경제학 이외의 다른 분야의 책들도 늘 관심을 갖고 읽는다고 한다.

"현재의 주류 경제학은 주로 수학과 통계학을 많이 사용하기 때문에 사실 수학만 잘하면 경제학을 전공하는 데는 문제가 없습니다. 그러나 경제학을 공부해 실생활에 적용한다거나 정책이나 현실적인 응용을 잘하는 경제학자가 되려면 역사·정치·국제 정세·철학 등 광범위하게 공부를 해야 합니다."

학문적인 열의와 겸손한 자세야말로 오늘의 장하준을 만든 원동력이 아닐까.

영영 사전을 끼고
원서를 반복해서 읽어라

장하준이 영국 유학 시절 영어 때문에 고생한 반면, 장하석은 영어 공부의 왕도를 일찍 터득했다. 하석은 형과 같이 한성고등학교에 다녔는데, 한 번은 시험에서 3등을 하자 선생님이 늘 1등을 하는 형을 언급해 자존심이 상했다고 한다. 그 후로 하석은 부모님을 졸라 미국 유학 길에 올랐다. 고1을 마치고 미국 유학을 가 6주 뒤에 토플 시험이란 걸 처음 보았다. 점수는 무려 620점(CBT 기준 250점 수준)이었다. 하석은 매사추세츠에 위치한 명문 학교, 노스필드마운트허먼스쿨에 입학하기 위해 면접을 보았는데 면접관들이 그의 고급 영어 구사력에 깜짝 놀랐다고 한다. 영어 과외를 받은 적도 없었기에 함께 갔던 아버지도 적잖이 놀랐다.

장하석의 영어 공부 비결은 바로 영영 사전에 있었다. 장 전 장관도 그때 처음 하석이 영영 사전으로 공부했다는 것을 알았다.

"중학교에 다닐 때 교보문고에 갔다가 영영 사전을 발견하고 혼자 영영 사전으로 공부했다고 해요. 영한 사전을 쓸 경우 결국은 영어를 국어로 풀이해서 흡수하게 되어 진짜 영어의 감을 잡기가 힘들지요."

영한 사전으로 공부하는 게 편리하기는 하지만 진짜 영어 실력을 늘리려면 영영 사전이 적격이라는 것이다. 처음에는 시간이 많이 걸리지만 일단 적응이 되면 그때부터 영어 공부에 속도가 붙는다는 이유에서다.

영영 사전으로 공부하고 어근 중심으로 단어를 외운 결과, 장하석은 중학생 시절에 이미 상당한 영어 실력을 갖출 수 있었다. 하석은 여기에 더해 칼 세이건의 『코스모스』를 원서로 읽기 시작해 중학생 때 이미 11회독을 했고 한국어 번역본은 12회독을 했다.

"『코스모스』는 제가 과학자의 꿈을 결정적으로 키우게 해준 중요한 책이었고, 또 과학자의 사회적 의무와 민족주의를 초월한 세계적인 관점을 키워주었습니다."

『코스모스』를 읽고 깊은 감명을 받은 중학생 하준은 세이건 교수에게 편지를 보냈다.

"『코스모스』를 읽으면서 여러 가지로 열악한 한국의 상황에서 과학자의 그런 이상들을 어떻게 실현해나갈 수 있을까를 자문했습니다."

『코스모스』는 장하석에게 과학자의 꿈을 키워주었을 뿐 아니라 원서로 읽었기 때문에 영어 공부용 텍스트로도 더없이 훌륭했다고 한다. 말하자면 『코스모스』가 영어 공부와 과학자 입문의 길잡이가 되어주었던 셈이다.

장하석은 미국의 고등학교에서 월반해 2년 만에 수석으로 졸업했다. 그 학교에서 동양인이 수석 졸업한 것은 그가 처음이었다. 장하석의 영어 실력은 영어가 모국어인 외국인조차 교정을 부탁할 정도로 최상급이라고 한다. 장 전 장관도 영문 원고가 필요할 때마다 하석에게 교정을 부탁한다.

장하석은 이어 칼텍(CALTEC, 캘리포니아 공과대학)에서 물리학을 전공하면서 하루에 두 시간만 자고 깨어 있는 시간 내내 공부했다. 잘 때도 침대에 누워 자는 게 아니라 연구실에서 서서 잤다. 동료들과의 치열한 경쟁으로 마음 편히 누워 잘 수 없었던 것이다. 칼텍은 한 학년이 200명에 불과한데 전 세계에서 모여든 수재들의 집단이어서 공부 그 자체가 마치 생사가 걸린 삭막한 전쟁터와 같았다고 한다. 천재들의 이 기적인 행태에 절망한 적도 많았다.

그는 공부에 매진하는 와중에도 심리학과 철학 등 다양한 분야의 책을 100권 넘게 독파했다. 고교 시절에 이미 107권을 읽었다고 한다. 과학도로서 인문학적인 지식을 섭렵하면서 물리학과 철학의 관계를 알아갔던 것이다. 그 후 박사 과정을 스탠퍼드 대학교로 옮기면서 전공도 과학철학으로 바꾸었다. 칼텍의 지도교수가 "물리학은 철학에 의해 발전한다"면서 과학철학 전공을 강력하게 권했다고 한다.

"과학철학은 과학의 목적과 과학 지식의 기반 등에 관한 기초적인 질문을 던지는 분야입니다. 우리는 과학 지식을 맹신하는 경향이 있는데, 왜 과학 지식이란 것을 다른 종류의 지식보다 훌륭하다고 생각하는지 조심스레 의심해봐야 합니다. 과학과 철학은 원래는 구분이 없었는데 현대 과학이 점점 전문화되면서 철학적인 시각을 잃어간 것이 사실입니다. 그런 허점을 과학철학이 채워주는 역할을 합니다."

그가 과학철학으로 전공을 바꾸겠다고 하자 어머니는 "철학을 해서 먹고살 수 있겠느냐"며 우려했다. 하석은 자신 있다고 말했고 부모님도 아들의 결정을 신뢰했다. 그리고 현재 그는 과학철학자로서 세계적인 주목을 받고 있다. 장하석은 "과학철학을 전공하면 대개는 학계로 진출하는 경우가 많지만, 요즈음은 실용적인 과학 정책 분야나 미디어 계통에도 비전이 많다"고 강조한다.

장 전 장관과 두 아들에게는 천재적인 유전자가 흐르고 있는 듯하다. 아버지 또한 4개월간 행정고시를 준비해 단번에 수석 합격을 했으니 말이다. 장재식은 '운칠기삼(運七技三)'이라고 겸손하게 말한다. 노력이 3할이고 나머지 7할은 운이 작용했다는 것이다. 하지만 평생 원어로 된 영어책과 일어책을 보고 밑줄을 그어가며 공부하는 아버지 장재식과 하루 두 시간만 자면서 공부한 두 아들을 볼 때 이들 부자의 성공 비결은 '운칠기삼'이 아니라 '운삼기칠'임을 알 수 있다.

즉 아버지 장재식과 두 아들은 유전적인 재능도 있지만 어렸을 때부터 독서광에 늘 책상에서 공부할 정도로 노력파 중의 노력파였던 것이다. 남부러울 정도로 천재성을 가지고 있었지만 끝장을 볼 때까지 파고드는 노력이 없었다면 그 천재성은 세상에 드러날 수 없었을 것이다.

취미를 만들고
운동으로 체력을 다져라

장 전 장관은 만능 스포츠맨이다. 태권도 6단에 골프도 수준급이다. 바둑은 아마 7단이다. 곤봉을 자유자재로 다룰 뿐 아니라 아령과 철봉, 평행봉 등 못하는 운동이 없을 정도다. 또한 당구 250 등 '잡기의 달인'이기도 하다. 아코디언 연주 실력도 뛰어나다.

그는 공부를 하든 정치를 하든 사업을 하든, 건강한 체력이 뒷받침되지 않으면 아무것도 이룰 수 없다고 강조한다. 그가 행정고시에 단번에 합격할 수 있었던 것도, 국회의원을 3선까지 할 수 있었던 것도, 서울대학교 법과대학에 12년, 사법연수원에 13년을 출강할 수 있었던 것도 운동으로 다져진 건강한 체력 덕분이었다고 말한다.

그는 자녀들에게도 늘 운동하고 취미를 가져야 한다고 조언했다. 장하준은 운동에 소질이 없는 반면 그림과 만화를 잘 그렸다. 아버지가 "『고바우 영감』을 그린 김성환 화백보다 더 잘 그렸습니다"라고 자랑할 정도로 하준은 만화 스케치에 재능이 뛰어났다. 또한 음악에도 천재적인 재능을 타고났다. 중3 때 〈장학퀴즈〉라는 TV 프로그램에 나갔는데 스메타나의 교향시 〈나의 조국〉 중 '몰다우'를 묻는 문제가 출제되었는데 하준이 이것을 알아맞혔다. 당시 진행자였던 차인태 아나운서가 당황해 "이거 알려주고 하는 게 아닙니다"라고 엉겁결에 말했을 정도다. 흔히 천재는 예술에도 재능을 발휘한다고 하는데 그런 점에서 보면 하준은 가히 천재라고 해도 손색이 없다.

동생 하석은 무슨 운동이든 일단 배우기 시작하면 끝을 보았다. 그래서 테니스와 수영 등 못하는 운동이 없었다. "어렸을 때부터 운동이든 그림이든 붓글씨든 마지막까지 남는 아이가 하석이었다"고 아버지는 회상했다. 운동이나 취미, 공부 등 모든 것에서 끝장을 보겠다는 자세가 어려서부터 남달랐다. 그 자세가 오늘의 장하석을 만들었다고 할 수 있을 것이다.

하석은 고등학교 유학 시절 학교에서 매일 두 시간씩 자전거를 타야 했다. 50km에 달하는 거리였다. 체력이 뒷받침되지 않으면 학업을 성취할 수 없다는 것이 학교 당국의 교육 방침이었다. 그때 다져진 체력으로 그는 칼텍에서 하루 두 시간씩 자면서도 지치거나 쓰러지지 않고 뜻을 이룰 수 있었던 것이다. 하석은 지금도 케임브리지 대학교를 자전거를 타고 출퇴근한다.

공부의 기본은 체력이다. '지덕체(智德體)'라는 말이 있는데 요즘의 한국 학생들은 '지지지(智智智)'만 안다. '체덕지(體德智)'로 만들면 고3까지 꿋꿋하게 버텨내 최후의 승자가 될 수 있다. '지덕체'를 강조하다 보면 정작 고3이 되었을 때 기력이 달려 경쟁 레이스에서 밀려날 수 있다. 공부는 마라톤이다.

요즘은 중고등학교 고학년이 되면 체육 시간이 거의 없다시피 한 실정이다. 그러나 세계적인 명문 학교들은 비바람이 불어도 운동을 할 정도로 스포츠가 필수적이다. 필자가 몇 년 전 세계적인 명문 사립학교를 취재할 때 가는 곳마다 이를 확인할 수 있었다. 춥고 비가 오는 와중에도 야외 운동을 하고 방과 후 활동으로 예체능 과목을 필수적으로

6

6. 요즘 우스갯소리로 "잘난 아들은 국가의 아들, 돈 잘 버는 아들은 사돈의 아들, 빚진 아들은 내 아들이다"라는 말이 있다. 장재식·최우숙 부부는 "두 형제가 '국가의 아들'이 되어 자주 보지 못해 좀 서운하다"고 말한다. 하지만 여느 부모에게는 '국가의 아들'을 가져보는 게 인생 최고의 꿈일 것이다.

이수해야 했다. 단순히 공부만 잘해서는 최고의 인재가 될 수 없다. 공부는 기본이고, 스포츠, 방과 후 클럽 활동과 봉사 활동에도 적극적으로 참여해야 한다.

다시 말해 세계의 명문 학교들이 한국의 학교들과 다른 점은 스포츠를 중시한다는 것이다. 스포츠는 선의의 경쟁을 통해 승부를 겨루고 관용의 정신을 함께 배우는 장으로서 큰 역할을 한다. 또한 서로 경쟁하면서도 팀을 위해 개인을 희생하는 정신도 배울 수 있어 명문 학교일수록 스포츠를 중시하는 경향이 있다. 종목도 럭비, 크리켓, 하키, 수구, 조정 등 다양하다.

영국 옥스퍼드 대학교에는 매년 전 세계 대학생을 대상으로 장학생을 뽑는 '로즈 장학 제도'가 있다. 장학생으로 뽑힌 이들의 이력을 보면 공통적으로 스포츠와 예술 분야의 실력도 뛰어나다. '아이비리그 장대높이뛰기 챔피언에 바이올린과 피아노 연주자' 등 장학생으로 뽑힌 이들의 이력을 보면 공부를 잘하는 것은 물론이고 발군의 리더십 자질과 도덕성, 프로급 운동 실력과 연주 솜씨를 갖추고 있다. 전 미국 대통령 빌 클린턴도 로즈 장학생이었다.

최고 인재를 뽑는 기준에 왜 최고의 운동 실력이 요구되는 것일까. 청소년 시절에 스포츠를 해야 하는 이유는 심리학적으로도 규명된다. 미국 심리학자 에이브러햄 매슬로는 "인간의 욕구에는 위계질서가 있으며, 사람은 각자의 창의적 욕구나 자아실현 욕구에 앞서 반드시 자신의 안전에 대한 욕구와 신체적·정서적 욕구가 충족되어야 한다"고 주장한다. 뒤집어 말하면, 신체적·정서적 욕구가 성취되거나 충족된 사람이라면 분명히 창의적인 인물이 될 수 있다는 의미이기도 하다. 한국의 청소년들은 지나친 경쟁의 입시 교육으로 운동을 소홀히 하는데, 길게 보면 결국 창의적인 인재로 성장하는 데 한계가 있다는 뜻이다.

영국에서는 이미 19세기에 스포츠를 필수 과목으로 정해 학생들에게 반드시 운동을 하도록 가르쳤다. 영국의 명문 사립학교인 이튼칼리지도 19세기 말에 스포츠를 필수 과목으로 지정했다. 당시 이튼칼리지에는 "하루에 한 번, 그리고 공휴일에 두 번 축구 경기를 하지 않는 학생은 벌금을 물고 매를 맞아야 한다"는 공문이 학교 게시판에 붙기도 했다.

그런데 한국의 교육은 오직 지식만 강조한다. 중고등학생뿐 아니라 초등학생과 대학생조차 학원이다 과외다 토플 준비다 하면서 늘 시험공부에 매달려 거의 온종일을 책상 앞에 앉아서 보내는 게 현실이다. 고3이 되면 심지어 예체능 수업 시간에 영어나 수학을 공부할 수 있도록 자습을 시킨다.

그러나 너무 평범한 진리이지만 체력이 뒷받침되지 않으면 아무것도 이룰 수 없다. 영국의 철학자 존 로크는 1693년 펴낸 『교육에 관한 몇 가지 단상』에서 "학생이 길러야 할 것이 첫째가 체력, 둘째가 위기관리 능력, 셋째가 창의력, 넷째가 대담함이다. 그리고 시간이 나면 공부를 가르쳐라"라고 강조한 바 있다. 그야말로 '지덕체' 교육이 아니라 '체덕지' 교육인 것이다. '지덕체' 교육을 행하는 우리나라의 교육 현실에서 체력은 아무리 강조해도 지나치지 않는다.

장재식 가는 최근 100여 년에 걸쳐 3대가 모두 개인으로서는 재능과 능력을 발현했는가 하면 사회와 국가를 위해서는 참여하고 헌신한 가족사를 보여주었다. 그 바탕에는 우월한 유전적 재능도 있었겠지만, 무엇보다 자신만의 영어 정복 노하우를 만들고 하루 두 시간씩밖에 자지 않고 공부하는 등 주도면밀하고도 치열하게 자기 자신을 연마한 결과였음을 알 수 있다. 지금도 매일 영어나 일어 단어를 외우고, 사전을 뒤적이며 원서를 보고, 서너 가지 신문을 밑줄을 그어가며 읽는 장재식 전 장관의 모습은 자녀교육에서 부모의 솔선수범과 본보기가 얼마나 중요한지를 여실히 보여주고도 남는다.

인터뷰 도중에 장 전 장관의 부인 최우숙 씨가 "아들을 잘 볼 수가 없어 외롭습니다"라고 조용히 말했다. 항간에 떠도는 "잘난 아들은 국가의 아들, 돈 잘 버는 아들은 사돈의 아들, 빚진 아들은 내 아들이다"라는 우스갯소리를 빌리자면, 이들 부부에게 두 아들은 '국가의 아들'이 된 셈이다. 하지만 여느 부모에게는 '국가의 아들'을 가져보는 게 인생 최고의 목표이자 부러움의 대상이 아닐까.

명문가에서 배우는
큰 인물 만드는 비법 2

중3 때 영어 정복한 장하석 교수의 '영영 사전으로 원서 읽기' 공부법

19세기까지 유럽에서는 라틴어가 최고의 교양 언어였다. 모든 학교에서 라틴어를 가르쳤고 학생들은 라틴어를 공부하느라 갖은 고생을 해야 했다. 오늘날 우리에게 『수상록』으로 잘 알려진 몽테뉴는 라틴어 실력이 6세 때 이미 출중했다. 어떻게 프랑스에 살고 있던 어린 몽테뉴가 라틴어를 잘할 수 있었을까. 그것은 아버지의 특별한 외국어 학습법 덕분이었다.

아버지 피에르 에캉은 몽테뉴에게 라틴어를 가르치기 위해 아주 특별한 방식을 택했다. 자신의 성(城)을 완벽한 '라틴어 성'으로 만든 것이다. 지금의 '영어마을'처럼 말이다. 성에서는 모국어인 프랑스어는 입 밖에도 내지 못하게 하고 라틴어로만 말을 하게 했던 것이다.

먼저 아버지는 아들에게 라틴어를 쉽게 가르치기 위한 방편으로 라틴어 구사 능력이 뛰어난 독일인 가정교사를 고용했다. 프랑스 교사를 구하면 아들에게 프랑스어로 라틴어를 가르칠 수 있기 때문이었다. 영어를 배우려면 한국어를 잘 아는 영어 교사보다 한국어를 모르는 영어 교사에게 배우는 게 더 효과적인 비결인 것과 같다. 피에르는 아들이 있는 데서는 누구든 라틴어로만 말해야 한다고 가족들과 하인들에게 명령했다. 그래서 몽테뉴는 여섯 살이 될 때까지 자신의 모국어인 프랑스어를 전혀 배우지 못했다. 어린 꼬마였지만 매일 라틴어를 배우고 라틴어로 말을 해야 했다.

그런데 놀라운 일이 벌어졌다. 일종의 '몰입식 교육'으로 라틴어를 배운 결과, 몽테뉴의 라틴어 실력이 이미 6세 때 최고 수준에 오른 것이다. 그때부터 아이는 라틴어로 된 고전을 섭렵하기 시작했다(대부분의 고전이 라틴어로 되어 있다). 몽테뉴가 학교에 입학하자 학교의 라틴어 교사들은 완벽하지 못한 자신들의 라틴어 실력을 아이가 알아챌까 전전긍긍했다. 이렇게 자란 몽테뉴는 훗날 문필가로 크게 이름을 날렸다. 라틴어로 된 서양 고전을 어린 시절에 두루 섭렵할 수 있었기 때문이다.

장하석의 영어 학습법은 바로 몽테뉴의 라틴어 공부법과 많이 닮았다. 장하석은 영영 사전을 옆에 끼고 영어로 된 책을 반복해서 읽으면서 단어를 이해하는 방식을 택했다. 단어는 어근을 집중적으로 공부했다. 하나의 어근을 알면 어근이 같은 단어는 그 뜻을 반쯤은 헤아릴 수 있기 때문이다. 영한 사전이 아니라 영영 사전으로 단어를 공부하다 보면 영어식으로 의미를 이해할 수 있고 영어 작문도 한결 쉬워진다. 그것이 영어 공부에 정통할 수 있는 지름길이다. 영한 사전을 사용하면 영어를 다시 한국어로 번역하는 이중의 두뇌 작업을 수행해야 하기 때문이다.

영어를 비롯한 외국어는 단 며칠만 말을 하지 않아도 혀가 굳는다.

한국의 외국계 회사에 다니는 한국인들은 토요일과 일요일을 쉬고 월요일 아침에 출근하면 혀가 굳어 영어가 잘 나오지 않아 한동안 애를 먹는다고 한다. 그렇기 때문에 외국어를 배우고 써야 할 때는 늘 외국어에 젖어 생활해야 한다. 외국어에 익숙해지는 길은 그 길뿐이다. 영어로 된 책을 반복해서 읽으며 영영 사전으로 단어를 찾고 영어 작문을 하는 게 최선의 공부법이다. 그런 점에서 장하석은 영어 학습의 왕도를 중학생 때 깨우친 셈이다.

장하석처럼 영어에 정통하려면 칼 세이건의 『코스모스』나 '해리 포터' 시리즈 등과 같이 읽을 만한 영어 원서를 한 권 정해서 10회 이상 읽기를 시도해보자. 이때는 한국어 번역판도 함께 반복해서 읽어야 한다. 영어와 한국어 책을 동시에 읽으면 영어책을 읽을 때 별도로 단어를 찾지 않아도 이해할 수 있어 도움이 된다. 단, 단어를 찾을 때는 반드시 영영 사전으로 찾으면서 뜻을 익혀야 한다. 이렇게 꾸준히 하다 보면 자신도 모르게 고급 영어 수준에 도달해 있을 것이다.

평범한 자녀를 수재로 만들고 싶은 부모에게

현대 명문가의 자녀교육 3
송하성 가

전 공정거래위원회 심판관리관

내 아이의 꿈을 이루는 '수재 만들기 학습법'

꿈을 향해 뛰다 보면 언젠가부턴 꿈이 나를 데려간다

●

송하성 가에서 배우는 자녀교육법 7

1. '2대째 5명 고시 합격' 뒤에는 면 서기 아버지가 있었다
2. 서울대 불합격이 오히려 성공으로 이끌다
3. 꿈이 있으면 평범한 학생도 수재가 될 수 있다
4. 꿈을 향해 뛰다 보면 어느새 꿈이 나를 데려간다
5. 마구잡이식 공부는 금물, 공부 잘하는 5단계 학습법
6. 공부는 '이정암'과 '선택과 집중'에 달려 있다
7. 다양한 강연회에 참석하게 하라

송하성은 "저는 중학교 때까지 상을 한 번도 받아본 적이 없는 평범한 학생이었다"면서 자신처럼 평범한 머리의 사람도 꿈을 키우면 누구나 수재가 될 수 있고 사회적으로 성공할 수 있다고 말한다. 그는 '자꿈모'(내 자식 꿈 이루기 모임)를 만들어 불우한 환경에서 꿈조차 꾸지 못하는 수많은 청소년에게 꿈을 심어주는 '꿈 전도사'를 자임하고 있다.

"한 사람의 아버지가 백 명의 선생보다 낫다." 영국의 시인 조지 허버트는 일찍이 아버지의 존재를 이렇게 갈파했다. 허버트의 이 말에는 자녀에게 있어 아버지란 존재가 갖는 의미가 함축적으로 담겨 있다.

전남 고흥에서 평생 면사무소 공무원(부면장으로 퇴직)으로 근무했던 송병수 옹은 조지 허버트가 말한 "한 사람의 아버지"에 가장 부합하는 아버지가 아닐까 싶다. 송병수 옹은 바로 4남 2녀 중에서 무려 4명의 고시 합격자를 배출해낸 아버지다. 뿐만 아니라 2007년에는 그의 손자까지 사법 고시에 합격해 2대에 걸쳐 5명의 고시 합격자를 배출했다.

조선 시대에는 5명의 아들이 과거 시험에 합격한 집안을 '오자등과택(五子登科宅)' 또는 다섯 아들을 용에 비유한 '오룡지가(五龍之家)'라고 불러, 국왕이 치하하며 '장학금'을 하사하기도 했다. '오자등과택'에 해당하는 가문으로는 15~16세기의 이극돈과 김진의 두 가문 정도가 알려져 있다. 송병수 옹과 그 자녀들, 그리고 손자가 무려 500년 만에 '오자등과택'의 영광을 재현해낸 셈이다.

송병수 옹은 그야말로 자식들 때문에 행복한 아버지라고 할 수 있다. 세간의 부러움을 사는 자식들의 자랑스러운 성공도 그렇거니와 자식들에게 사랑받고 존경받는 아버지이기에 더 행복하다고 한다. 6남매 중 나머지 자녀들도 사업가와 디자이너로 남부럽잖게 키워냈다. 사실 송 옹의 자녀들은 어디에 내놓아도 빠지지 않을 만큼 사회적으로 출세를 했다. 그런데 송 옹이 행복한 것은 자녀들이 크게 출세해서라기보다, 세상에서 가장 존경하는 사람을 아버지라고 꼽아주고 아버지를 볼 때마다 기쁨을 느낀다고 말하는 자녀들이 있기 때문이다.

요즘은 자식 하나도 제대로 키우기 힘들다고들 아우성이다. 조기교육이다 과외다 뭐다 해서 들여야 할지 모를 엄청난 사교육비에, 부모들은 아이를 낳기 전부터 지레 걱정이다. 하지만 자식 농사의 핵심은 큰돈 들이는 교육에 있지 않다. 공정거래위원회 총무과장과 심판관리관을 거쳐 경기대학교 교수로 재직중인 맏아들 송하성을 비롯한 6남매의 가족 이야기를 들으면, 자식 농사에서 가장 중요한 것은 바로 아버지의 진솔한 삶과 잇닿아 있음을 알게 된다. 아무리 자식들이 사회적으로 크게 출세해도 아버지를 존경하지 못한다면 그 출세는 빛이 바래고 말 것이다. 달리 말해 아무리 출세한 자식들이라도 그들에게 존경받지 못하는 아버지의 인생이라면 결코 성공적이라고 할 수 없을 것이다.

2대째 5명 고시 합격 뒤에는 존경 받는 아버지가 있었다

한 집안에서 한 명도 나올까 말까 한 고시 합격자를 무려 4명이나 배출한 이 집안의 비결은 무엇일까. 1962년 전남 고흥군 대서면에서 9급 공무원으로 시작해 1989년 부면장으로 퇴직한 부친 송병수 옹이 그 비결의 중심에 있다.

'진인사대천명(盡人事待天命)'이란 가훈에서도 알 수 있듯, 송병수 옹은 맡은 일을 늘 빈틈없이 철저하게 해냈다. 맏아들 송하성은 "아버지는 답답할 정도로 원리원칙을 따랐고 말이 아닌 행동을, 결과보다 과정을 중시하라고 가르쳤다"고 말한다.

"한 번은 면사무소에 새로운 벼 품종을 조사해 보고하라는 지시가 떨어졌어요. 대충 조사해 보고하는 게 일반적이었는데 아버지는 그날 밤 집에 들어오지 않으셨어요. 제가 자전거를 타고 찾아가봤더니 아버지가 벼를 품종별로 다 잘라놓고 낟알을 일일이 세면서 조사를 하고 계시더군요. 그 일로 또 아버지에게 감동했지요."

송병수 옹은 면 서기를 하면서도 휴일이면 농사를 지었고 퇴근 후에는 늘 책을 가까이했다. 자녀들에게는 공부하라는 잔소리를 단 한 번도 하지 않았다. 다만 거짓말은 결코 용납하지 않았다. 자녀들이 어렸을 적의 아버지는 늘 책을 읽고 서류를 작성하고 무엇인가를 노트에 기록하는 모습이었다. 그런 아버지의 모습을 따라 자녀들은 자연스레 책상머리에 앉곤 했다. 농사를 지으면서도 책을 보고 공부하던 아버지를 본

받지 않을 수 없었던 것이다.

송 옹의 학력은 초등학교 졸업이 전부다. 일제강점기 말 금광 사업을 하던 부친이 사업에 실패한 뒤 갑작스레 타계하는 바람에 상급 학교에 진학할 형편이 못 되었다. 하지만 그에게는 남다른 학구열이 있었다. 그는 홀어머니를 모시고 농사를 지으면서도 독학으로 중학교와 고등학교 과정을 마치고, 결혼 후 세 아이를 둔 1962년 30세 나이에 9급 공무원 시험에 합격해 공직에 발을 들여놓았던 것이다. 아버지의 그러한 열의 넘치는 삶은 자녀들의 마음속에 그대로 새겨져 마침내 4남매가 고시에 합격하는 원동력으로 작용했다.

아이들이 자라나 도회지로 떠나고 난 뒤, 고향을 지키며 직장 생활을 하는 아버지와 자녀들 사이의 주된 대화 수단은 편지였다. 아버지는 특유의 달필로 당부의 말을 편지에 적어 보내곤 했다. 자녀들도 수시로 "아버님 전상서"로 시작되는 편지를 부쳤다. 이렇게 송 옹의 가족들 사이에 오간 편지는 헤아릴 수 없을 정도로 많다고 한다. 형제들 중에서도 특히 아버지와 많은 편지를 주고받았던 맏아들 송하성은 이사하는 와중에 커다란 짐 가방 하나를 가득 채웠던 아버지의 편지들을 잃어버린 것을 지금도 애석해한다.

경희야, 너는 초등학교 때부터 번번이 아버지를 기쁘고 흐뭇하게 해준 효녀요, 귀염둥이다. 더욱 성실하고 부지런하여 순결을 지키는 자랑스러운 딸이 되어줄 것을 믿고 기대한다. 너의 3월 말 고사 성적표를 복사해 영건, 영길 두 오빠의 편지에 넣어 보내었다. 왜 그랬는지 너는 아버지의 뜻을 알겠지. 항상 4대 조심(차, 불, 사람, 도둑)에 유의하여라. 적은 생활비지만 영양식에도 소홀히 해서는 안 된다.(1982년 4월에 딸 경희에게 보낸 편지)

둘째 아들 송영천은 "외로운 고시 공부 과정에서 아버지의 편지는 커다란 격려와 따뜻한 위로를 동시에 주었습니다. 특히 한자가 곁들여진 달필의 편지는 2차 사법시험 답안을 쓰는 데 모범으로 삼을 만했지요"라고 당시를 회상했다.

영천아 보아라. 며칠 전에 너의 서신을 접견하고 오늘 또 너의 글씨를 대하니 너를 대면한 듯 반갑구나. 사시 2차 발표를 앞두고 초조함은 너와 아울러 너를 둘러싼 가족들 심정이 꼭 같겠지. 하지만 '인사(人事)를 다했으니 천명(天命)을 기다릴 수밖에'. 그리고 칠전팔기의 투지로 태연자약하여라. 만약에 낙방되더라도 조금도 낙망하지 마라. 네가 원하는 학원 문제 등 아버지는 최선을 다해서 가능한 데까지 뒷받침할 것이야.(1981년 둘째 아들 영천에게 보낸 편지)

송하성은 아버지와 6남매 간에 주고받은 편지를 한데 엮은 아버지 고희 기념 문집으로 『부자유친』을 펴내기도 했다. 그는 이 책에서 "부친은 조그마한 시골에서 농사를 지으며 면 서기로 27년을 근무한 평범한 촌부였다"고 소개하고 있다.

내 아버지는 높은 지위에 오른 사람도 아니다. 돈을 많이 번 사람도 아니다. 시골에서 흙과 더불어 진실하고 성실하게 살아온 보통 삶일 뿐이다. 그럼에도 우리 6남매는 진정으로 아버지를 존경했다.

서울대에 가지 못한 게 오히려
성공의 발판이 되다

'고시 4남매'로 유명한 이들은 조기 교육이나 과외 등은 그야말로 구경 한 번 못했다. 하지만 4남매는 선의의 경쟁을 하듯 고시를 준비해 모두가 합격했다.

맏아들 송하성은 성균관대학교 경제학과를 졸업하고 1978년 행정고시(22회)에 합격해 경제기획원과 청와대 경제비서실 과장을 거쳐 프랑스 소르본 대학에 유학해 경제학 박사 학위를 받았다. 이어 주미한국대사관에서 경제 외교관으로 근무할 때는 주경야독하며 조지타운 대학에서 로스쿨 과정을 이수했다.

둘째 아들 송영천은 단국대학교 법대를 나와 1981년 사법시험(23회)에 합격해 서울고법 부장판사를 거쳐 현재 법무법인 '새빛' 대표 변호사로 일하고 있다. 인천광역시장인 넷째 아들 송영길은 공장에 다니고 택시 운전 등을 하면서 뒤늦게 고시에 도전해 32세 때 사법시험(36회)에 합격해 인권 변호사로 활동했다. 방송통신위원회 과장인 딸 송경희는 전남대학교 영문학과를 나와 결혼을 하고 직장에 다니다가 오빠들이 연이어 고시에 합격하자 행정 고시(39회)에 도전해 1995년에 합격했다. 송경희는 오빠 송영길과 비슷한 시기에 고시에 뜻을 세워 서로 격려하면서 공부했다고 한다. 송경희는 송영길이 사법시험에 합격하고 난 1년 뒤에 행정 고시에 합격했다.

그러나 셋째 아들 송영건은 다른 형제들과 달리 고시 공부에 뜻이 없었다고 한다. 그래서 대학을 졸업한 뒤 증권 회사를 다니다가 그만두고, 나주에서 '금성명다원'을 운영하며 '나주차사랑회'라는 단체를 만들어 전통차 문화 보급 운동에도 앞장서고 있다. 6남매 중 막내딸인 송정화는 홍익대학교 대학원 산업디자인학과를 졸업하고 현재 산업디자이너로 활동하고 있다. 그리고 송하성 교수의 맏아들 승환(사법시험 49회, 현재 군법무관)은 고려대학교 법대 3학년 재학중에 고시에 합격해 대를 잇는 2대째 고시 합격의 주인공이 되었다.

사실 가난한 면 서기의 월급으로 여섯이나 되는 자녀들을 대학까지 공부시키는 데는 경제적인 어려움이 많았다. 송병수 옹은 면사무소에서 퇴근하면 부인 고 김광순 씨와 함께 농사를 지었다. 어머니는 낮에는 농사를 짓고 밤이면 길쌈을 했다. 어찌나 고생이 심했던지 손발이 트고 손바닥이 닳아 지문이 없어지는 바람에 주민등록증을 분실해 재발급을 받을 때 애를 먹었을 정도였다. 그렇게 열심히 일해도 부부는 해마다 아이들의 학자금 융자를 받아야 했다.

고시 4남매가 다닌 대학을 보면, 세칭 명문대라 불리는 'SKY' 출신은 송영길 인천시장이 유일하다. 송하성은 "제가 서울대에 가려다 못 갔는데 만약 서울대에 다녔다면 오히려 공부를 하지 않았을 것 같다"고 말한다. 송하성은 고학을 하면서 고시 공부에 매진해 마침내 합격했다.

그가 공무원 생활을 하면서도 정부 유학생으로 선발되어 파리 소르본 대학에서 공부해(1985~1988) 경제학 박사 학위를 취득할 수 있었던 것도, 공정거래위원회 해외 주재관으로 미국에서 근무하면서 로스쿨 과정을 이수할 수 있었던 것도 명문대 출신이 아니었기에 가능했다"고 토로한다.

송하성은 한국방송통신대학 법학과를 마치고 이어 중국어과에 편입해 공부하기도 했다. 송하성은 영어 실력 또한 출중하다. 공정거래위원회 해외 파견 공무원으로 나가려면 영어 시험을 봐야 했는데 그 시험에 불합격하면 그야말로 낭패였다. 엄청난 스트레스를 안고 시험을 치렀는데 38명 중 1등을 차지했다. 그는 이 모든 결과를, 명문대를 나오지 않은 데 따른 '공부 갈망'으로 풀이했다. 그러고 보면 우리 주위에 명문대를 나오고도 재능을 발휘 못하고 빈둥거리는 이들이 너무 많다. 그것은 꿈을 갖지 못하고, 목표를 세우지 못한 탓이다.

꿈이 있으면
평범한 학생도 수재가 될 수 있다

-모두 농촌에서 자라 중학교까지 다녔다.
-고등학교 때에야 도시로 나가 공부했다.
-자취 생활을 하면서 학교를 다녔다.
-서로 이끌어주며 공부했다.

-처음 대학 입학시험에 실패했다.

-고학으로 대학을 다니며 고시 공부를 했다.

송하성은 자신과 동생들이 자란 환경을 이렇게 요약했다. 모두가 열악한 환경에서 공부했지만 서로 도와주고 이끌어주면서 4명 모두 고시에 합격했다. 이는 집안의 경사이자 국가적으로도 모범적인 성공 사례라고 할 수 있다. 한 집안에서 한 명도 합격하기 힘든 고시에 4명이 합격하고, 이어 그다음 대의 손자까지 사법 고시에 합격하면서 호남의 수재 집안이 되었고, 이제는 대한민국의 내로라하는 수재 집안으로 회자되고 있다.

그런데 그 성공 신화의 시작점인 맏아들 송하성은 "자신은 결코 수재가 아니고 중학교를 졸업할 때까지 상장 한 번 받아본 적 없는 둔재였다"고 말한다. 그의 어머니조차 "맏아들이라고 태어난 게 특별히 공부를 잘하지도 못하고 어리바리해서 두들겨 맞고나 다니니 저걸 어디다 쓸까" 하며 걱정하던 맏아들이었다. 송하성은 어릴 때 부모님이 이런 말을 주고받는 것을 엿들은 적이 있다고 했다. 소년 송하성의 머리는 이처럼 평범하기 그지없었다.

그런데 고등학교에 들어가 급반전의 계기를 만난 뒤로 '열공'(열심히 공부하기) 모드로 바뀌었다고 한다. 바로 '큰 꿈'을 갖게 된 것이 전환점이었다. "나중에 커서 조그만 구멍가게 주인이 되겠다는 꿈을 가진 이가 있습니까? 그러면 구멍가게 주인밖에 못 됩니다. 더 큰 꿈을 가지십시오."

광주상고에 진학한 송하성은 어느 날 교회에서 목사의 설교를 들었다. 이 설교가 송하성의 머리를 울린 바로 그 순간이 송하성 인생의 급반전의 계기였고, 고시 4남매를 배출하게 된 전환점이었다. 송하성은 면 서기인 아버지의 월급과 논 여섯 마지기뿐인 집안 형편으로는 대학에 가기 어렵다고 판단해 상고에 진학했다. 상고 졸업 후에는 은행에 취직할 생각이었다.

하지만 목사의 설교로 그는 자신의 꿈을 되돌아보게 되었다. 그야말로 구멍가게 수준의 꿈이었다. 자신의 꿈이 너무 초라하게 느껴졌다. 그 꿈처럼 초라하고 왜소한 듯 여겨지는 자신 때문에 그만 눈물이 핑 돌았다. '내가 이것밖에 되어서야 안 되지!' 하는 생각이 머리를 스쳤다. 가슴이 뜨거워졌다. '그래, 꿈이라도 크게 갖자. 꿈을 가져야 꿈이라도 꿀 수 있을 것 아냐!' 하는 생각이 들었다. 마침내 송하성의 가슴에 꿈이 찾아든 것이다.

"물론 그때까지도 앞으로 무엇이 되겠다는 거창한 목표를 세우지 못했지만 제 꿈은 더이상 은행원이 아니었어요. 우선 대학에 진학해야겠다고 생각했어요. 사회에 필요한 사람이 되고 가치 있는 일을 하고 사회에 도움이 될 만한 큰일을 해야겠다는 사명감이 생겼어요."

대학에 진학하기로 마음먹고 아버지에게 의중을 털어놓았다. 아들의 꿈과 열망을 알게 된 아버지는 아들의 뜻을 흔쾌히 지지해주었다. 아버지 역시 아들의 재능이 아까워 내심 마음에 걸리던 차였는데 오히려 잘되었다고 격려해주었다고 한다.

대학 진학으로 마음을 굳히긴 했지만 성적이 문제였다. 그때까지만

----

1. 4남매 고시 합격 기념 모임에서 인사말을 하고 있는 송영길 인천시장. 송영길은 1994년 사법 고시에 합격했고, 그 이듬해에 송경희가 마지막으로 합격하면서 고시 4남매의 대기록을 세웠다.

2. 2009년 프랑스 정부로부터 '레지옹도뇌르' 훈장을 받은 넷째 송영길 인천시장과 함께한 송하성 교수. 송하성 남매가 저마다 '자기 확장'을 해나가는 모습이 아름답다.

3. 필자가 〈경향신문〉 기자 시절인 2001년 7월 '고시 4남매' 취재차 만난 송병수 옹과 송하성(현 경기대 교수), 송영길(현 인천시장), 송경희(현 방송통신위원회) 3남매의 모습. 한 집안에서 한 명도 합격하기 힘든 고시에 4남매가 합격한 데 이어 송하성의 맏아들 승환도 대학 3학년 때 사법 고시에 합격했다. 바쁜 공직 생활 때문에 고시 4남매의 최근 모습을 사진으로 담을 수 없어 아쉬웠다.

해도 송하성의 성적은 썩 좋은 편이 아니었다. 600명 중 130등 정도였고, 주산 과목은 320등까지 밀린 적도 있었다. 꿈을 갖고 열공 모드에 돌입한 그는 영어 공부부터 시작했다. 등하교 시간 40분씩을 활용해 영어 문법책을 아예 통째로 외우기 시작했다. 1년 만에 그는 연습 문제를 빼고 책의 내용을 모두 외울 수 있었다고 한다. 송하성은 마침내 전교 1등으로 고등학교를 졸업했다.

그는 "꿈이 있고 열정이 있으면 DNA까지 바뀔 수 있다"고 말한다. 자신의 경험이 그 증거라고 했다. 머리가 평범한 아이도 꿈을 가지면 꿈을 이루기 위해 노력하게 된다는 것이다. "꿈을 갖고 꿈을 향해 뛰다 보면 어느샌가 꿈이 나를 데려가는 것 같아요."

송하성이 자신을 '꿈 전도사'라고 말하는 이유가 바로 여기에 있다. 송하성이 큰 꿈을 갖고 학업에 매진하자, 동생들도 하나같이 형과 오빠를 따라 공부하기 시작했다. 송하성의 꿈이 파급 효과를 낸 것이다. 또한 송하성이 행정 고시에 합격하자 동생들도 너도나도 고시에 도전하기 시작했다. 송하성은 "가난한 집에서 고시를 본다는 건 정말 어려운 일인데, 맏아들인 제가 첫 테이프를 끊으니 동생들이 용기백배했던 것 같다"고 말한다.

송하성은 동생들의 성격을 파악해 사법 고시를 준비할지 행정 고시를 준비할지 조언해주었다. "바로 아래 동생 영천이는 매사에 빈틈이 없어 판사의 꿈을 갖게 조언해주었어요. 영길이는 어릴 때부터 뭔가 그릇이 남달랐는데 함께 대화를 하고 있으면 형인 제가 왜소하게 느껴질 정도로 사고의 폭이 깊었어요. 누이동생 경희에게는 행정 관료가 되라고 권해주었어요."

'고시 4남매'의 성공 신화는 고졸 은행원의 꿈에 머물지 않고 더 가치 있는 일을 해야겠다는 맏아들 송하성의 꿈에서 비롯된 것이다.

꿈을 향해 뛰다 보면
어느새 꿈이 나를 데려간다

송하성은 "명문대에 들어가지 못해 오히려 성공할 수 있었다"고 말한다. 참 역설적인 말이다. 흔히 명문대 입학이 성공가도의 출발점이라고 하는데, 그게 아니라는 말이다. 하지만 곰곰 생각해보면 명문대에 들어간다는 것은 대학 입학의 의미 그 이상도 그 이하도 아니라는 것을 알 수 있다. 명문대는 우수한 학생들이 모이는 공간이고, 문화적인 환경이 더 좋은 대학일 수 있다. 그렇다고 명문대가 성공을 보장해주는 것은 결코 아니다. 모든 것은 개인의 노력에 달려 있다. 송하성의 말처럼 어떤 꿈을 꾸고 어떤 목표를 위해 노력하느냐에 달려 있는 것이다.

성균관대학교 경제학과를 졸업한 송하성은 서울대 행정대학원에 들어갔다. 서울대에 입학하지 못한 설움을 씻기 위해서였다. 그리고 행정대학원 1학년 때 행정 고시에 합격했다. 상고를 나와 은행에 취직하려던 평범한 학생이 사회에 도움이 되는 사람이 되겠다는 보다 큰 꿈을 꾸기 시작하면서 행정 고시에도 합격할 수 있었던 것이다. 물론 행정 고시 합격은 꿈의 완성이 아니라 또다른 꿈의 시작이었다.

----
4. 공직 생활로 바쁜 3남매가 모처럼 자리를 함께했다. 왼쪽부터 송영천, 송경희, 송영길
5. 용인의 '새에덴교회' 장로인 송하성과 두 아들

이후 공무원 생활을 하던 송하성은 '전라도가 잘살아야 대한민국이 잘살 수 있다'는 생각을 갖고 이를 실현하기 위해 전남 도지사 선거에 출마하기로 결심했다. 이어 경기도 교육감 선거에도 출마했지만 후보 자격 시비에 휘말려 중도 사퇴했다. 하지만 우리나라의 교육 환경을 바꾸겠다는 그의 큰 꿈은 여전히 진행형이다. 송하성은 정·재계, 학계, 종교계 등 150여 명의 인사들과 함께 '자꿈모'(내 자식 꿈 이루기 모임)를 결성해 운영하고 있다. 무료로 아이들의 꿈을 컨설팅해주고 아이들 인생의 멘토가 되어주기 위한 모임이다. 이제 그의 꿈은 더 많은 아이들이 큰 꿈을 갖도록 도와주는 것이라고 한다.

"꿈을 갖고 그 꿈을 이루기 위해 노력하면서 삶이 달라진 걸 경험한 제가 바로 아이들의 '역할 모델'이지요. 제가 그랬고 제 동생들, 제 아이들이 그랬듯 수많은 아이들의 가슴속에 꿈의 불을 지폈으면 좋겠습니다. 주변에서 '교육대통령'이라는 별칭을 붙여주었는데 참 마음에 드는 닉네임이에요. 하하."

마구잡이식 공부는 금물, 공부 잘하는 5단계 학습법

송하성은 '마구잡이'식 공부는 금물이라며 공부에도 단계가 필요하다고 강조한다. 송하성은 자신과 동생들, 그리고 그의 맏아들 등 5명이 모두 고시에 합격할 수 있었던 공부법을 분석해 『1.3 1.3 송가네 공부법』이라는 책을 펴냈다. 자신처럼 집안 형편이 어려운 수많은 학생들에게 용기를 주고 큰 꿈을 갖게 도와주려고 쓴 것이라고 한다. 이 책에서 그는 목표화, 계획화, 동작화(실천화), 버릇화, 몰입화로 이어지는 5단계 학습법을 제시한다.

　1단계인 목표화는 꿈을 정하는 단계다. 씨앗이 있어야 싹을 틔워 열매를 맺을 수 있듯이, 일단 꿈이 있어야 꿈을 이룰 수 있다. 송하성 역시 고등학생 때 구멍가게 주인이 되는 것보다 더 큰 꿈을 꾸어야 한다는 목사의 설교를 듣고 큰 꿈과 구체적인 목표를 세우기 시작했다. 물론 꿈은 한번 정했다고 해서 고정되는 것이 아니다. 꿈이든 목표든 초·중·고교와 대학 시절, 그리고 대학 졸업 이후에도 얼마든지 바뀔 수 있다. 하지만 바뀌는 것일 뿐, 꿈과 목표를 결코 포기해선 안 된다.

　계획화의 2단계에서는 효율적인 계획을 잘 세워야 한다. 목표가 있어도 그것에 다다를 수 있는 구체적인 계획 없이는 목표를 이룰 수 없기 때문이다. 또한 수면 시간도 충분해야 한다. 뇌의학 전문가들에 따르면 사람은 하루에 적어도 5시간은 자야 건강을 유지할 수 있다고 한다. 자녀가 공부 계획을 세울 때는 부모가 곁에서 조언해주고 아이가 계획대로 잘 실천하는지 관심 있게 지켜봐줘야 한다.

　공부는 무조건 오래 책상 앞에 앉아 있다고 잘하는 게 아니다. 공부는 바로 '시간 관리'를 어떻게 하느냐에 달려 있다. 시간 관리는 규칙적인 생활에서 비롯된다. 특히 하기 싫은 과목이나 어려운 숙제는 반드시 먼저 끝낼 수 있도록 계획을 세워야 한다. 쉬운 과제부터 시작하면 정작 어려운 과제를 해결하거나 취약 과목을 공부할 때는 시간도 부족하고 몸도 지친다.

다음은 동작화(실천화)의 단계다. "구슬도 꿰어야 보배"라는 말이 있듯, 아무리 좋은 계획도 실천하지 않으면 소용이 없다. 아이가 계획을 적절히 잘 세웠다면 부모는 아이가 긍정적으로 자신 있게 실천할 수 있도록 용기를 불어넣어주고 격려해야 한다. 송하성은 "자녀는 부모가 말하는 대로, 축복해주는 대로 된다"고 강조한다.

'보험설계사'라는 말을 탄생시킨 미국의 전설적인 '보험 세일즈 왕', 폴 마이어는 어릴 적에 말더듬이여서 바보 취급을 받았지만 어머니의 말 한마디에 큰 위로와 용기를 얻어 세계적인 거부가 되었다. 마이어의 어머니는 아이가 말을 더듬자 "네 생각이 너무 뛰어나고 빠르기 때문"이라며 위로하고 격려해주었다고 한다. 말을 더듬는 것을 긍정적으로 생각하게 이끌어준 것이다. 마이어는 27세에 세계 최연소 백만장자로 기네스북에 오른 인물로, 40여 개가 넘는 회사를 운영하고 있다.

다음의 4단계는 버릇 들이기다. "생각이 바뀌면 행동이 바뀌고 행동이 바뀌면 버릇이 바뀌고 버릇이 바뀌면 운명이 바뀐다"는 말이 있다. 송하성은 "자녀가 계획한 대로 공부하는 버릇만 붙이면 꿈은 가까이 다가온다"면서 "계획표대로 공부하는 버릇을 들이는 데 100일 정도가 걸린다"고 설명한다. 송하성은 자신의 둘째 아들에게 직접 적용해보고 성공한 경험이 있다고 한다.

"'익힐 습(習)' 자는 '깃 우(羽)' 자가 두 개 있고, 아래의 '흰백 백(白)' 자는 '일백 백(百)' 자를 한 획 줄인 거라고 볼 수 있습니다. 이는 새가 깃털이 돋아 날기 연습을 100번은 해야 날 수 있다는 뜻이 아닐까요?"

그는 단군 신화에서도 곰이 마늘을 먹고 100일을 견뎌 인간이 되었듯이, 100일이라는 시간은 바로 어떤 습관이나 버릇을 들이는 데 필요한 시간이라고 한다.

그는 공부 버릇을 들이면 그때부터는 5단계의 몰입 단계로 나아가야 성적을 쭉 끌어올릴 수 있다고 말한다. 그러려면 잡념을 없애고 스트레스를 줄이는 것이 중요한데 이때 필요한 것이 운동이다. 운동은 잡념과 스트레스를 없애고 자신감을 갖게 하는 데 특효약이라고 한다.

공부는 '이정암'과 '선택과 집중'에 달려 있다

송하성은 공부의 기본은 '이정암'이라고 말한다. '이정암'이란 '이해', '정리', '암기'의 앞 글자를 따온 말이다. 다시 말해 공부란 '이해'하고 '정리'하고 '암기'하는 것이 기본이라는 얘기다. '이정암' 공부법은 송하성과 그의 동생들이 고시에 합격할 수 있었던 가장 기본적인 공부법이자, 그의 맏아들이 고려대학교 법대와 사법 고시에 합격한 비결이기도 하다.

"공부를 잘하려면 이해를 잘해야 하고, 이해를 잘해야만 암기도 잘할 수 있습니다."

그런데 자칫 혼자서 공부하다 보면 잘못 이해하는 경우가 생길 수 있다. 이를 피하기 위해서는 친구나 교사에게 조언을 구해 '인강'(인터넷 동영상 강의)을 잘 골라 듣는 것이 효과적이다. 송하성은 맏아들이 사법

고시를 준비할 때 이런 조언을 해주었다고 한다.

"수험생들이 수천 장의 법학 지식을 숙지하는 것은 가능하지만, 아무런 의미 없이 나열된 단어는 몇 줄도 외우기 힘들다. 어떤 논리 과정으로 결론에 도달했는지 등을 파악하면 암기하기도 쉽다."

이해를 잘했다면, 다음은 잘 정리할 차례다. 송하성은 논리적인 사람은 나름의 비결이 있는데 그중 하나가 바로 정리를 잘하는 것이라고 말한다. 교과서를 볼 때 자기 나름대로 이해한 내용을 잘 정리하는 과정이 가장 중요한데, 마음속으로 잘 이해했다고 해서 정리도 저절로 되는 것은 아니다. 또한 글쓰기가 중요한 논술 시험에 대비하려면 잘 이해하는 것만으로는 부족하다. 공부 내용을 이해했다면 반드시 어떻게 이해했는지를 노트에 일목요연하게 정리해보는 과정이 필수적이다.

암기는 이해와 정리를 통해 완성된다. 어떤 지식을 완전히 이해했다면, 그에 관해 질문을 받았을 때 자신만의 언어로 나름대로 표현할 수 있어야 한다. 초·중·고교 때의 공부는 대부분 '이정암'에서 시작되고 완성된다고 볼 수 있다. 공부는 결국 누가 잘 이해해서 제대로 암기하느냐에 달려 있다. 하지만 서술형이나 논술 시험에서는 암기한 것을 글로 잘 표현할 줄 알아야 하는데, 이러한 표현 능력은 평소 자신이 공부한 내용을 정리하는 습관에서 기를 수 있다.

송하성은 '이정암'과 함께 '선택과 집중'도 효율적인 공부의 중요한 기술이라고 말한다. 공부는 무작정 많은 시간을 들인다고 해서 성적이 오르는 게 아니다. 국어의 경우, 문학에는 자신이 있는데 비문학 쪽에는 자신이 없는 학생이라면, 반드시 비문학에 더 많은 시간을 투자하고, 인터넷 강의나 과외 공부를 통해 부족한 부분을 보충해야 한다.

송하성은 고시 공부에도 마찬가지로 선택과 집중의 방법이 적용된다고 말한다. 예를 들어 민법이라는 과목은 범위가 매우 방대한데 그렇다고 민법 공부에 너무 많은 시간을 할애하다 보면 정작 다른 과목을 소홀히 하게 된다. 그렇다고 민법 과목의 배점이 더 높은 것도 아니다. 고시 불합격생 대부분은 민법 공부에 너무 많은 시간을 들인 경우가 많다고 한다. 이것이 바로 공부 과목의 선택과 집중이다.

송하성과 동생들 그리고 그의 아들까지 한 가문에서 무려 5명의 고시 합격자가 나올 수 있었던 것은 이들이 결코 수재여서가 아니다. 평범한 학생이었지만 꿈을 키우고 목표를 이루기 위해 치열하게 노력한 결과다. 꿈을 위한 열정과 노력이 있으면 누구든 꿈을 이룰 수 있다. 꿈이 있으면 우리 아이도 수재가 될 수 있다는 평범한 진리를 송하성 가에서 다시 한번 확인할 수 있다.

다양한 강연회에 참석하게 하라

필자는 기독교 신자가 아니지만 연세대학교에 다닐 때 '채플' 수업을 의무적으로 들어야 했다. 신앙 없이 찬송가를 부르고 '아멘'을 되뇌어야 할 때는 난감하기도 했지만, 그래도 강의를 듣는 즐거움은 컸다.

목사나 신부, 스님과 같은 종교인이 하는 설교나 법회 강의는 단

6 7. 조지 부시 대통령, 반기문 유엔 총장과 함께한 송하성 교수. 송하성 가문은 '평범한 아이도 목표를 세우고 노력하면 누구나 성공할 수 있다'는 것을 보여준다. 고흥의 시골 소년이 새로운 꿈을 갖고 행정 고시에 합격했고, 경제 관료를 거쳐 경제학 교수로 재직하고 있다.

지 종교적인 내용에만 국한되지 않는다. 종교인들의 강의 내용을 들어보면, 꿈을 이루기 위해 어떻게 해야 하는지, 부모님과는 어떻게 지내야 하는지, 또 학교생활은 어떻게 하고 친구들과는 어떻게 사귀어야 하는지, 원만한 대인 관계를 맺기 위해서는 어떻게 해야 하는지 등 일상생활에 유용한 의미 있는 가르침도 많다. 기독교나 가톨릭, 불교 신자가 아니더라도 한 번쯤 교회나 성당 또는 절에서 하는 강의에 자녀와 함께 참석해 들어보는 것도 의미 있는 일일 것이다.

아울러 베스트셀러 저자나 유명 인사들의 강연회도 자녀교육에 적극 활용해볼 만하다.

『정의란 무엇인가』로 유명한 하버드 대학의 마이클 샌델 교수가 얼마 전 『돈으로 살 수 없는 것들(What Money Can't Buy)』의 출간 기념회를 겸해서 연세대학교에서 강연회를 열었다. 때마침 필자에게 강연회 티켓이 있어 고등학교 1학년인 아들에게 주었다. 그런데 아들이 강연회에 다녀와서 이런 말을 했다.

"여러 사람의 의견을 묻는 토론 방식의 강연회였어요. 많은 사람들이 자기 의견을 발표하는데, 어느 외고에 다니는 한 학생이 명문대생 못지않게 영어를 잘하더라고요. 그걸 보고 저도 열심히 영어를 해야겠다고 생각했어요."

우연히 건네준 강연회 표 한 장이 아들에게 의미 있는 기회를 주게 된 것 같아 흐뭇했다.

토론할 줄 모르는 자는 어리석은 자이고, 토론하려 하지 않는 자는 편협

한 자이며, 토론할 용기가 없는 자는 노예다.

고대 그리스 철학자 소크라테스는 다른 사람이 말할 때는 조용히 경청하고 말이 끝나면 의문점을 질문하면서 토론을 이끌어가야 한다고 말했다. 최고의 인재는 "대화를 잘하는 사람"이라는 말도 있다. 대화를 잘하는 사람은 토론도 잘하게 마련이다. 또한 토론을 잘하는 사람은 다른 사람의 말에 귀를 기울일 줄 아는 사람이다. 상대방의 말을 귀담아 듣지 않고 자신이 하고 싶은 말만 일방적으로 하는 것은 대화도 아니고 토론이라고도 할 수 없다.

청소년기에 마이클 샌델 교수와 같은 유명인의 토론식 강의를 듣는다는 것은 세계적인 수준의 강의를 경험하는 일이다. 이는 아이의 미래에 밑거름이 되어줄 소중한 경험이 될 수 있다. 어른이 되어 사회생활을 하거나, 유명인이 되어 많은 이들 앞에서 강연을 하게 되었을 때, 어디서도 배울 수 없는 지침을 주는 훌륭한 교과서가 되어줄 것이다.

요즘에는 강연회가 많이 열린다. 안철수와 박경철의 '청춘콘서트'가 인기를 끌면서, 삼성 등의 대기업에서도 유명인들이 연사로 참여하는 강연을 열고 있다. 자녀가 존경하는 사람이나 닮고 싶은 사람, 또는 세계적인 교수 등의 강연회가 열린다면, 자녀에게 그들을 만날 기회를 만들어주자. 강연회에서는 그동안 생각하지 못했던 전혀 새로운 의견을 들을 수도 있고 세상을 보는 눈을 키울 수도 있다. 새롭고도 신선한 '울림'을 주는 강연회를 통해, 자신이 미래에 어떤 사람으로 살아갈지 고민하는 기회를 가질 수도 있다. 보다 바람직한 것은 되도록 부모와 자녀가 함께 강연회에 참석하는 것이다.

"나는 머리가 우수한 사람이 아니다. 보통 학생이었다. 다만 조금 구별되는 점이 있다면 공부하는 버릇이 몸에 배어 있다는 것이다."

'보통 학생' 송하성이 열심히 공부하겠다는 의지를 갖게 된 계기는 목사의 설교였다. 그는 고등학교 1학년 때 교회에서 "구멍가게 주인이 되는 것은 꿈이라고 할 수 없다"는 목사의 설교에 마음이 '울컥'했고, 그 순간 '보다 가치 있는 인생을 살아야겠다'는 큰 꿈을 품게 되었다고 한다.

송하성 박사의 말처럼, 새로운 꿈에 도전해 꿈을 향해 달려가다 보면 어느새 꿈이 자신을 데려간다. 요즘 아이들은 꿈이 없다고 많은 부모가 걱정한다. 아이가 공부에 통 관심이 없다면 그 이유는 바로 꿈이 없기 때문이다. 아이에게 꿈이 없어 걱정이라면, 자발적인 학습 의지가 없어 고민이라면, 한 번쯤 청소년 대상의 강연회에 아이를 데려가보자. 자녀에게 다양한 기회와 자극을 주는 것도 부모가 해야 할 역할이다. 부모가 우연찮게 마련해준 기회가 자녀의 삶을 결정짓는 중요한 계기로 작용한다면 이보다 더 중요한 역할이 있을까.

> 명문가에서 배우는
> 큰 인물 만드는 비법 3

보통 학생을 '열공' 모드로 변화시키는 '100일 작전' 실행법

송하성은 일명 '100일 작전'으로 둘째 아들을 연세대 경영학과 영어 특기자 대입 수시 전형에 합격시켰다. 공부는 무작정 해서 되는 게 아니라 치밀하게 계획을 세우고 그대로 실천하는 게 중요하다는 것을 다시 한번 실감할 수 있었다.

송 교수가 주미한국대사관에 근무하던 시절 미국에서 학교를 다니던 그의 둘째 아들 요한은 한국에 돌아와 중학교에 다녔는데, 공부 환경이 바뀌어서인지 적응하는 데 큰 어려움을 겪었다. 그래서 미국으로 돌아가 고등학교 2학년까지 다녔고, 고3 때 다시 귀국해 나주에 있는 기숙학교에 편입했다. 하지만 공부에는 통 열의를 보이지 않았다. 그에 비해 맏아들 승환은 초등학교 때부터 법관의 꿈을 키우며 목표를 향해 매진해 고려대 법대에 진학한 터였다.

아버지 송 교수는 생각 끝에 요한의 생일(7월 21일)에 함께 나주로 내려가 저녁을 먹고 아들의 기숙사에서 하룻밤 함께 자기로 마음먹었다. 그날 밤, 아들은 아버지에게 "장사꾼이 되고 싶다"고 털어놓았다. 아버지는 '그래, 장사꾼이 되겠다니, 아이의 꿈을 인정해주자!' 하고 마음먹고 아들의 꿈을 축복해주었다.

"그래, 아들아, 잘 생각했다. 그런데 장사꾼이 되려거든 세계적인 장사꾼이 되어라. 아니, 장사꾼이라고 하지 말고 이왕이면 '기업가'가 되겠다고 해라."

그날 이후 송하성은 자신의 핸드폰 번호 끝 네 자리를 둘째 아들의 생일(0721)로 바꾸었다. 집의 현관문 키 번호에도 '0721'을 넣었다. 또 주변 사람들에게는 "요한이 엄마", "요한이 아빠"라고 불러달라고 당부했다. 요한의 '인정 욕구'를 충족시켜주기 위해서였다. 가족의 인정을 받는 자녀일수록 신뢰를 주는 인재가 되는 법이다. 그는 둘째 아들에게 그런 느낌을 갖게 해주고 싶었다.

그런데 놀라운 변화가 일어났다. 그 뒤로 얼마 지나지 않아 요한이 공부에 몰입하기 시작한 것이다. '세계적인 기업가'가 되라는 아버지의 격려에 자신감을 얻고, 그 꿈을 이루기 위해 먼저 열심히 공부해야겠다는 열의를 갖게 된 것이다. 송하성은 자신이 고등학생 때 목사의 설교를 듣고 꿈을 갖게 된 것처럼, 아들도 마침내 가슴에 큰 꿈을 품게 되었다는 것을 확연히 알 수 있었다. 요한은 자신의 꿈을 이루기 위해 연세대 경영학과를 목표로 삼고 꼭 들어가고 싶다고 했다. 세계적인 기업가가 되려면 우선 경영학을 공부해야겠다고 생각한 것이다. 송하성은 요한이 대견스러워 자신도 모르게 눈시울을 붉혔다.

그런데 문제는 요한이 미국에서 공부하다가 돌아온 탓에 내신 성적으로는 목표한 대학의 정시 전형에 합격하기 힘들다는 사실이었다. 송하성은 입시 정보를 수집하던 중에 한 가지 길을 찾아냈다. '영어 특기자 수시 전형'이었다. 송하성은 요한이 미국에서 공부해, 다른 과목에 비해 상대적으로 영어를 잘하는 것에 착안해 '영어 특기자 수시 전형'을 목표로 정했다. 요한도 적극적으로 해보겠다고 열의를 보였다. 그때부터 송하성은 나주와 서울을 수시로 오가며 요한이 공부하는 데 어려움이 없는지 살폈다. 일명 '공부 버릇 들이기 100일 작전'이 시작된 것이다.

또 한 가지 문제가 있었다. 요한이 공부에 대한 열의는 있지만 공부하는 습관이 몸에 배어 있지 않다는 사실이었다. 송하성은 문득 어떤 습관이나 버릇을 들이려면 적어도 66일은 걸린다는 연구 결과가 떠올랐다. 영국 런던 대학에서 같은 행동을 얼마 동안 반복해야 언제든지 자동적으로 반사행동을 하게 되는지 실험한 적이 있는데, 평균 66일은 지나야 생각이나 의지 없이도 행동하는 습관으로 자리 잡게 된다는 결과가 밝혀졌다.

뭔가 결심한 것이 있다면 적어도 66일 동안은 실천해야 반사적인 습관으로 굳어질 수 있다는 얘기다. 송하성이 판단하기에는 자신의 경험상 66일은 부족하고 그래도 3개월 정도는 해야 습관이 되는 것 같았다. 그러니 공부 습관도 몸에 배려면 100일은 지나야 한다는 생각이 들었다. 요컨대 요한에게 공부 습관을 제대로 들이려면 100일이 필요했다.

요한이 미국에서 학교를 다니긴 했지만 영어 특기자 수시 전형에 합격할 정도의 고급 영어를 구사하는 수준은 아니었다. 송하성은 영어 실력을 키우는 방법으로, 영어 신문 〈코리아 헤럴드〉를 매일 공부하게 했다. 영어 신문의 기사만 한 고급 영어도 없기 때문이다. 그는 고교 시절에 영어 문법책을 통째로 외웠던 것처럼, 요한에게도 영어로 된 신문 기사를 통째로 외우게 했다. 매주 한두 차례씩 아들의 기숙학교를 찾아가 숙제를 제대로 하는지 점검했다. 제대로 하지 못하면 매를 들기도 했다. 다 큰 아들에게 매를 드는 게 마음에 걸렸지만 하는 수 없었다.

그렇게 2개월 정도가 지나자 효과가 나타나기 시작했다. 공부하는 습관이 몸에 배기 시작한 것이다. 마침내 요한은 '영어 특기생'에 뽑혔다. 연세대 경영학과에서 딱 2명을 뽑았는데 요한이 합격한 것이다. 경영학과에 입학하자 이번에는 북경대학으로 유학을 가겠다고 했다. 큰 장사꾼이 되려면 중국을 넘어서야 한다는 이유에서였다. 요한은 한 학기를 마친 뒤 1년 준비 끝에 북경대로 유학을 갔다. 세계적인 장사꾼이 되겠다는 요한의 꿈은 아버지의 '100일 작전'으로 궤도에 오를 수 있었다.

송하성 교수는 공부 습관이 들지 않은 자녀가 있다면 '부모와 함께 버릇 들이기 100일 작전'을 시도해볼 것을 적극 권한다. 그는 사람에 따라 차이는 있지만 보통 100일을 반복하면 버릇이 완성될 수 있다고 말한다.

"부모가 아이와 함께 실천한다면 큰 도움이 될 것입니다. 자녀한테 공부 습관이 들 때까지 사랑하고 믿어주면 됩니다."

명문 대학에 입학한 학생들을 대상으로 어느 기관에서 설문 조사를 한 일이 있는데, 대다수 학생들이 "부모님의 사랑과 격려, 믿음 덕분에 공부의 슬럼프를 극복할 수 있었다"고 대답했다고 한다. "나는 너를 믿고 사랑한다"는 말이 우리 아이가 스스로 재미있게 공부하면서 목표를 갖고 꾸준히 성장하게 만드는 비결이라는 것이다.

송 교수는 이렇게 강조한다.

"같은 행동을 꾸준히 반복하게 하는 방법으로는 칭찬이 제일 좋습니다. 부모가 자신을 알아주고 인정해주고 기특하다고 말해주면 아이는 심리적인 쾌감을 느낍니다. 칭찬은 다음으로 미룰 것이 아니라 그 자리에서 바로 해줘야 효과가 있습니다."

꿈이 있으면 생각이 바뀌고, 생각이 바뀌면 행동이 바뀌고, 행동이 바뀌면 버릇이 바뀌고, 버릇이 바뀌면 운명이 바뀐다. 이렇듯 반복되는 지속적인 행동으로 공부 습관을 들이는 것이 한 가문에서 고시 합격자를 5명이나 배출한 비결이었던 것이다.

누구나 꿈 없이는 공부에든 일에든 열의를 가질 수 없는 것이 당연하다. 아직 꿈을 갖지 못한 아이에게 공부하라는 잔소리는 역효과만 낼 뿐이다. '부모 노릇'처럼 어려운 것도 없다. 보이는 듯 보이지 않게, 무관심한 듯 세심하게 자녀의 몸과 마음, 그리고 꿈마저 살펴야 하는 것이 '부모 노릇'이다. 공부하라는 잔소리 대신 자녀와 함께 머리를 맞대고 꿈을 이야기하고, 작은 꿈이든 큰 꿈이든 자녀가 품은 꿈을 인정하고 축복해주면서 '공부 버릇 들이기 100일 작전'을 시도해본다면 온 가족이 놀랄 정도의 결과를 얻을 수 있을 것이다.

자녀교육에는 정답도 없고, 단 하나의 비결 같은 것도 없다. 부모와 자녀가 함께 보다 큰 꿈을 품고 그 꿈을 향해 가는 길을 찾다 보면, 그것이 정답이 되고 훌륭한 인재를 키워내는 비결이 된다.

자녀를 다빈치처럼 창의적인 인재로 키우고 싶은 부모에게

현대 명문가의 자녀교육 4

홍용식 가
우주공학자

'과학을 뒤흔드는 젊은 천재 10인'에 뽑힌
로봇 과학자 데니스 홍

과학자에게 수학 재능은 기본, 여기에 창의력을 더하라

●

홍용식 가에서 배우는 자녀교육법 7

1. 꿈을 키우는 매체로 때로 영화를 활용하라
2. 유전적인 재능도 고려해 진로를 결정하라
3. 어린 시절의 과학 체험이 과학자를 만든다
4. 메모나 편지로 자녀에게 자주 마음을 전하라
5. 여러 자녀를 동등하고 공평하게 대하라
6. 식탁에서 나누는 이야기가 아이의 미래에 영향을 미친다
7. 창의력을 키우려면, 관찰하고 메모하게 하라

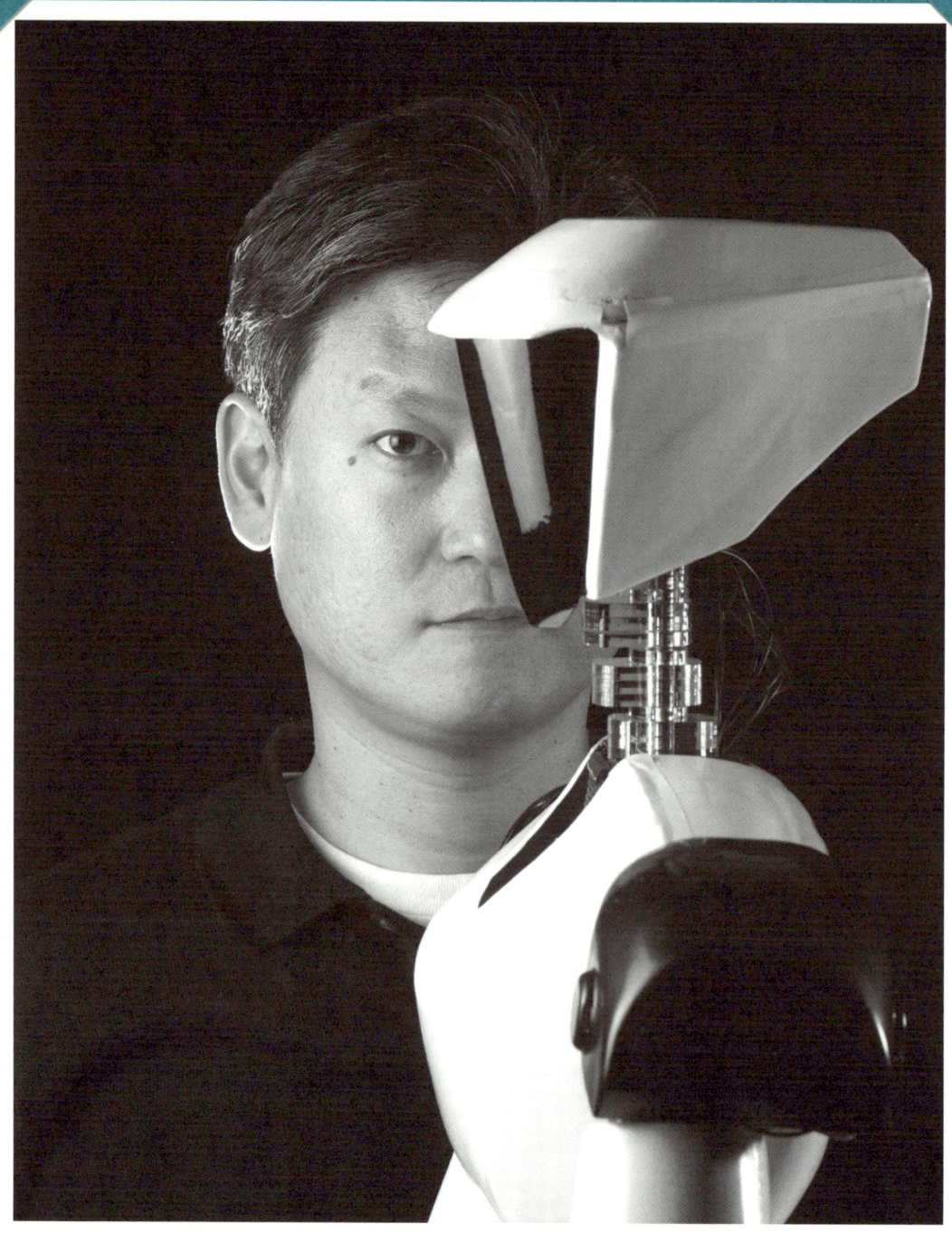

'과학 분야의 다빈치'로 꼽히는 데니스 홍(홍원서) 교수(버지니아 공대). 미국 과학 잡지 〈파퓰러 사이언스〉에서 발표한 '과학을 뒤흔드는 젊은 천재 10인'에 선정될 정도로 세계적인 로봇 공학자다. 홍원서는 어린 시절 영화 〈스타워즈〉를 보고 로봇 공학자의 꿈을 키웠다.

껄렁한 여학생들의 이야기를 다룬 영화 〈써니〉를 아내와 함께 보았다. 이 영화를 보면 누구나 철없던 학창 시절이 생각나고, 그때의 풋풋한 사과와도 같은 꿈들이 떠오를 것이다. 하지만 영화 속 여학생이 품었던 미스코리아라는 꿈처럼 학창 시절의 꿈은 대부분 크고 화려하지만 쉽게 이루지 못하는, 그야말로 꿈에 그치고 만다. 그게 삶의 실제 모습이기도 하다. 영화 〈써니〉는 꿈꾸기를 자극하는 영화라기보다 꿈을 이루기 힘든 세상에서 그래도 꿈을 꾸며 살아야 하는 이유와 위안을 주는 따뜻한 영화였다.

이 장에서 소개할 홍용식 가는 아버지와 아들 2대에 걸쳐 영화를 보고 꿈을 꾸었고, 영화 〈써니〉의 주인공들과 달리 실제로 꿈을 이루었고 또 이루어가고 있는 과학자 집안이다. 홍용식 박사는 미국 보잉 사의 연구원을 거쳐 인하대학교 교수, 한국항공우주학회장을 역임한 1세대 항공우주공학자다. 지금은 자녀들이 교수나 연구원으로 지내고 있는 미국에서 살고 있다. 자신뿐 아니라 자녀의 꿈도 모두 이루게 한 홍용식 박사는 지금은 머리가 하얗게 센 부인과 함께 틈틈이 크루즈 여행을 하며 필자에게 간간이 소식을 전해온다. 그의 삶을 보면서 만년도 그들 부부처럼 아름답게 보낼 수 있다는 것을 깨닫곤 한다.

꿈을 키우는 매체로
때로 영화를 활용하라

아버지 홍용식 박사와 아들 원서의 경우 청소년 시절 본 영화 한 편이 과학자의 꿈을 꾸게 하는 데 결정적인 역할을 했다. 홍용식 박사는 〈젊은 과학자〉라는 영화를 보고 과학자의 꿈을 키웠다고 한다. 발명왕 토머스 에디슨의 일대기를 다룬 이 영화는 해방 직후 서울에서 개봉되었다. 당시 13세였던 소년 용식은 이 영화에 자극을 받아 엔지니어의 꿈을 갖게 되었고, 미국 유학을 해서 항공 분야를 공부해야겠다고 결심했다.

아들 원서(미국명 데니스 홍)는 SF 영화 〈스타워즈〉를 보고 로봇의 매력에 빠져들어 과학자의 꿈을 꾸기 시작했다. 1977년 한국에서 미국 로스앤젤레스로 건너간 6세 소년 원서는 영화 〈스타워즈〉를 보고 너무 흥분한 나머지 며칠 동안 잠을 이루지 못했다. 소년의 마음을 사로잡은 것은 로봇 'R2D2'와 'C3P0'였다. 물론 남자아이들 대부분이 로봇을 좋아하지만 원서는 좀 특별했다. 신기한 움직임이 감동적인 로봇 R2D2와 인간과 상호 감응(interaction)하는 로봇 C3P0에게 반한 원서는 로봇 공학자가 되기로 결심했고, 이후로 한 번도 그 꿈을 바꾼 적이 없다.

"영화 〈스타워즈〉를 보고 난 후 로켓을 만들겠다고 화약 만드는 방법을 연구했어요. 숯, 탄소, 황을 빻아 흑색 화약 로켓 엔진을 만들어서 발사했죠. 그런데 화약이 많이 남은 거예요. 그래서 형, 누나랑 셋이서 옥상에 올라가 남은 화약에 불을 붙였더니 불이 확 치솟았어요. 신고를 받은 경찰이 와서 얼른 도망갔죠."

무선조종 비행기가 별로 없던 시절, 한강 둔치에서 비행기를 날리다가 경찰차에 실려 잡혀 간 적도 있다. 알고 보니 간첩이 비행기에다 폭탄을 매달아 청와대를 공격할지도 모른다고 누군가 신고를 했다는 것이다. 버지니아 공대 교수인 홍원서는 세계적인 과학자이자 '로봇의 다빈치'로 인정받으며 활약하고 있다. 〈워싱턴 포스트〉 매거진은 2011년 11월 6일자에 '로봇의 레오나르도 다빈치'라는 찬사를 보내며 12페이지에 걸쳐 대서특필하기도 했다.

그는 미국의 전문 과학 잡지 〈파퓰러 사이언스〉가 발표한 '과학을 뒤흔드는 젊은 천재 10인'에 선정되기도 했다. 〈파퓰러 사이언스〉는 "홍 교수는 자연을 단순히 모방하는 데 그치지 않고 자연의 원리를 더욱 발전시켜 정교한 로봇을 개발했다"며 선정 이유를 밝혔다. 그는 사람처럼 달걀을 집을 수 있는 정교한 로봇 손과 고층 건물을 기어오르는 건축물 검사용 뱀 로봇, 세 발로 걷는 보행 로봇 등을 개발했다.

2007년에는 무인 자동차 대회에서 3위로 입상해 상금 50만 달러를 받았고, 이후 이 무인 자동차를 시각장애인이 운전할 수 있도록 개량하기도 했다. 미국의 〈워싱턴 포스트〉를 비롯해 CBS, NBC, 영국

BBC, 일본 NHK 방송 등에서 이 뉴스를 크게 보도했다. 〈워싱턴 포스트〉는 당시 시연회에 참가한 시각장애인의 입을 빌려 "달 착륙에 버금가는 성과"라고 보도했다. 요즘 그는 '찰리(CHARLI)'라는 인간형 로봇을 개발중이다.

그는 "한국에서는 한 분야가 뜨면 모두 그쪽으로 몰려가는데 성공하려면 자신만의 길을 찾아 일인자가 되어야 합니다"라고 강조한다. 데니스 홍은 이런 자세를 항공우주공학자인 아버지에게 배웠다고 밝혔다. 형 또한 미 국방연구원 연구위원이며 누나는 미 국립보건원 연구원으로, 2대에 걸친 과학자 집안이다.

홍용식 가의 경우 2대에 걸쳐 영화를 보고 과학자의 꿈을 키운 배경이 사뭇 이색적이다. 홍용식 가문이 과학자 집안이 된 것은 영화가 키워준 과학자의 꿈 덕분이었는데, 영화라는 매체가 등장하기 전에는 전례를 찾아볼 수 없는 일이다. 현대에 인재를 배출하는 집안의 경우 새로운 매체의 등장이 어린 후세들에게 큰 영향을 미친다는 사실을 종종 발견할 수 있다. 이는 앞으로 첨단 기술 문명 발달의 가속화와 함께 새로운 테크놀로지와 매체가 청소년들에게 인생의 목표와 꿈을 정하는 데 새로운 변수로 작용할 수 있음을 암시한다.

영화 〈젊은 과학자〉를 보고 과학자의 꿈을 품은 소년 용식은 이후 엘리트 코스를 밟아 서울의 명문인 경기중학교를 거쳐 서울대학교 기계과에 진학하면서 꿈에 한 걸음 다가섰고, 워싱턴 대학교에서 박사 학위를 받아 우주공학자의 꿈을 실현했다. 그는 보잉 사 등에서 항공우주 분야의 설계와 개발 연구를 하던 중, 한국 정부의 초청으로 1974년 귀국해 인하대 교수와 한국항공우주학회 회장을 지내며 은퇴할 때까지 항공우주 분야의 외길을 걸었다.

그의 두 아들도 기계공학을 전공해 아버지의 전공 분야를 이었다. 큰아들 준서는 서울대학교를 거쳐 스탠퍼드 대학에서 항공우주학 박사 학위를 받아 현재 미국 국방연구원에서 전투기와 유도탄 분야의 선임연구위원으로 일하고 있다. 작은아들 원서는 고려대학교를 거쳐 퍼듀 대학에서 기계공학 박사 학위를 받고 세계적인 로봇 공학자가 되어 버지니아 공대 교수로 재직중이다. 딸 수진은 연세대학교를 거쳐 위스콘신 대학교에서 생물학 박사 과정을 수료한 뒤 미 국립보건원 선임연구원으로 폐암을 연구하고 있다. 가족 중 유일하게 어머니 민병희 씨만 문학박사(영문학)로 인하대학교 교수를 지냈다.

특히 삼부자는 세계적인 권위의 인명사전인 『후즈후(Who's Who in Science and Engineering)』에 등재되어 있다. 한국뿐 아니라 세계적으로도 드문 경우다.

유전적인 재능도 고려해 진로를 결정하라

한 집안의 분위기나 학문적인 배경은 후세에 DNA로 막대한 영향을 미친다는 점에서 가학(家學)으로 자리 잡을 수 있을 것이다. 아버지 홍용식과 두 아들이 기계공학을 전공해 2대에 걸쳐 과학자 집안의 계보를 잇게 된 데는 어쩌면 유전적으로 과학적인 재능을 타고나지 않았을까 짐작해볼 수 있다.

흥미롭게도 이 가문에는 교육자의 DNA가 세대에 걸쳐 영향을 미치고 있었다. 홍용식 박사의 할아버지(1대)가 서당 훈장이었고, 부모(2대)는 서울에서 소학교 교사를 지냈다. 홍용식 박사 부부(3대) 역시 인하대학교 교수로 학생들을 가르쳤고, 그의 아들 원서가 현재 버지니아 공대 기계공학과 교수이니, 무려 4대가 교육자다. 교육자 집안이 2대에 걸쳐 이공계 학문을 전공하면서 과학자 집안으로 진화해온 것이다.

'현대 경영학의 아버지'라 불리는 피터 드러커는 "단점을 보완하기보다 강점을 강화하라"고 말한다. 기업들이 자신의 전문 분야가 아닌 분야에 진출하기도 하는데 이때 위기에 처하기도 한다. 자신의 주력 분야를 놔두고 비주력 분야를 키우기 위해 매진하다 보면 주력 분야에서마저 경쟁력을 잃어버릴 수 있기 때문이다.

그래서 드러커는 단점이나 약점을 보완하려 하기보다 강점이나 장점을 강화하라고 강조하는 것이다. 강점을 강화해야 더 막강한 경쟁력을 갖춘 기업으로 거듭날 수 있다. 이 원리는 기업에만 국한되지 않고 가정에도 그대로 적용될 수 있다. 예컨대 예술가 집안에서 자녀들을 법관이나 과학자로 키우고자 한다면 목표한 꿈들을 이루는 데 다른 집안보다 힘겨울 수 있다. 노하우가 없기 때문에 수많은 시행착오를 겪을 수 있기 때문이다.

홍용식 박사의 자녀 중에서는 딸 홍수진의 이력이 눈길을 끈다. 지금은 미 국립보건원 선임연구원으로 있지만 한때 전혀 다른 분야를 공부했다. 예원학교에서 바이올린을 전공했던 것이다. 물론 이후 연세대학교 생물학과에 진학하면서 진로를 바꿔 과학자의 길을 걷기 시작했지만, 대학 시절 학생 오케스트라인 '유포니아' 창단 멤버이자 악장으로 활동하는 등 음악가의 재능을 꾸준히 펼쳤다.

홍수진이 음악가의 길을 걸었어도 두각을 나타냈을 수 있겠지만 과학자인 부모나 오빠들의 조언을 얻지는 못했을 것이다. 홍수진은 부모와 오빠들이 걸어간 과학자의 길로 진로를 바꾸었고, 지금은 미국에서도 최고의 인재들만이 들어갈 수 있는 국립보건원에서 선임연구원으로 재직하고 있다.

홍용식 박사 가족의 경우 부계나 모계 양쪽 모두 과학적인 유전자가 더 발현된 듯하다. 어머니 민병희 씨는 영문학자이지만 소질은 자연과학 쪽에 더 있다는 게 홍용식 박사의 전언이다. 민병희 씨는 지금도 인수분해 공식, 화학기호 등을 모두 기억하고 있고, 고교 시절에는 개교 기념 전시회 때 학교 강당을 60분의 1로 축소해 꼬마전구를 단 작품을 출품하는 등 과학 관련 분야에 대단히 관심이 많았다고 한다. 바이올린에서 생물학으로 전공을 바꾼 홍수진의 선택은 어쩌면 자연스러운 것이라고 하겠다. 즉 본능적으로 자신의 유전적인 강점을 강화하는 쪽으로 선택을 한 것이다.

이 집안의 사례를 접하면서 자녀의 진로를 멘토링할 때 가문의 유전에 직접 관여하는 DNA를 참고한다면 더 훌륭한 인재로 성장할 수 있을 것이라는 생각이 들었다. 물론 이때는 부계뿐 아니라 특히 모계의 유전적인 특성도 모두 고려해야 한다. 쇼펜하우어의 표현을 빌리자면

1. 홍용식·민병희 박사 부부, 삼 남매 부부와 손자손녀들. 자녀가 결혼해 그들의 자녀들을 낳고 살아가는 모습을 보는 것이야말로 노년에 접어드는 부모의 최고 행복이 아닐까.

2. 1974년 귀국 직후의 제주도 가족 여행. 홍용식 박사는 미국 보잉 사에서 근무하다 1974년 귀국해 인하대 교수가 되었다. 홍 박사의 삼 남매는 미국에서 모두 교수와 연구원 등 핵심 인재로 살아가고 있다. 자녀를 키우는 시기는 금세 지나간다. 지나고 보면 자녀와 알콩달콩 지낼 때가 가장 행복한 시절이다.

3. 미국 그랜드캐니언 여행 때의 홍용식 박사 부부. 이들 부부는 한국에서 대학교수로 각각 재직하다. 퇴직 후 자녀들이 있는 미국에서 노후를 보내고 있다.

재능은 어머니로부터 연유하기 때문이다.

더 나아가 자녀가 부계와 모계 중 어느 쪽의 DNA가 강한지를 아는 것도 자녀의 진로와 꿈을 멘토링하고 조언할 때 중요한 사항이다. 부계나 모계의 우성 DNA를 자녀가 지니고 있을 수도 있다. 만약 청소년기의 자녀를 위한 진로 멘토링이 필요하다면 한 번쯤 부모의 유전적인 재능을 고려해보자. 기계에는 재능이 없는 이른바 '기계치'가 공대에 간다면 훌륭한 인재가 될 가능성이 희박함은 두말할 나위 없다.

물론 "역사는 도전과 응전의 산물"이라고 말한 아널드 토인비의 말처럼 도전 정신을 키워주는 것도 중요하다. 도전 정신이 부족하면 목표나 꿈을 이루기 힘들다. 따라서 도전 정신으로 무장하고 집안의 유전적인 강점을 강화한다면 세대를 이어 사회에 필요한 훌륭한 재목들을 배출해낼 수 있지 않을까.

홍용식 박사가 어린 시절 과학자의 꿈을 키우던 당시는 제2차 세계대전 말기여서 미국의 B29 폭격기가 서울 상공에 자주 나타났다. 그때마다 공습경보가 울리고 일본의 고사포가 발사되었지만 포탄은 B29의 고도에 미치지 못했다. B29는 창공을 날다가 유유히 돌아가곤 했다. 서울 시민들은 미국 항공기의 우수성에 놀라워했고, 어린아이들까지 B29를 만든 보잉 사를 알 정도로 인기가 대단했다. 당시 초등학생이었던 홍용식은 막연하게나마 그런 폭격기를 만든 보잉 사를 동경했다. 그로부터 정확히 13년 뒤 그는 보잉 사의 엔지니어로 항공우주 분야에 발을 내디뎠다.

소년 용식의 경우처럼 꿈은 일상에 널려 있다. 다만 꿈을 실현하느냐 못하느냐의 여부는 오로지 자신의 의지에 달려 있다. 당시 서울 상공을 날아다니는 폭격기에 놀란 나머지 방공호에 숨어 폭격기의 실체조차 쳐다보기를 두려워한 아이들도 있었을 것이다. 장래의 꿈과 목표를 정할 때는 자신의 성격과 적성을 함께 고려해야, 재미있고 유쾌하게 도전할 수 있고 사회에 보다 기여할 수 있다.

어린 시절의 과학 체험이 과학자를 만든다

소년 용식이 과학자의 꿈을 키우기에는 당시의 여건과 환경이 좋지 않았다. 초등·중학교 시절에는 과학 실험 기자재가 매우 귀했고 화학약품도 염산, 황산, 질산, 알코올, 암모니아 정도만 시중에서 살 수 있었다. 홍용식 박사는 하는 수 없이 전기를 '도둑질해' 실험을 하기도 했다고 고백했다.

"집 뒷마루 위를 지나는 전선을 벗기고 '도둑 전기'를 끌어다가 모터, 변압기 등을 만들어 여러 가지 실험을 했던 기억이 납니다."

어려운 여건에도 굴하지 않고 소년 용식은 과학자의 꿈을 키워나갔고, 지금의 과학자 집안을 탄생시킨 것이다.

홍용식 박사는 자녀를 과학자로 키우고자 한다면 우선 자녀가 과학이라는 분야를 자주 접하게 해 호기심을 갖게 하는 것이 중요하다고 강조한다. 자신이 보잉 사에서 근무하면서 한국보다 앞선 과학 문명을 자녀들에게 자주 보여줄 수 있었던 것도 훗날 자녀의 진로에 영향을 미쳤으리라 짐작한다고 했다.

"제 전공 분야가 항공과 우주여서 항공우주박물관, 미 항공우주국(NASA) 연구소, 케네디센터, 과학관, 항공 회사 등을 견학해서인지 우리 애들이 과학자로 자랄 수 있는 집안 분위기가 자연스럽게 형성되었던 것 같아요. 저는 우리 애들이 으레 과학자가 될 거라고 생각했습니다."

이것이야말로 자식을 키우는 부모에게 매우 중요한 마음의 자세라고 할 수 있다. 자녀들이 과학자가 될 거라고 믿는 부모는 자녀에게 과학을 접할 수 있는 기회를 자주 만들어줄 것이다. 또한 집안을 과학적인 분위기로 만들어 호기심과 관찰력을 키우게 이끌어줄 것이다.

여행 또한 자녀들에게 긍정적인 자극의 기회가 된다. 홍 박사 부부는 모두 교수여서 학회 활동이나 연구 기관 방문차 자녀들과 함께 외국 여행을 할 기회가 많았다. 지금까지 100개국을 넘게 여행했다고 한다. 자녀들이 어렸을 때는 어머니 민병희 씨가 여행을 많이 데리고 다녔다. 낯선 여행지에서 새로운 경험을 하면서 세계관을 넓히고 도전하는 즐거움을 깨닫게 하는 것은 돈으로 매길 수 없는 가치 있는 교육이다. 여행 선물은 대개 과학 실험용 기자재와 과학 관련 책이었다.

메모나 편지로 자녀에게
자주 마음을 전하라

아이들이 장래 목표를 세우고 꿈을 키울 수 있는 기본 터전은 바로 가정이다. 가정이 화목하고 가족이 서로 사랑하는 것은 아이들이 훗날 꿈을 이루고 행복한 삶을 꾸리는 데 반드시 필요한 전제조건 중 하나다. 홍용식 박사의 말에 가정교육의 핵심이 담겨 있다.

"우리 부부가 생각한 가정교육의 기본은 극히 상식적인 사랑의 실천이었어요. 무엇보다 부모가 자녀를 진심으로 사랑하고 아낀다는 것을 자녀 스스로 깊이 느끼는 한 자녀들은 부모를 믿고 결코 엇나가지 않는다고 믿었습니다."

그렇기 때문에 자녀들에게 부모의 감정을 진심으로 전달하는 것이 대단히 중요하다. 물론 쉬운 일은 아니다. 홍용식 박사는 자녀들에게 부모의 사랑을 일깨우는 비결로 먼저 가족간의 소통을 들었다.

"우리 부부는 아이들이 어렸을 때부터 온 가족이 함께 모든 것을 서로 상의하고 협력했어요. 조그마한 것 하나까지 허투루 넘기지 않고 모든 일에 최선을 다한다는 원칙을 실천해왔습니다."

부모가 자녀를 마음 깊이 사랑하는 신뢰 관계가 형성되면 나머지는 부차적인 문제다. 지금 당장은 자녀가 부모와 갈등을 겪고 있다 하더라도 마음 깊숙이 자리 잡은 신뢰를 토대로 홀로서기를 하고 사회에 유익한 재목으로 성장할 수 있다.

어떤 부모인들 자녀를 사랑하지 않겠는가. 자녀를 아끼고 위하는 마음은 모든 부모가 똑같겠지만 진심을 표현하는 방식은 저마다 다르다. 그렇다 보니 심지어 속마음을 제대로 전달하지 못해 부모와 자녀 간에 서로 오해를 하고 급기야 가정이 위기에 빠지기도 한다.

이때는 편지나 메모를 활용해보는 것도 좋은 방법이다. 어머니 민병희 씨는 자녀들이 학교에 갈 때는 항상 기분 좋게 배웅하고, 도시락에 "힘들지, 애쓴다, 사랑한다" 등의 격려의 메모를 넣어 보낸 적이 많았다고 한다. 그의 기억 속에는 자녀들에게 야단친 일이 거의 없다. 그만큼 자녀들이 부모의 기대에 부응해 바르게 자라주었던 것이다.

주변을 둘러보면 자녀들에게 "우리 아들은 천재야", "똑똑한 우리 딸"이라고 자주 칭찬해주는 부모가 많다. 이런 태도는 교육심리학적으로도 상당한 효과가 있다. 이는 '자기 충족적 예언'이라는 말로 설명할 수 있다. '자기 충족적 예언(self-fulfilling prophesy)'이란 타인의 기대나 관심으로 인해 일의 능률이 오르거나 결과가 좋아지는 현상을 말한다. 미국의 사회학자 로버트 머튼이 제기한 개념으로, 타인이 나를 존중하고 나에게 기대하는 것이 있으면 기대에 부응하는 쪽으로 변화하려고 노력하고 실제로 그렇게 되는 것을 의미한다.

교육심리학에서는 교사의 관심이 학생에게 긍정적인 영향을 미치는 심리적 요인이 되는 것을 말한다. 자기 충족적 예언을 교육심리학적으로 검증한 것이 바로 '로젠탈 효과'다. 자기 충족적 예언은 자녀교육에도 그대로 적용할 수 있다. 부모의 신뢰를 받고 자란 아이는 그렇지 못한 아이보다 자신감과 리더십에서 큰 차이가 난다.

여러 자녀를
동등하고 공평하게 대하라

홍용식 박사는 자녀들을 고르게 사랑하는 것이 중요하다고 말한다. 그 역시 삼 남매를 공평하고 동등하게 대했다. 자녀가 둘 이상인 경우 한 자녀를 편애하면 다른 자녀는 상처를 받게 마련이다. 겉으로는 드러나지 않을지 몰라도 트라우마로 남아 행복한 생활을 방해하는 심리적 장애를 야기한다. 이는 세속적인 기준에서의 성공 여부와 상관없이 악영향을 미칠 수 있다.

즉 어린 시절 부모에게 편애를 받은 자녀든 사랑을 받지 못한 자녀든 사회적 기준으로 성공하고 인생의 목표와 꿈을 이루었다고 해도 편애에 대한 어릴 적 기억이 지속적으로 부정적인 영향을 미칠 수 있다고 전문가들은 조언한다. 부모의 편애 속에서 행복한 어린 시절을 보냈든, 반대의 경우로 고통을 받았든 마찬가지로 영향을 미친다는 것이다.

"우리 아이들은 어려서부터 작은 일도 하나하나 서로 상의하고 협력하는 환경에서 성장했습니다. 예를 들어 삼 남매 모두 아버지나 어머니가 쓴 원고로 전국의 여러 영어 웅변 대회에서 대상이나 1등상, 2등상을 받았는데 웅변 연습 때 가족 모두가 심사위원도 되고 선생님도 되어 도와주었습니다."

홍용식 박사는 재미있는 일화 한 토막을 들려주었다. 소년 전국 우표 전시 대회에서 큰아들 준서와 딸 수진이 각각 은상과 동상을 받았는데 막내 원서는 나이가 어려서 참가 자격이 없었던 것이다. 하지만 홍 박사 부부는 형과 누나를 열심히 도운 막내의 노력과 공을 기려 자체적으로 공로상을 만들어주었다. 모두 열심히 노력한 것에 대해 동등하게 대우받는다는 느낌을 갖게 하기 위해서였다.

자녀들이 재능을 살릴 수 있도록 홍 박사 부부는 바쁜 교수 생활에도 불구하고 각종 대회에 참여할 기회를 만들어주었다. 그 덕분에 삼남매는 청소년 시절 과외활동을 많이 했고, 자신의 적성과 능력을 계발했으며 상도 곧잘 타 와서 집안에 활력을 불어넣었다.

행복한 가정은 부모의 노력만으로 이루어지지 않는다. 『논어』에 "군군 신신 부부 자자(君君 臣臣 父父 子子)"라는 말이 있다. '임금은 임금다워야 하고 신하는 신하다워야 하며, 아버지는 아버지다워야 하고 자식은 자식다워야 한다'는 뜻이다. 이때 중요한 것은 임금이 먼저 임금다워야 신하가 신하다워진다는 사실이다. 아버지가 아버지 역할을 제대로 해야 자식도 제 역할을 다한다는 뜻이다. 거꾸로 되는 경우는 거의 없다. 아무리 신하가 신하다워도 임금이 패악을 일삼으면 신하로서 역할을 다할 수 없다. 자녀가 철이 들었지만 부모가 다른 사람의 눈총을 받는 행동을 일삼는다면 자녀 노릇을 제대로 할 수 없게 마련이다.

물론 부모에게 바라기만 하고 자식 된 도리를 제대로 하지 않는 경우도 있다. 반대로 부모는 제 역할을 다하지 않으면서 자녀에게 제대로 하라고 요구하는 경우도 있다. 이런 경우라면 행복한 가정이 될 수 없다. 중요한 것은 부모가 먼저 솔선수범하고 본보기를 보여야 자식도 기꺼이 따른다는 사실이다.

홍 박사 부부는 각자 전공 분야의 전문가답게 자녀들을 이끌었다.

우주공학 박사인 아버지는 자녀들과 함께 로켓을 만들어 각종 관련 대회에 참가하곤 했다. 준서는 연날리기 대회를 비롯해 미국 항공우주국과 컵스카우트에서 주최한 로켓 경진 대회에 나가 2등상을 탔다. 또한 어머니의 도움을 받아 영어로 웅변 문안을 만들어 제2회 전국 남녀 고교생 영어 웅변 대회에서 1등상을 타기도 했다. 수진과 원서도 아버지와 어머니의 도움으로 과학 실험 대회와 영어 웅변 대회 등에 나가 여러 번에 걸쳐 상을 탔다.

홍 박사 부부는 부모 역할에 정성을 기울였고 자녀들 역시 부모의 기대에 부응해 매 순간 최선을 다했다. 가족의 행복은 구성원 모두가 함께 노력하며 완성해가는 것임을 이들 가족을 통해 다시 한번 확인할 수 있었다.

식탁에서 나누는 이야기가 아이의 미래에 영향을 미친다

잘 알다시피 케네디 가는 아일랜드의 보잘것없는 농부 집안이었다. 그러나 4대 110년 만에 미국 최고의 정치 명문가로 자리매김했다. 그 비결은 의외로 간단했다. 케네디 대통령은 어려서부터 〈뉴욕 타임스〉를 읽고 저녁 식사 때 가족끼리 의견을 나누며 '식탁 토론'을 했다. 그는 고교 시절 말썽 많기로 소문난 학생이었다. 당시의 교장 선생님이 기억하는 케네디는 비록 성적은 상위권이 아니었지만 시사 문제에 관한 한 그

4 5 6. 로봇 과학자에게는 수학적 재능과 함께 호기심과 관찰력이 필수라고 홍원서는 말한다. 그는 일상에서 사람과 사물을 대할 때 호기심으로 관찰하고 이를 메모해둔다. 이것이 로봇을 만드는 데 최고의 재료라고 한다.

7. 고아 돕기 단축 마라톤에 참가한 홍 박사 가족. 이들 가족은 미국에서도 틈틈이 이웃 돕기 행사에 함께 참여한다.

8. 유니세프 자선 콘서트에 참가해 연주하고 있는 홍원서의 딸 서영과 아들 영준. 이 또한 훌륭한 인성 교육이다. 자녀에게 악기 한 가지쯤 연주할 줄 알게 해야 하지만 한국에서는 중학생이 되면 이마저도 힘든 게 현실이다.

를 따를 자가 없었다. 사회에 대한 관심은 케네디가 대통령이 될 수 있었던 결정적인 무기였다고 해도 지나치지 않을 것이다.

우주공학자 아버지와 영문학자 어머니는 저녁 식사 자리에서 자녀들을 어떻게 이끌었을까. 막내인 홍원서 교수는 이렇게 말한다.

"어려서부터 저녁 식탁에 둘러앉아 나누는 이야기의 주제 대부분이 과학이었어요. 저는 아버지와 함께 원격조종 비행기나 로켓을 만들며 많은 시간을 보냈어요. 폐품으로 로봇 만드는 것을 매우 좋아했고 초등학교 때는 상도 많이 탔습니다. 지금은 학생들을 가르치고 같이 연구하는 것이 제 직업이지만, 사실 저에겐 재미있는 취미 활동이기도 해요."

세계적인 로봇 공학자인 홍원서 교수는 어릴 때 믹서나 텔레비전 등을 닥치는 대로 뜯어봤는데 한 번도 아버지한테 혼난 적이 없다고 했다.

"단지 장난치려던 게 아니었어요. 내부가 어떻게 생겼는지 정말 궁금해서 그랬다는 걸 부모님께서도 이해하셨던 것 같아요."

창의력을 키우려면
관찰하고 메모하게 하라

"전혀 관계없어 보이는 것들을 연결 지어 생각해보는 경우가 많습니다. 가령 텔레비전에서 〈동물의 왕국〉을 보다가 문어가 나오면 문어의 움직임을 로봇 다리에 활용할 수 있지 않을까 생각하는 식이죠."

홍원서는 평소 주변을 관찰하거나 여행하면서 본 것들을 연상해

새 로봇을 착안한다고 했다. 그는 자신의 창의력의 비결을 이렇게 설명했다.

"창의력이란 서로 연관성이 없는 두 아이디어를 연결시키는 능력입니다. 하루는 공원을 산책하다가 한 어머니가 딸의 머리를 땋아주는 것을 보았는데 세 갈래 머리를 교차해가며 땋는 게 너무 신기한 거예요. 그래서 그걸 스케치해두었는데 몇 년이 지난 뒤 그 스케치를 보고 아이디어가 떠올라 세 발로 걷는 로봇인 '삼발이 로봇 스트라이더(STriDER)'의 새로운 걸음걸이를 착안해냈죠. 비록 자신의 연구 분야가 아니더라도 항상 주의 깊게 주위를 관찰하고 여러 분야의 사람들과 만나 대화하는 것이 '서로 무관한 아이디어를 연결 짓는 능력'을 개발하는 데 도움이 됩니다."

이때 중요한 것은 주의 깊게 관찰하고 또 새로 얻은 아이디어를 그때 그때 메모하는 습관이라고 그는 강조한다.

"아이디어는 어디서든 나올 수 있어요. 그때마다 그 아이디어를 기록해놓는 게 중요해요. 저는 항상 노트북을 가지고 다니면서 수시로 메모를 해요."

그가 만든 로봇들은 대부분 관찰과 메모를 통해 얻은 자연의 원리를 이용한 것이다. 손가락을 구부리는 인대의 원리에 착안해, 모터 대신 공기압으로 힘 조절을 가능하게 만들어 달걀을 집을 수 있을 정도의 정교한 로봇 손도 만들었다. 이 모든 성과의 비결은 관찰의 힘이었다.

홍원서는 청소년들을 위한 당부도 잊지 않았다. 그의 성공 비결의 핵심 내용을 정리하면 다음과 같다.

첫째, 남이 한다고 따라 하지 말고 자기 자신의 꿈을 좇아라.

둘째, 열심히, 그러나 현명하게 노력하라.

셋째, 자신의 연구가 사회에 미치는 많은 영향과 책임을 항상 생각하라.

넷째, 눈이 번쩍하는 아이디어를 절대 놓치지 말고 즐기면서 연구하라.

그는 로봇을 공부하는 한국 학생들을 만날 기회가 많아서 자주 이야기를 나누곤 하는데, 일반적으로 두 부류로 나뉜다고 한다.

하나는 로봇에 대한 열정이 하늘을 찔러 학과 수업에 빠지면서까지 밤낮을 잊고 로봇을 만들고 즐기는 부류다. 이들은 아이디어가 기발하고 적은 비용으로도 훌륭한 로봇을 만들 줄 알며 로봇 경진 대회에서 상도 많이 탔다. 하지만 이들 대부분이 로봇 만들기를 취미로만 생각할 뿐 보다 전문적으로 로봇을 연구할 생각을 하지 못한다. 취미에서 한 단계 더 나아가 인류를 위해 힘든 과제들을 해결할 수 있는 로봇을 연구하거나 연구 논문을 발표할 수 있는 훌륭한 로봇 공학자가 되지 못한 경우를 많이 보았다며 안타까워했다.

그들이 놓치는 중요한 부분이 바로 공부를 소홀히 한다는 점이다. 그들은 공학의 언어인 수학과 공학의 도구인 과학 등 로봇 공학의 기반이 되는 학문 실력이 뒷받침되지 않은 경우라는 것이다. 하지만 이러한 문제는 가르치는 사람이 학생들을 잘 지도하면 해결할 수 있다는 긍정적인 해법도 제시했다. 예를 들어 미분방정식이나 선형대수를 가르칠 때, 이러한 수학 원리가 로봇에 어떻게 적용되는지 보여준다면 수학도 로봇 못지않게 열심히 공부할 것이라고 했다.

또 한 부류는 수학적인 재능이 뛰어나고 많은 공학 원리를 잘 이해하지만 창의력이 부족한 학생들이다. 그들은 전공자의 연구 논문을 어려움 없이 이해하고 공부하지만 자기만의 참신하고 기발한 아이디어를 내는 데는 서툴고, 실무 경험이 적어 하드웨어를 만지기 싫어한다. 홍원서는 이런 학생들을 위한 해법도 명쾌하게 제시했다.

"상상력과 창의력은 책과 씨름하면서 공부한다고 해서 개발되는 능력이 아닙니다. 여행도 많이 다니고, 굳이 로봇이 아니더라도 사람들과 다양한 주제에 대해 많이 토론하고, 항상 어린아이처럼 호기심을 갖고 주변을 주의 깊게 살피는 자세가 창의력을 키우는 데 매우 도움이 됩니다."

홍용식 박사 부부는 여행을 할 때나 집 안에서나 되도록 자녀들을 간섭하지 않았다. 대신 자녀들의 생활 모습을 신중히 살피다가 잘못된 방향으로 나갈 때 바로잡아주는 식으로 지도했다. 딸 수진은 "부모님은 항상 최선을 다하라고 가르치셨고, 큰 물고기는 큰물에서 놀아야 한다고 말씀하셨어요"라는 말로 부모님의 자녀교육 철학에 감사하는 마음을 전했다. 홍원서는 "부모님을 통해 꿈, 신념, 성취를 배웠고 이제는 그것이 제 좌우명이에요"라며 존경을 표했다.

삼 남매가 이구동성으로 하는 말이 있다.

"두 분같이 자신의 분야에서 끊임없이 공부하고 최선을 다하는 학자가 되고 싶었고, 바쁘신 와중에도 항상 저희와 시간을 보내시고 학교 행사에도 빠짐없이 참석하시는 부모님처럼 저도 그런 부모가 되고 싶었습니다."

그들에게 최고의 멘토이자 역할 모델은 부모님이었다. 홍용식 박사 부부는 자녀들에게 최고의 부모이자, 4대 교육자에 2대 과학자 집안으로 거듭나는 원동력이었다.

> 명문가에서 배우는
> 큰 인물 만드는 비법 **4**

데니스 홍의 로봇 공식,
'아이의 호기심 99% + 어른의 영감 1%'

발명왕 에디슨은 영감을 얻기 위해 책을 읽고 일기를 쓰고 메모를 했다. 그는 철저하게 조사한 뒤에는 그 결과를 반드시 메모로 남겼다. 예컨대 수면 부족이 인체에 어떤 영향을 미치는지 호기심이 생기자 의학 저널을 모두 조사했고, '수면 부족이 건강을 해칠 가능성은 거의 제로에 가깝다'는 결론을 얻어 이를 메모장에 남겼다. 에디슨은 하루에 무려 18시간씩 일했고 수면 시간은 4~5시간에 불과했다. 에디슨은 식사량도 늘 80% 정도를 유지했고 컨디션이 좋지 않을 때는 아예 식사를 하지 않았다.

> 모든 사람이 너무 많이 먹고 지나치게 많이 잔다. 포만감이 들 때까지 식사를 하면 먹은 음식을 소화시키는 데 막대한 에너지를 소비하게 된다. 이래서는 건강을 해칠 수밖에…… 여덟 시간 이상 자는 사람은 결코 숙면을 취할 수 없다. 그래서 깨어 있는 낮 시간에도 온전한 정신 상태를 유지하기 어렵다. 나는 보통 사람의 절반 정도의 수면과 식사만으로 충분하다.

(하마다 가즈유키, 『에디슨의 메모』)

에디슨은 자신이 먹은 음식까지 자세하게 기록했다. 아침 식사는 토스트와 머튼찹(양고기구이)과 커피 한 잔. 점심 식사는 생선튀김 두 조각과 정어리를 넣은 샌드위치, 사과와 홍차, 애플파이(디저트). 저녁 식사는 야채 중심으로 먹었고 육류는 거의 입에 대지 않았다.

에디슨은 심신이 지치고 영감이 떠오르지 않을 때는 낚시를 했다. 미끼는 절대 달지 않았다. 물고기를 잡는 게 목표가 아니라 아이디어를 낚는 게 목표였기 때문이다. 해변이나 강가의 파도와 바람 소리, 갈매기 울음소리, 눈부신 태양, 백사장 조개껍질의 속삭임에서 한 순간 아이디어를 얻었고 그러다 보면 심신의 피로도 말끔히 가셨다. 흔히 물과 아이디어는 밀접한 연관이 있다고 한다. 시냇물이나 폭포를 구경하거나 샤워를 하는 것만으로도 창의력이 자극된다고도 한다.

에디슨은 또한 신문 예찬론자였다.

"신문은 날마다 새로워지는 정보와 지식의 보고다. 사람이 성장하려면 매일 정보라는 영양소를 섭취해야 한다."

그는 항상 정보의 활용 방법을 생각하며 습관적으로 메모를 했다. 신문과 책, 자료를 통해 얻는 정보는 메모로 남기는 과정에서 창조적으로 바뀔 수 있기 때문이다. 예를 들어 방화 사건에 얽힌 보험 분쟁 기사를 보고 불에 강한 철근 콘크리트 주택과 관련된 아이디어를 떠올렸고, 이를 새로운 집짓기 공법과 연결시켰다. 에디슨은 신문을 보더라도 항상 호기심을 갖고 기사를 읽었고 그 덕분에 훌륭한 발명거리를 얻을 수 있었던 것이다.

　에디슨은 심지어 에피소드나 우스갯소리까지도 수집하고 인상 깊은 구절은 꼭 메모를 했다. 그가 남긴 메모 노트들 중에는 '유머집'이라고 할 수 있는 노트들도 있다.

　"죽기 전에 큰일을 하고 싶다고 말하는 사람에게는 코끼리의 몸을 구석구석 닦아보라고 충고할 필요가 있다."

　이 말은 불평불만을 늘어놓을 시간에 차라리 몸을 갈고 닦기 위해 노력하라는 의미를 담고 있다. 에디슨은 무려 3,200여 권이나 되는 메모 노트를 만들면서 천덕꾸러기에서 발명왕으로 '거부'가 되었다. 그는 이중전신기, 축음기, 백열전등, 영화 촬영기, 영사기, 축전기 등 인류 문명을 뒤바꾼 발명품들을 내놓았다. 초등학교도 중퇴한 에디슨이 청각 장애에도 불구하고 발명왕이 될 수 있었던 것은 습관적으로 메모를 한 노력의 산물이라고 할 수 있다.

　미래학자들은 신문에서 기사를 읽으며 상상을 하는데 이를 통해 미래를 예측하는 비결을 얻는다고 한다. 한 기자가 『메가트렌드 차이나』의 저자 존 나이스비트에게 "당신은 어떤 방법으로 세상을 분석하고 미래를 예측하나요? 남다른 비결이 있나요?"라고 물었다. 존 나이스비트의 비결은 의외로 간단했다.

　"나는 매일 예닐곱 시간씩 신문을 읽으며 보냅니다. 나에게 신문은 현재를 분석하고 미래를 내다보는 도구입니다. 신문 이외에는 매일 전 세계로부터 다양한 정보를 가져올 수 있는 수단이 없다고 생각합니다. 미래를 이해하는 가장 중요한 수단은 현재를 이해하는 것입니다. 미래는 현재에 내포되어 있습니다. 미래란 어느 날 하늘에서 갑자기 뚝 떨어지는 게 아니라는 얘기죠."

세계적인 미래학자 앨빈 토플러도 스스로를 '신문 중독자'라고 말했다. 단 하루도 신문을 보지 않고는 살 수 없다고 했다. 미래학자답게 그는 신문을 통해 현실 흐름을 짚어내는 데 주력한다. 그래서 〈뉴욕 타임스〉, 〈파이낸셜 타임스〉, 〈아사히 신문〉을 비롯한 각국의 권위지 예닐곱 가지를 매일 정독했다.

"내 통찰력의 원천은 끝없는 독서와 사색이다. 책과 신문을 읽고 다양한 경험을 하라. 나는 아침마다 신문을 읽느라 손끝이 새까매진다."

발명왕 토머스 에디슨, 미래학자 존 나이스비트나 앨빈 토플러가 발명의 아이디어를 얻거나 미래를 예측할 수 있었던 비결은 바로 호기심을 갖고 세상을 관찰하려는 노력에 달려 있었다. 어린아이처럼 호기심을 갖고 사물을 관찰하거나 신문을 본다면 또다른 아이디어를 얻을 수 있다는 말이다. 호기심을 가지고 보면 똑같은 물건도 달리 보인다. 단, 호기심을 통해 관찰하고 아이디어를 얻기 위해서는 반드시 그 관찰의 내용이나 떠오르는 아이디어를 메모해두어야 한다. 그 메모가 언젠가 또다른 창의적인 아이디어로 연결될 수 있기 때문이다.

"어른처럼 생각하지만 아이의 눈으로 세상을 볼 줄 아는, 어른으로서의 책임감을 갖되 아이의 호기심을 잃지 않는 생활의 자세가 발명의 아이디어를 얻는 비결인 것 같다"고 데니스 홍은 말한다. 그러고 보면 홍용식 박사 부부가 그 바쁜 와중에도 자녀들과 함께 자주 여행을 떠났던 게 과학자로서의 관찰력을 키울 수 있었던 비결인 셈이다.

데니스 홍 교수가 로봇 과학자로서 명성을 얻을 수 있었던 것은 바로 아이의 눈과 호기심으로 관찰하고 이를 메모한 덕분이다. 에디슨이 "발명은 1%의 영감과 99%의 노력의 산물"이라고 했는데, 데니스 홍에게 발명은 '아이의 눈과 호기심으로 관찰하는 힘 99%'에 '어른의 영감 1%'가 더해졌을 때 가능하다는 말이 아닐까.

로봇 발명의 영감, 바로 상상력과 창의력은 다양한 사물을 호기심 있게 관찰한 뒤에 얻어진다고 한다. 그때그때 떠오르는 빛나는 생각과 아이디어를 놓치지 않고 메모하는 습관은 아무리 강조해도 지나치지 않다. 필기를 잘하는 학생이 공부도 잘하고 성적도 좋다. 공부도 필기에서 시작된다.

공부 잘하는 기술이 알고 싶은 부모에게

현대 명문가의 자녀교육 5

신평재 가

전 교보증권 회장

'1000일 독서'로 교보문고를 일으킨 집안의 저력

열심히 하는 것만으로는 부족하다, '잘해야' 한다

●

신평재 가에서 배우는 자녀교육법 7

1. 돈을 좇게 하지 마라
2. 열심히 하는 것으로는 부족하다, '잘해야' 한다
3. '8모'가 아니라 '9모'로 살펴라
4. 아버지에게 토론을, 어머니에게 비판적 시각을 배우다
5. 인생 계획을 3년 단위로 세워라
6. 특별하게 키우려다 도리어 무능한 아이로 만들 수 있다
7. 가족이 함께 '잘 노는 것'도 공부만큼 중요하다

아들 신중훈 카이스트 교수 부부, 손자 손녀와 함께한 신평재 전 교보증권 회장. 필자가 나중에 할아버지가 되면 신평재 가와 같은 일가를 이루고 싶다는 생각이 들었다. 각자의 역할에 충실하면서도 세대간에 화목하게 살아가는, 그야말로 행복한 가정이다.

한 권의 책이 인생행로를 바꾸기도 하고 역사의 물줄기를 돌려놓기도 한다. 링컨은 43세 때 해리엇 비처 스토가 쓴 『톰 아저씨의 오두막』을 읽고 노예를 해방시켜야겠다는 결심을 굳혔다. 흑인이었던 톰 아저씨의 비참한 최후를 읽으며 흑인 노예제도의 모순을 깨달았던 것이다. 링컨의 경우는 한 권의 책이 세상을 변화시킨 대표적인 사례라고 해도 과언이 아니다. 한 권의 책이 사회변혁의 무한한 지각변동을 몰고 오는 기폭제가 되기도 하는 것이다.

서울 광화문에 있는 '교보문고'도 신용호 '교보생명' 창업자가 읽은 한 권의 책에서 탄생했다. 그는 『탈무드』 속의 한 이야기를 읽고 1000일 동안 책 읽기를 실천한 '1000일 독서'를 통해 인생 목표를 설정했다.

옛날 이스라엘의 한 양치기 소년이 광야를 헤매다가 물방울 떨어지는 소리를 듣고 가 보니 물방울이 떨어지는 자리에 바위가 패어 있었다. 작은 물방울이 끊임없이 떨어져 마침내 바위가 팬 것을 본 소년은 거기서 희망을 얻고 학문에 정진해 저명한 학자가 되었다. 신용호 회장은 이

이야기를 읽은 뒤 '1000일 독서'에 정진하며 자신을 일으켜 세우기로 결심했다고 한다.

"이 사통팔달, 한국 제일의 목에 방황하는 청소년들을 위한 명석을 깔아줍시다. 와서 사람과 만나고, 책과 만나고, 지혜와 만나고, 희망과 만나게 합시다. 이곳에 와서 책을 서서 보려면 서서 보고, 기대서 보려면 기대서 보고, 앉아서 보려면 앉아서 보고, 베껴 가려면 베껴 가고, 반나절 보고 가려면 반나절 보고, 하루 종일 보고 싶으면 하루 종일 보고, 그리고 다시 제자리에 꽂아놓고 사지 않아도 되고, 사고 싶으면 사 들고 가도 좋습니다."

신용호 회장이 교보문고를 창업하기까지 가장 큰 영향력을 행사한 사람은 바로 그의 어머니였다. 소년 신용호에게 어머니는 "책 속에 길이 있다"고 가르쳐주었다. "사람은 책을 만들고 책은 사람을 만든다"는 신용호 회장의 독서 철학도 어머니에게서 비롯된 듯하다.

교보문고는 종로 1번가 1번지에 자리하고 있다. 1980년 당시 이윤을 생각하는 사업가라면 누구나 그곳에 번화한 지하상가를 만들 생각을 했을 것이다. 신용호 회장이 교보문고를 만든다는 소식을 듣고 이병철 삼성 창업자마저 크게 놀랐다고 한다. 신용호 회장은 탁월한 사업가였지만 눈앞의 이익을 셈하지 않고 교보문고를 세상에 내놓았다.

2007년 새해 초 산업정책연구원의 '경영자 독서 모임'에서 필자가 강연을 한 일이 있다. 한국의 내로라하는 리더들이 참석해 화제의 책을 쓴 저자의 강연을 듣는 자리였다. 당시는 필자가 쓴 『세계 명문가의 자녀교육』이 많은 독자들의 관심을 끌던 터여서 강연 주제도 그 책이었다. 행사는 오후 7시부터 두 시간 동안 진행되었고, 한 시간 강의를 끝내고 잠시 휴식을 취하는 사이 모임에 참석한 분들과 명함을 교환했다. 그중 한 분이 신평재 교보생명교육문화재단 이사장이었다. 한눈에도 책을 참 많이 닮았다는 인상을 받았다.

당시 필자는 조선 500년 명문가와 세계 명문가의 자녀교육에 대한 책을 쓴 데 이어 당대에 인재를 배출하고 있는 한국 명가들의 자녀교육 책을 기획중이었다. 그 후 3년 10개월이 흘러 이 책『현대 명문가의 자녀교육』집필차 취재를 하면서 신평재 이사장이 언뜻 떠올랐다. 책을 닮은 그분이라면 가정에서도 자녀교육을 훌륭하게 해내지 않았을까 하는 생각이 막연하게 들었다. 전화 통화로 이야기를 나누다 보니 필자의 예상이 적중했음을 확인할 수 있었다.

신평재는 신용호 교보생명 창업자의 조카다. 신평재의 부친(신용율)은 6남 2녀 중 2남으로 고향 영암에서 농사를 지었고, 그의 동생 용호(5남)는 일찍이 '1000일 독서'를 실천하고 상경해 사업가의 길로 들어섰다. 신평재는 익산에서 고등학교 2학년 때 대입검정고시에 합격하고 상경해 줄곧 작은아버지인 신용호의 집에서 생활했다. 그는 "6·25 한국전쟁의 와중에 부친께서 돌아가셨고, 이후 결혼할 때까지 줄곧 작은아버지가 저를 거둬 키우고 공부시켜주셨지요"라고 말하며 감사의 마음을 전했다.

신평재는 서울대학교 경제학과를 졸업하고 한일은행에 입사해 30년 동안 은행원으로 일했다. 1981년 독일 프랑크푸르트 사무소장을 거쳐 1987년 초까지 미국 LA 지점장을 지냈고, 그 후 상무이사의 자리에 올랐다. 그제야 작은아버지는 조카의 능력을 인정하고 그를 교보생명으로 스카우트했다. 그렇게 해서 신평재는 1991년 교보증권 대표이사로 자리를 옮겼다. 교보증권과 교보생명 대표이사로 일하면서 작은아버지에게 혹독한 경영 수업을 받았다.

70세가 되던 2007년, 그는 교보생명교육문화재단 이사장직을 끝으로 모든 직위에서 물러났다. '70세가 되면 누구든 모든 직위에서 완전히 떠난다'는 것이 교보 가의 불문율이다. 현재 신평재 전 이사장은 교보와 관련된 어떤 직위도 갖고 있지 않으며, 한 주의 주식조차 소유하고 있지 않다.

"우리 집안은 돈과 거리가 멀었어요. 그런데 작은아버지가 막내 작은아버지와 함께 사업을 해서 가세를 일으켰지요. 하지만 우리 집안은 여전히 돈을 추구하지는 않아요. 우리 집 아이들에게도 돈보다는 정신적인 일이나 꿈을 추구하라고 강조합니다."

자녀에게 돈을 좇게 하지 마라

신평재는 돈을 많이 버는 쪽으로 자녀의 꿈을 이끄는 요즘 부모들의 자녀교육 방법을 비판했다. 큰돈을 벌고 높은 지위나 명예를 추구하기보다 남에게 피해를 끼치지 않고 한 사회의 선량한 일원으로 살아가는 게 더 중요하다고 강조했다. 그는 부모가 자녀에게도 그렇게 가르치다 보면 자녀들도 사회가 필요로 하는 인재가 되기 위해 노력한다고 설명했다.

그와 이야기를 나누면서 필자는 깜짝 놀랐다. 사실 그와 이야기를 나누기 전까지는 그의 자식 농사에 대한 정보가 전혀 없었기 때문이다. 그는 슬하에 1남 2녀를 두었다. 필자는 혹여 그의 자녀들이 교보와 관련된 회사에서 주요 직책을 맡고 있다면 이 책의 인터뷰 대상에서 제외할 생각을 내심 하고 있었다. 그런데 그의 자식 농사는 흔히 재벌가나 재벌 방계의 그것과는 완전히 달랐다. 그의 자녀들은 모두 교보와 관련 없이 자신들의 꿈을 좇아 살고 있었다.

장남 중훈은 천재 물리학자로 통한다. 그는 하버드 대학교를 3년 만에 조기 졸업했고 군 복무를 마친 뒤 25세에 칼텍에서 박사 학위를 받았다. 그 뒤 1996년 카이스트(KAIST) 교수로 임용되었는데, 당시 그의 나이 27세로 최연소 교수 임용이었다. 2004년에는 과학기술부와 과학기술한림원에서 수여하는 '젊은과학자상'을 수상했다.

장녀 미혜는 이화여자대학교 독문학과를 졸업했으며, 차녀 유나는 프린스턴 대학교에서 박사 학위(독문학)를 받고 현재 윌밍턴 대학 교수로 재직중이다.

신평재는 결혼 후 한일은행에 입사하면서 홀로서기를 했다. 당시 청소년기를 지나던 그의 자녀들에게는 아버지의 은행원 시절 해외 주재원 생활이 행운으로 작용했다. 진로를 결정하는 데 밑거름이 되었던 것이다. 두 딸은 독일에서 교육을 받은 이점을 살려 독문학을 전공했다.

물론 해외 주재원 생활의 영향이라고만 볼 수는 없다. 자녀를 올바르게 이끌겠다는 부모의 자녀교육 원칙과 철학이 분명하고, 또 자녀들도 부모의 기대에 어긋나지 않게 노력했기에 가능한 일이었다.

신평재는 늘 즐겁게 배우고 공부하는 자세로 살아왔다. 필자와의 첫 만남이 '경영자 독서 모임'이었던 것도 우연이 아니었다. 그는 인터뷰를 하면서 맹자가 말한 '군자삼락(君子三樂)'을 가장 강조했다.

군자에게는 천하의 영재를 얻어 교육하는 즐거움이 으뜸이다.
得天下英材 而教育之一樂也

이는 신용호 회장이 애용한 구절로 신평재 역시 삶의 기준으로 삼았다고 했다. 신평재는 2011년 8월 보건복지부로부터 '재능 기부'를 실천한 공로를 인정받아 '이 달의 나눔인'에 선정되었다. 그는 미국에서 시작한 비영리 경제 교육 봉사 단체인 '주니어 어치브먼트(JA)'의 한국 지부에 참여해 초·중·고교생들이 대상인 경제 교육 봉사 활동을 7년 동안 이어오고 있다. 그가 은행원으로 근무하면서 터득한 금융 지식뿐 아니라 CEO로 재직하면서 경험한 지혜를 청소년들에게 들려주기 위해서다.

"청소년들을 가르치는 일은 그 어떤 일보다 즐겁고 유익합니다."

신용호 회장의 좌우명은 조카인 신평재에게 영향을 주었고, 이는 다시 신평재의 자녀에게도 영향을 미치고 있다. 아들과 딸이 한국과 미국에서 교수로 재직하는 것은 아버지의 이러한 가르침이 크게 작용했을 것이다. 그는 독일에서 생활하는 동안 프랑크푸르트 대학교에서 독

1. 신평재 부부와 결혼한 1남 2녀 자녀들과 손자 손녀들. 미국인 사위와 얼굴형이 다른 손자 등 '글로벌 가족'의 모습이 이채롭다.

일어 과정을 이수하고, 헬싱키 경제경영대학 MBA 과정, 청소년 경제 교육 자원봉사 등을 통해 늘 배우고 학습하는 자세를 자녀들에게 몸소 보여주었다. 그는 부모로서 솔선수범하는 것보다 더 중요한 가르침은 없다고 강조했다.

열심히 하는 것으로는 부족하다, '잘해야' 한다

신평재가 자녀들에게는 물론 청소년 경제 교육에 나설 때나 CEO들을 대상으로 강의할 때마다 항상 강조하는 게 있다. 바로 작은아버지 신용호가 늘 강조한 것으로 "열심히 하는 것으로는 안 된다. 매사에 잘해야 한다. 잘하는 게 더 중요하다"는 가르침이다. 그는 이 말을 작은아버지에게 귀가 따갑도록 들었다고 한다. 그리고 그 역시 자녀들에게 "공부를 열심히 하는데도 성적이 잘 안 나온다면 공부 방법에 문제가 있는 것이다. 성적이나 결과가 잘 나오도록 공부해야 한다"고 가르쳤다.

"교과서를 반복해서 열심히 본다고 성적이 잘 나오는 것은 아니죠. 중요한 것은 그냥 외우기보다 공부의 원리를 터득하는 데 달려 있어요. 그게 바로 공부를 잘하는 것입니다."

그는 단지 열심히 해서는 안 되고 잘해야 한다고 거듭 강조했다. 아들 신중훈 교수도 "아버지는 뭐든 잘했습니다"라고 전한다.

"아버지는 정원 일이든 도배 일이든 허드렛일도 잘하셨어요. 골프나 테니스도 잘 치셨고요."

신중훈에 따르면 '잘하는 것'에는 좋은 성적을 받는 것이나 좋은 대학에 진학하는 것과 같은 평가 기준이 있다고 했다. 예를 들어 논문을 쓸 때도 열심히 하는 것으로는 부족하다고 말한다.

"다른 연구자에게 영향을 줄 수 있는 창의적인 논문이 되려면 논문을 잘 써야 하죠. 그러기 위해서는 수많은 논문을 찾아보고 주어진 자료를 잘 활용할 수 있어야 합니다."

열심히 하는 것도 중요하지만 잘하는 게 더욱 중요하다는 가르침은 참 의미 있는 조언이다. 공부를 열심히 하는 것 같은데 아이의 성적이 오르지 않는다면 공부 방법에 문제가 있을 가능성이 크다. 공부는 열심히 해야 하지만 그 결과 역시 좋아야 한다. 부모는 "그래, 열심히 해라"에서 끝날 게 아니라 열심히 해서 그에 상응하는 좋은 결과를 얻을 수 있도록 자녀를 이끌어야 한다.

'8모'가 아니라 '9모'로 살펴라

신평재는 자녀들에게 "이것 해라", "저것 해라" 하고 결코 지시하지 않았다고 한다. 부모가 지시하고 개입하면 자녀의 창의성이 줄어들 수 있기 때문이다. 그가 작은아버지 신용호에게 크게 감명 받은 것 중 하나가 "창의적인 사람이 되어야 한다"는 가르침이었다. 작은아버지는 늘

2 3. 청소년 경제 교육 봉사 단체인 'JA 코리아'에서 학생들에게 강의를 하고 있는 신평재 전 회장. 그는 7년 동안 초·중·고교생들을 대상으로 경제 교육 봉사 활동을 해오고 있다. 봉사는 경험과 지혜, 지식과 정보를 나누어줄 수 있을 뿐만 아니라 활기찬 생활을 보증하는 '행복의 필수 과목'이다.

정직하고 성실하게 살되 더불어 창의적인 두뇌를 갖춰야 한다고 강조했다. 창의적인 발상을 키우는 것이 성공의 요체라는 것이다.

"8모(모서리가 8개라는 뜻으로, 예를 들어 깍두기는 팔모 썰기를 한다)로는 안 된다. 9모로 살펴라."

이는 신용호가 조카 신평재의 귀에 못이 박이도록 한 말이다.

"보통 사람들은 사물을 관찰할 때 8모가 다인 줄 아는데, 자세히 보면 모서리가 하나 더 있다는 것을 잘 모르는 것입니다. 훌륭한 결과는 훌륭한 시작에서 비롯되지요. 적당히 하는 것은 안 하느니만 못해요. 남이 놀 때 같이 놀고, 남이 잘 때 같이 자고, 남이 일할 때 같이 일하면 결코 앞서 갈 수 없어요."

신평재는 남과 다르게 보고 남과 다르게 노력해야 '멀리 보고 깊이 생각하는' 습관을 들일 수 있다고 강조했다. '8모가 아닌 9모로 살펴라'는 것은 사람들이 쉽게 보지 못하는 부분까지 호기심을 가지고 관찰하라는 의미일 것이다. 세상을 놀라게 하는 일들은 바로 남다른 호기심과 관찰에서 시작되기 때문이다. 또한 기업가는 세밀한 부분까지 철저하게 파악하고 연구하지 않고서는 그 분야에서 일인자가 될 수 없다. 9모까지 살펴야 고객을 감동시킬 수 있다는 뜻이다. 자녀교육도 공부도 마찬가지다.

아버지에게 토론을,
어머니에게 비판적 시각을 배우다

인터뷰는 대전 대덕단지 인근에 있는 신중훈 교수의 집에서도 이루어졌다. 신평재 전 이사장 부부의 집은 서울에 따로 있지만 대전의 아들 집에서 지내는 시간이 더 많다고 했다. 그는 대전에서 만나자마자 며느리 자랑부터 했다.

"우리 며느리(홍영은)가 미국의 RISD(Rhode Island School of Design)에서 건축학을 전공했는데 재능이 참 많아요."

그러자 며느리도 뒤질세라 시아버지 자랑을 했다.

"아버님은 아이들과 토론하는 걸 좋아하세요. 아이들도 할아버지를 무척 따르고요. 남편이 토론을 잘하는데 아버님을 보고 배운 것 같아요."

신평재는 자녀들에게 늘 정치나 사회 이슈에 대해 자연스럽게 이야기하기를 좋아했다. 뿐만 아니라 부인 정영자 씨는 자녀들에게 비판적인 시각을 키워주었다. 아버지와 어머니의 역할 분담이 명확했던 것이다. 아버지가 토론 분위기를 띄워주면 어머니는 논쟁의 불씨를 지피는 역할을 했다. 그래야 일방적인 의견의 흐름을 막고 사물을 다양한 시각에서 바라볼 수 있기 때문이다.

정영자 씨의 가문은 우리나라의 대표 여성 과학자로 한국표준과학원 원장을 지낸 정광화 박사(충남대학교 분석과학기술대학원장)와 정용석 충북대학교 화학과 교수 등을 배출한 대표적인 과학자 집안이다. 정 씨의 아버지는 정성태 전 국회부의장이다. 신중훈 교수가 물리학자가 된 데는 과학자 집안인 외가의 유전적인 영향이 미쳤을 것이다. 신평재는 한일은행에 다닐 때 직장 동료로 부인과 만나 1년 만에 결혼했다. 그는 양가가 많이 비슷하다며 이렇게 설명했다.

"돈을 많이 버는 것보다 학문을 중요하게 여기는 점, 정직과 성실, 그리고 부모의 솔선수범이 제 본가와 처가의 공통점이죠."

인생 계획을
3년 단위로 세워라

세상에 자식 농사만큼 어려운 일이 없다고 했다. 열심히 하는 것도 중요하지만 잘하는 것이 더 중요하다는 신념을 갖고 노력했던 신평재에게도 여느 부모들처럼 자식 교육은 생각처럼 쉽지 않아 여러모로 속상한 일도 많았을 것이다.

하지만 그의 1남 2녀 자녀들은 아버지의 가르침대로 모두 열심히 하는 것에서 더 나아가 공부도 잘했고 내로라하는 대학에도 진학했다. 아버지의 직장으로 인해 독일과 미국에서 청소년기를 보내면서도 비뚤어지지 않고 문화적 충격도 잘 견뎌내며 하버드 대학교, 프린스턴 대학교, 이화여자대학교 등 국내외 유수의 대학을 졸업하고 각자 가정을 꾸려 사회의 일원으로 잘 살아가고 있다.

신중훈은 고등학교 1학년 2학기 때 독일에서 미국으로 건너갔다. 이후 하버드 대학 진학을 목표로 공부했다. 이때부터 멀고 거창한 계획을 세우기보다 '3년 내에 일어날 일에만 충실하자'는 계획을 세웠다고 한다.

"3년 안에 성공하는 것을 앞으로 살아가면서 열 번 정도만 반복하면 행복한 인생이 되지 않을까 생각했어요."

장기적인 비전을 잘 이행하기 위해 우선적으로 해야 하는 것이 바로 지금 하는 일에 충실한 것임은 두말할 나위가 없다. 당시 그에게는 코앞에 닥친 하버드 대학 진학이 우선 3년 안에 도전해야 할 목표였다. 이때 열심히 공부하는 것도 중요하지만 '잘해야 한다'는 아버지의 말씀이 귓가를 울렸다. 잘하는 것은 그 결과가 좋아야 하고, 목표를 이루기 위해서는 우선 치밀한 전술이 필요하듯 공부에도 전략이 필요하다. 무작정 열심히 공부한다고 해서 누구나 하버드 대학교에 들어갈 수 있는 게 아니다. 그는 하버드 대학교 맞춤형 입시 준비에 반드시 필요한 것만 엄선해 공부했다. 이것이 바로 '공부의 기술'이다.

하버드 대학에 입학한 뒤에는 병역을 마치는 데 걸리는 2년 남짓한 기간을 감안해 조기 졸업을 계획했다. 군대에서 보내는 시간을 조기 졸업으로 벌충하겠다는 구상이었다. 즉 하버드 대학교 4년 재학 기간을 되도록 1년 정도 단축해 3년 만에 조기 졸업할 목표를 세운 것이다. 그는 다른 사람들보다 서둘러 학점을 따면서 공부했고, 마침내 3년 만에 조기 졸업이라는 목표를 달성했다. 석·박사 과정은 4년 만에 마쳤다. 그는 카이스트 교수가 된 후에도 3년 단위로 계획을 세우고 실행했다. 그가 '젊은과학자상'을 받을 수 있었던 것도 3년 계획을 치열하게 실행한 결과였을 것이다.

특별하게 키우려다 도리어
무능한 아이로 만들 수 있다

'피터의 원리(Peter Principle)'라는 개념이 있다. 컬럼비아 대학의 로렌스 피터 박사가 1968년 출간한 『피터의 원리』에 따르면, 계층 사회에서 구성원은 각자의 능력 이상까지 출세하는데 이로써 상층부는 무능력자 집단이 된다. 조직의 상층부는 대부분 무능한 사람들로 가득하며, 그 때문에 결국 그 조직은 경쟁력을 잃게 된다는 것이다.

신중훈은 자녀교육에 이 원리를 적용해 설명한다.

"한국의 학부모들은 자신의 형편이나 능력을 고려하지 않고 아이를 특별하게 키우려는 경향이 있어요. 이게 '오버'하는 것이고, '오버'한다고 해서 자녀를 훌륭하게 키울 수 있는 것도 아니에요. 자녀의 능력과 재능을 잘 살피고 이에 맞추어 이끌어주는 게 더 중요합니다."

그는 안식년 동안 미국을 다녀온 뒤 주변의 권유대로 두 아이를 외국인학교에 보낼까 고민했지만 집 인근에 있는 일반 학교에 보냈다. 우리나라의 외국인학교는 정작 외국인 학생보다 한국인 학생이 더 많기 때문이다. 한국 학생이 더 많은 외국인학교라면 굳이 외국인학교에 갈 필요가 없다는 것이다.

또다른 예로, 조기 유학을 하는 학생들 중에는 공부에 대한 남다른 열정으로 가는 게 아니라 일종의 '도피 유학'인 경우가 많다. 이런 실정에서는 조기 유학생의 상층부가 유능한 인재로 채워져야 마땅하지만 무능한 도피 유학생들로 채워지게 된다. 90년대부터 조기 유학이 붐을 이루었지만 20년이 지난 지금까지 조기 유학의 성공 스토리가 그리 많지 않은 것은 이를 반증하는 것이 아닐까.

가족이 함께 '잘 노는 것'도
공부만큼 중요하다

신평재는 "부모와 자녀 사이에도 잘 노는 게 중요해요"라고 강조했다. 그는 틈나는 대로 자녀들과 함께 야구장에도 가고 여행도 다녔다. 가족끼리 운동도 함께 했다. "평소에 틈나는 대로 잘 놀아야 공부도 잘할 수 있어요"라며 부모와 자녀가 함께 잘 노는 것이야말로 자녀교육에 필수적이라고 말한다.

'호모 루덴스(놀이하는 인간)'라는 말처럼 놀이 시간은 아이의 성장과 교육에 반드시 필요하다. 아이가 어떤 놀이를 하고 노는지를 주의 깊게 살펴보면 그 아이의 미래를 짐작할 수 있다고 한다. 개인심리학의 권위자인 앨프리드 아들러는 "아이의 놀이는 미래를 준비하는 모습을 발견할 수 있는 현상이다"라고 주장했다. 아이들은 놀이를 통해 공동체감을 키울 수 있기 때문이다. 아들러가 말하는 '공동체감'이란 공동체에 대한 관심, 인간다움, 연대감 등을 뜻한다. 공동체감을 키우면서 놀이 시간을 대신할 수 있는 것이 바로 운동인데, 특히 단체 운동은 공동체감을 키울 수 있는 효과적인 활동이라고 주장한다. 운동을 하면 활력 있게 생활하게 되고 스트레스도 효율적으로 줄일 수 있다.

4. 1989년 신중훈의 하버드대학교 졸업식. 조기 졸업을 하겠다는 목표대로 3년 만에 우등졸업을 했다.
5. 루마니아 명예영사인 신평재가 2003년도 루마니아 국가 훈장을 수여하고 가족들과 함께. 왼쪽 뒷줄부터 손자 신홍규, 며느리 홍영은, 손녀 신규리, 외손자 이성재, 신평재, 부인 정영자, 큰딸 신미혜, 아들 신중훈.
6. 신평재는 주말이면 대전에 내려와 손자와 함께 정원에 꽃도 심고, 잡초도 정리하면서 많은 대화를 나눈다.
7. 미국 윌밍턴대학교 부부 교수인 작은 딸 신유나 부부. 자녀가 한국에 방문할 때면 항상 공항에 마중을 나가 직접 만든 'Welcome to Korea' 피켓을 들고 기쁘게 반긴다. 특히 외국에 사는 손자들에게 대한민국 국민으로서의 자긍심을 느끼게끔 우리나라 이곳저곳을 여행하며 많은 대화를 나눈다. 왼쪽부터 작은 외손자 다니엘 브랜든, 사위 에릭 브랜든(철학박사), 딸 신유나, 큰외손자 로버트 브랜든.
8. 신평재 할아버지가 손자 손녀들과 함께. 요즘에는 할아버지와 손자 손녀가 함께 노는 모습도 흔치 않다.

운동은 되도록 매일 하는 것이 바람직하다. 아이가 하기 싫어하더라도 꾸준히 하도록 이끌어주어야 한다. 케네디 대통령의 어머니 로즈 여사는 "아이가 하기 싫은 일도 꾸준히 반복하게 하면 나중에는 잘할 수 있게 되고 자신감도 생긴다"고 강조했다. 아이가 싫어하는 일을 하게 만드는 것도 부모의 몫이다. 세상에는 하고 싶은 일보다 하기 싫은 일을 해야 하는 경우가 압도적으로 많기 때문이다.

김정운 박사(전 명지대 문화심리학 교수)는 심리학적으로 '창의력'과 '재미'는 동의어라고 주장한다. 사는 게 전혀 재미없는 사람이 창의적일 수는 없기 때문이다. 그는 『노는 만큼 성공한다』라는 책에서 다음과 같이 역설한다.

> 성실하기만 한 사람은 21세기에 절대 살아남을 수 없다. 세상에 갑갑한 사람이 근면성실하기만 한 사람이다. 물론 21세기에도 근면성실은 필수불가결한 덕목이다. 그러나 그것만 가지고는 어림 반 푼어치도 없다. 재미를 되찾아야 한다. 그러나 길거리에 걸어 다니는 사람들의 표정을 한번 잘 살펴보라. 행복한 사람이 얼마나 되나. 모두들 죽지 못해 산다는 표정이다. 어른들만 그런 것이 아니다. 21세기의 한국 사회를 이끌어나갈 청소년들의 사는 표정은 더 심각하다.

김정운은 "재미있게 잘 노는 사람이 창의적인 인재가 될 수 있다"고 강조한다.

잘 노는 사람은 타인의 마음을 잘 헤아려 읽는다. 따라서 말귀를 잘 알아 듣는다. 그리고 잘 노는 사람은 가상 상황에 익숙하다. 놀이는 항상 가상 상황에 대한 상상력을 필요로 하기 때문이다. 잘 노는 사람은 자신을 돌이켜 보는 데도 매우 능숙하다. 나를 객관화시켜 바라보는 능력은 또 하나의 가상 상황에 나를 세워놓는 일이기 때문이다. 결국 잘 노는 사람이 행복하고 잘살게 되어 있다. 그래서 우린 잘 놀아야 한다. 놀이의 본질은 상상력이기 때문이다.

연애 경험을 떠올려보면 이 내용을 쉽게 이해할 수 있지 않을까. 데이트를 할 때 남자든 여자든 잘 놀기 위해서는 먼저 가상으로 데이트 상황을 상상해보고 재미가 있겠다 싶은 것을 선택한다. 잘 놀기 위해서는 무엇보다 상상력이 풍부해야 한다는 말이다. 상상력은 또한 창의적인 인재의 필수 능력이기도 하다. 달리 말하자면 재미있게 잘 노는 사람일수록 상상력이 풍부하고 창의적이라는 뜻이다.

신평재는 자녀들과도 잘 놀아주었지만 여섯 손자 손녀들과 함께 지내는 게 크나큰 즐거움이라고 말한다. 그는 친손, 외손을 가리지 않고 잘 돌본다. 손자 손녀들과 잘 지내는 비결로, 그는 "아이들이 어릴 때부터 친구보다 더 친하게 놀아주는 것"을 귀띔했다. 그는 아이들의 눈높이에 맞춰 아이들이 어떤 것에 관심을 갖는지 파악하고 놀이하면서 대화를 나눈다고 했다. 이 말인즉 아이들의 소질과 적성에 맞춰 놀이를 하고 이야기를 나눈다는 것이다. 요즘은 여행 갈 때 언제나 손자 손녀들을 데리고 다니면서 현장에서 보고 배우도록 이끌어준다고 한다.

자녀들이 어렸을 때도 여행을 자주 다녔는데 그는 여행에 앞서 여행지에 대해 상세하게 설명해주곤 했다. 여행도 아는 만큼 보고 느끼게 되기 때문이다. 그는 여행지도 의도적으로 교육이 될 만한 곳을 골라서 다녔다며 "여행은 최고의 자녀교육입니다"라고 강조했다.

요즘 아이들은 할아버지 할머니를 잘 따르지 않는다. 냄새가 난다고 곁에 가려고도 하지 않는다. 그러나 조부모와 가까이 지낸 아이들이 심성도 곧고 사회성도 높다고 한다. 밥투정도 하지 않고, 김치나 된장국도 잘 먹는다. 부모 밑에서만 자란 아이들은 비만과 당뇨 등 성인병을 앓는 경우가 많지만 조부모와 생활한 아이들은 편식을 하지 않아 몸도 건강하다. 어른들에게 공손하고 예의도 바른 편이다. 이런 아이들은 학교에서도 친구들에게 인기가 많다. 사람들을 배려할 줄 알기에 따돌림을 당하지도 않는다. 설사 사춘기 때 말썽을 일으키더라도 결국에는 아무 탈 없이 고비를 잘 지난다. 사회에 나가서도 대인 관계가 원만한 편이다.

이것이 바로 '격대 교육'의 이점이다. 격대 교육이란 한 세대를 건너뛰어 조부모가 손자 손녀를 가르치는 것을 뜻한다. 격대 교육을 받은 신평재의 외손자는 2011년 고려대학교 경영대학에 들어갔다.

격대 교육의 성공 사례는 곳곳에서 발견된다. 신평재 가 외에도 '삼보컴퓨터'를 창업한 이용태 박사 역시 손자 손녀을 가르치고 있다. 한 달에 한 번 친손, 외손들과 함께 책을 읽고 토론을 하면서 할아버지의 지식과 지혜를 전해준다. 격대 교육은 한국뿐 아니라 세계적으로 위력을 발휘해왔다. 노벨상을 두 번이나 수상한 퀴리 부인의 시아버지는 의

사였는데 몸소 두 손녀를 교육했다. 큰딸인 이렌 퀴리는 어머니 퀴리 부인에 이어 남편과 함께 노벨 화학상을 받았다.

또한 '마이크로소프트' 사를 창업해 세계 최고의 부자가 된 빌 게이츠는 외할머니 곁에서 소년 시절을 보냈다. 로펌을 운영하는 아버지와 자선단체 회장이었던 어머니는 늘 바빠서 외할머니가 부모 대신 영특한 소년 빌을 돌보았던 것이다. 스웨덴뿐 아니라 세계적으로 존경받는 기업을 일군 발렌베리 가 역시 할아버지가 손자에게 격대 교육을 한 것으로 잘 알려져 있다.

거짓말하지 말고 속이지도 말고 훔치지도 마라. 또한 이러한 사람이 있다면 결코 용서하지 마라.

신평재는 미국 공군사관학교를 방문했다가 접한 미국 국민의 '명예헌장(Honor Code)'을 자녀들뿐 아니라 손자 손녀들에게도 즐겨 들려준다. 명예헌장에는 자녀교육에 꼭 필요한 핵심적인 메시지가 담겨 있다고 말한다.

신평재 가는 무려 4대가 함께 서로 이끌어주고 애지중지해주는 장면들을 파노라마처럼 보여주었고, 무엇보다 돈에 의지하고 않고 치열하게 준비하며 홀로서기를 하는 아름다운 모습들을 볼 수 있었다.

명문가에서 배우는 큰 인물 만드는 비법 5

영어 못한 고1이 하버드 대학에 들어간 비결, '작심 3년' 공부법

'3년 안에 일어날 일에 대비하는 데만 충실하자.'

신중훈 교수는 독일에 이어 미국에서 다닌 고교 시절부터 '3년 계획'에 따라 공부를 했다. 먼저 하버드 대학에 들어가겠다는 목표를 세운 뒤 입학 조건을 꼼꼼히 살피고 여기에 필요한 '맞춤형 공부'를 했다. 그리고 자신의 결심과 계획대로 하버드 대학에 합격했다.

하버드 대학에 들어가서는 3년 만에 조기 졸업하겠다는 목표를 세우고 공부했다. 이 또한 그의 결심과 계획대로 3년 만에, 그것도 우수한 성적으로 졸업했다.

신중훈은 은행원인 아버지가 독일 지점에서 근무하게 되어 중학교 3년을 독일에서 공부하고, 고등학교 3년을 미국에서 공부해 하버드 대학에 들어갔다. 어려서부터 일찍이 진로를 '과학자-물리학자'로 정했는데, 여기에는 내로라하는 과학자 집안인 외가의 영향이 크게 작용했다. 물리학자로 목표를 정하고 그 결정에 따라 대학을 가기 전 3년간 꼭 필요한 과목을 중심으로 충실하게 계획을 세워 공부했고 우수한 성적을 거두었다. 이를 눈여겨본 고등학교 선생님이 하버드 대학에 입학할 수 있도록 추천서를 써주었고, 마침내 합격했다.

다음은 신중훈 교수가 공개한 '작심 3년' 공부법의 비결이다. 독일에서 학교를 다녀 영어에 능숙하지 않았지만 이를 극복하고 하버드 대학에 합격할 수 있었던 노하우를 엿볼 수 있어 그대로 소개한다.

당시 독일에서 살면서 중학교를 졸업하고, 미국으로 가서 고등학교 1학년 2학기로 편입한 상황이었습니다. 물론 영어를 못했기 때문에 대학에 가는 것이 좀 어려울 거라는 생각을 했습니다. 그래서 우선 목표를 UC(캘리포니아 대학교) 정도로 잡았습니다. UC 합격에 필요한 조건을 알아보니 필수 과목들이 있더라고요. 대학에 지원하는 3학년 1학기 말에 대학 진학 요건을 맞출 수 있어야 한다고 생각했습니다. 그래서 1학년 여름 학기에 삼각함수를 들어서 3학년 때 미적분 과목을 들을 수 있도록 타이밍을 맞췄고, 그 외의 자잘한 과목을 들어서 미리 조건들을 맞췄습니다.

또 자신 있는 물리, 독일어는 2학년 때 AP(고등학교에서 대학에서 공부하는 과목을 미리 이수하는 제도) 과정을 들어서 좋은 성적을 미리 받았습니다. 그러다 보니 물리, 독일어 선생님들의 추천을 받아서 3학년 때 정기 영어 과목들을 수강할 수 있게 되었습니다.

2학년 여름방학에는 SAT 공부만 했던 것 같습니다. 학점은 항상 좋았습니다. 고등학교 3학년 미적분 과목에서 한 학기 동안 숙제, 퀴즈, 시험을 통틀어 다 만점을 받았으니까요. 그때 수학 선생님이 당신 인생에서 제가 미적분 과목에서 만점을 받은 두번째 학생이라고 놀라워하셨습니다. 그러다 보니 입시 시즌인 고등학교 3학년 때는 모든 게 잘 맞아떨어졌고요. 하버드 대학에서도 비슷한데, 석·박사 학위를 받기까지 총 6~7년 걸린다면 군대가 위험해진다고 생각했습니다(군대에 갈 수 있는 나이 제한을 넘길 수도 있다는 의미). 박사 학위를 받을 시간을 확보하려면 3년 내에 졸업을 하면 될 거라고 생각했습니다. 다행히도 고등학교 때 AP 과목을 많이 들어둬서 하버드 대학교에서 3년 만에 졸업이 가능했습니다. 3년 졸업 조건을 찾아보니 3년 동안의 '테크트리'(tech tree, 순차적인 공부 계획표)가 짜이더군요. 그 테크트리대로 따라 3년 졸업을 했습니다. 학점도 나쁘지 않아서 '우등 졸업'(Magna Cum Laude)으로 칼텍에 들어갔고요.

결국은 목표를 설정하고, 그것을 달성할 수 있도록 스케줄을 짜고, 평가받을 시점에 100퍼센트 성공에 도달하려고 노력하는 것밖에는 방법이 없습니다. 다만 대학교수로서 연구는 이러한 스케줄을 짠다고 해서 따를 수 있는 게 아니기 때문에 성공한 경우도 있고 안 된 경우도 있지요.

신중훈은 만 27세 5개월의 나이에 최연소 카이스트 교수가 되었다. 지금은 카이스트 수리과학부 최서현 교수가 2009년 만 26세 4개월에 임용되어 기록이 갱신되었다. 하지만 최서현 교수는 여성이어서 병역의 의무가 없는 점을 감안하면 실질적으로는 신중훈 교수가 최연소 교수라고 할 수 있지 않을까.

신중훈은 카이스트 교수가 된 뒤에도 여전히 3년 단위의 계획을 세우고 연구에 전력을 다하고 있다. 열심히 하는 것도 중요하지만 '잘하는 게 더 중요하다'는 부친의 가르침이 작용했음은 두말할 나위 없다.

똑똑한 사람들은 일을 잘하고, 바보들은 일을 열심히 한다.
Figure out what you want to do, and what you have to do will follow.

신중훈 교수가 좌우명처럼 가슴에 새긴 문장이다. 이는 그의 부친에게 큰 영향과 가르침을 준 신용호 회장의 '잘해야 한다'는 좌우명과 일치한다.

신중훈 교수는 자신이 하버드 대학교에 들어간 것이 벌써 25년 전 일이라 그동안 세상이 많이 바뀌었으니, 자신의 공부법이 이제는 들어맞지 않을 수 있다고 조심스러워한다. 비록 세상은 변했어도 열심히 하는 것보다 '잘하는 것'이 더 중요하다는 사실은 바뀌지 않았을 것이다.

일본의 '히가니시혼 하우스' 창업자, 나카무라 이시오는 『마음껏 살아보자』라는 책에서, '작심 3일'을 반복하면 자신도 놀라고 세상도 놀랄 정도의 결과를 성취할 수 있다고 강조한다. 즉 "단기 집중을 반복하라"는 말이다. 신중훈 교수의 '작심 3년' 공부법은 중단기적인 목표를 성취해야 하는 수험생이나 학자, 연구원 등이 응용해볼 만한 비결이다. 3일이 아니라 3년마다 중단기적으로 집중하면서 공부나 연구를 반복하다 보면 일취월장하는 성취감을 맛볼 수 있고 세상을 놀라게 할 수 있을 것이다.

멘토 역할을 제대로 하고 싶은 아버지에게

현대 명문가의 자녀교육 6

윤여준 가

전 환경부 장관

형제를 '파파보이'로 만든 아버지의 비결

좋은 아버지란 자녀와의 '대홧거리'가 많은 아버지다

윤여준 가에서 배우는 자녀교육법 7

1. 대화를 잘하려면 먼저 '대홧거리'를 만들어라
2. 자녀의 하굣길을 아버지가 마중하라
3. '마마보이'보다 '파파보이'로 키워라
4. 운동으로 자신감을 충전시켜라
5. 형제간 경쟁, 자녀들의 개성을 살려라
6. 자녀를 인재로 키우고 싶다면 아버지의 잡기를 버려라
7. 잔소리하지 마라, 부모는 끝없이 기다리는 존재다

'파파보이' 두 아들 윤구와 윤찬 그리고 아버지 윤여준. 이들 삼부자는 만나는 순간부터 잠시도 쉬지 않고 이야기를 주고받았다. 격의 없이 이야기를 나누는 삼부자의 환한 모습이 참 부러웠다.

지금 한국 사회는 공교육의 붕괴로 인한 사교육 문제로 온 국민이 피해를 보고 있다고 해도 지나친 말이 아니다. 자녀를 둔 부모라면 누구나 교육 문제에 대해 실망하고 분노하다 못해 아예 체념하고, 나아가 이민까지 고민해보았을 것이다. 지금부터 무려 400년 전에도 부모들은 공교육의 부실을 탓하며 유능한 스승을 구해 사교육을 했다. 지금으로 보면 명문대 출신 과외 선생의 지도 아래 공부를 해야만 과거에 합격할 수 있었던 것이다.

교육 문제를 고민하다가 아예 학교를 세운 가문이 있다. 지금도 충남 논산에서 찾아볼 수 있는 '종학당'이 바로 그것이다. 1645년 설립된 종학당은 처음에는 파평 윤씨 문중의 자제들을 교육하려는 목적으로 세워졌다. 당시 양반가라면 안고 있던 사교육의 어려움을 타개하기 위한 방편이었다.

종학당을 세우고 자녀교육의 기틀을 마련하기까지는 치밀하게 계획을 세우고 큰 그림을 그린 '교육 기획자' 윤순거(1596~1668)가 있었기에 가능했다. 종학당은 요즘 교육 시스템으로 보자면 초·중·고교와 대학교가 함께 있는 '원스톱' 교육기관으로, 이후 과거 합격자 42명을 배출하면서 인재 양성소로 각광 받았다. 종학당을 만들면서 400년 전 사교육의 패러다임을 바꾼 획기적인 교육 기획자 윤순거의 뒤를 이어, 윤순거의 조카이자 '백의정승'으로 유명한 명재 윤증이 엄격한 교칙과 교육과정 등 체계적인 교육 시스템을 갖추었다.

지금 사회는 기존의 지배적인 사고나 이론의 틀, 즉 패러다임을 바꾸는 사람이 세상을 뒤흔드는 인재로 평가받는다. 아이폰(스마트폰)과 아이패드로 전 세계인을 놀라게 한 '애플' 창업자 스티브 잡스가 대표적인 인물이다. 한국에서는 '카카오톡'을 만든 주인공이 패러다임을 바꾼 대표적인 인재라 하겠다. 이들처럼 새로운 아이디어를 상품으로 내놓은 기획의 달인들이 주목받는 시대다. 21세기 정보화 사회는 과거의 어느 때보다 기획형 인재가 각광 받고 있다. 모든 것이 급변하는 시대에 새로운 아이디어로 세상을 바꾸고 새로운 트렌드를 이끌면서 시장을 주도하는 것이 중요해졌기 때문이다.

어느 시대에나 한 발 앞서 패러다임을 바꾸고 세상을 바꾸는 기획자는 대접받게 마련이다. 최근에는 '청춘콘서트' 덕분에 이른바 '안철수 신드롬'이 일고 있다. 청춘콘서트의 기획자는 환경부 장관을 지낸 윤여준 평화재단 평화교육원장으로 알려져 있다. 윤여준 원장이 청춘콘서트를 기획하지 않았다면 어쩌면 안철수 신드롬은 존재하지 않았을지도 모른다.

윤여준 원장은 평화교육원장으로서 시민 교육을 기획하고 지휘하면서 우연히 청춘콘서트를 기획하게 되었다. 그는 '시골의사'로 잘 알려진 박경철 원장에게 평화교육원 강연을 요청했고, 이를 계기로 이야기를 나누다가 안철수의 강연 계획을 접하게 되었다. 이것이 청춘콘서트 탄생의 뒷이야기다.

흥미로운 사실은 윤여준 원장이 바로 400년 전 새로운 교육 패러다임을 제시한 종학당을 만든 윤순거의 후손이라는 점이다. 기획의 DNA가 400년을 지나 그 후손에게서 다시 발현되고 있었던 것이다. 이런 경우를 접할 때마다 '보이지 않는 힘'이 우리 삶에 여전히 작용하고 있음을 새삼 확인하게 된다. 한 가문이 500여 년을 이어오기란 결코 쉽지 않은데, 종학당과 같은 새로운 교육 시스템을 문중 차원에서 도입하고 이를 운영하면서 인재를 교육해온 게 지속적인 인재 산실의 비결이었을 것이다.

그렇다면 우리 시대의 기획자로 시민 교육과 인재 양성을 지휘하고 있는 윤여준 원장은 어떤 교육을 받았고, 또 자녀들을 어떻게 키우고 있을지 호기심이 강렬하게 일었다.

대화를 잘하려면 먼저 '대홧거리'를 만들어라

부모 자녀 관계에서도 대화는 매우 중요하다. 대화야말로 관계를 증진시킬 뿐만 아니라 부모는 부모 자신을 되돌아보고, 자녀 또한 그 자신을 되돌아보게 하는 묘약이라 할 수 있다. 윤여준 원장은 "좋은 아버지는 자녀와 대화를 많이 하는 아버지"라고 색다르게 정의한다. 그는 "이심전심은 없어요. 무조건 대화를 해야 합니다"라며 대화의 중요성을 거듭 강조한다.

자녀와 대화를 잘하려면 먼저 의식적으로 대홧거리를 만들어야 한다. 이때 책이나 신문을 활용하면 화제가 풍성해질 수 있다. 부모가 먼저 책을 읽거나 신문을 보며 화제를 찾는 노력을 해야 한다. 책을 읽을 때 마음에 드는 인용구를 10개씩 적어보는 것도 좋다. 이것이 다산 정약용이 실천한 생산적인 독서 방법인 '초서(抄書)'다. 신문 기사를 놓고 자녀와 이야기를 나누다 보면 자연스럽게 토론으로 이어질 수 있다.

하나 더 욕심을 낸다면, 책을 읽은 다음 그 내용을 정리해 자연스럽게 발표하게 하는 것도 좋은 방법이다. 그 내용에서 얻을 수 있는 교훈이 무엇인지, 일상생활이나 자신의 직무에서 응용할 수 있는 게 무엇인지를 정리하는 것이다. 자녀의 발표가 끝나면 어머니나 아버지가 그동안 겪은 경험을 토대로 책에서 배울 수 있는 지혜로운 이야기를 들려주면서 마무리하는 방식으로 대화를 한다면 보다 생산적인 시간이 될 수 있다.

학교에서나 사회에서나 발표력은 핵심 인재로 가는 아주 중요한 능력 중 하나이므로 아무리 강조해도 지나치지 않다. 다만, 무조건 책을 읽고 발표하게 하면 자녀들이 부담감을 가질 수 있으므로 자녀와 상의한 다음 시도하는 게 바람직하다. 이때도 조심할 것은 부모가 직접 자녀에게 가르치려 하지 말고, 조언하고 격려하며 멘토링을 해주는 데 그

처야 한다는 점이다. 가르치려다 보면 감정이 앞서게 되고 결국 서로 상처를 입기 때문이다. 대화를 잘하려다 오히려 대화의 장벽을 더 높일 수 있다.

아버지는 자식들과 평균 하루 7분을 보낸다.

루이지 조야가 쓴 『아버지란 무엇인가』에는 이런 수치가 나온다. 전 세계의 아버지들은 과거 그 어느 때보다 더 많은 금전을 가족에게 제공하지만 자식들과 함께하는 시간은 갈수록 짧아지고 있다. 우리나라는 7분도 채 안 되지 않을까. 아버지와 자녀가 함께하는 시간이 줄어드는 가장 큰 이유는 대화를 나눌 공통된 관심사가 없기 때문이다. 모처럼 대화를 하려고 해도 할 수 있는 이야기는 고작 5분 정도면 바닥이 나고 만다. "공부 열심히 하니?" "요즘 친구들과 잘 지내니?" "용돈은 부족하지 않니?" 같은 질문을 하면 자녀는 "네" 혹은 "아니요"같이 단답형으로 끝내기 일쑤다. 더이상의 대홧거리가 없다. 자녀와 부모가 서로 관심사가 다른 만큼 함께 이야기할 거리가 별로 없는 것은 어쩌면 당연하다고 할 수 있다.

자녀와 소통을 잘하는 부모들이 쓰는 대화의 기술을 보면 먼저 휴대전화 활용법이 있다. 요즘 아이들은 전화하기보다 문자메시지를 주고받는 것을 즐긴다. 직접 통화하는 걸 부담스러워한다. 평소에는 대화가 없다가 어느 날 갑자기 아버지가 전화를 걸어오면 아이는 아버지가 잔소리를 하거나 혼내려는 게 아닐까 긴장할 수도 있다. 이때 다양한 기호(이모티콘)들을 사용해 문자로 관심을 표시하면 가볍게 대화를 시작할 수 있다. 좋은 애깃거리나 정보가 있어도 부랴부랴 전화를 걸기보다 하트 기호를 넣어가면서 문자메시지를 보내보자.

자녀가 사춘기를 시작으로 청소년기에 접어들면 부모와 대화하기를 꺼리고 자기 방에서 잘 나오려고 하지 않는다. 사춘기는 이른바 '심리적 이유기'가 시작되는 시기다. 아이는 점점 커가면서 자신만의 세계 속으로 들어가려고 한다. 그래서 자녀가 사춘기를 보낼 때까지 부모는 때로 자녀와 '거리 두기'를 해야 한다. 이것이 아이의 홀로서기를 돕는 일이다. 거리 두기를 한다고 해서 아이를 방임해서는 곤란하다. 이때는 아이에게 독서를 권하고 읽어야 할 책을 조언해주는 게 바람직하다. 혼자 책을 읽으면서 아이는 자아에 눈을 뜨고 자신을 성찰하는 시간을 가질 수 있다.

아이마다 청소년기로 접어드는 시기가 일정하지 않다. 필자의 아들도 청소년기를 지나고 있다. 하루는 아들이 불쑥 "아빠, 오늘 축구 중계 보실 거죠?"라고 물었다. 아시안컵 한·일 축구 경기를 앞두고 있었는데 필자는 까맣게 잊고 있었다. 그때 '어, 녀석이 이제는 축구 경기에 관심을 갖네' 하는 생각이 들었다. 초등학생 시기에는 별 관심이 없다가 사춘기가 되고 자의식이 들면서 특히 남자아이들이 스포츠에 서서히 관심을 갖기 시작하는데, 아마도 '경쟁 욕구' 때문인 듯싶다. 국가간 축구 경기는 무의식에 잠재된 경쟁의식을 부추기는데, 사춘기 청소년에게도 무의식적으로 자극이 되는 것이다. 자녀가 아들이라면 스포츠 중계방송을 함께 보거나 또는 경기장을 찾아 함께 응원하는 것도 좋다. 더 나

1. 아버지 윤여준과 아들 윤찬(미국 변호사)이 남산 한옥마을에서 만났다. 이날은 겨울바람이 불기 시작했는데 아들은 추위를 잘 타는 아버지를 내내 걱정했다.

아가 아버지와 아들이 함께 운동을 한다면 금상첨화일 것이다. 필자는 아이가 중학생이 되도록 같이 운동을 해보지 못한 게 큰 아쉬움으로 남아 있다.

윤여준은 큰아들이 고등학교 2학년 때 자녀와의 대화가 얼마나 중요한지 실감했다고 한다. 학교에서 돌아온 큰아들이 "우리나라가 미국의 정신적인 식민지"라고 말하는 걸 들은 것이다. 교사가 수업 시간에 자신의 주관을 들려준 게 아닐까 하는 생각이 들었다. 한창 감수성이 예민한 청소년기에는 스펀지와 같이 타인의 생각을 그대로 흡수할 수 있는데 담당 교사가 좀 과격하게 표현한 것 같았다. 그렇다고 교사의 생각이 잘못되었다고 통박할 수도 없는 노릇이었다. 아들이 편견을 갖지 않도록 도와주어야겠다는 생각이 들었다.

"물론 선생님 얘기가 모두 틀린 것은 아니야. 그런데 아버지가 보기엔 선생님이 한쪽 면만 보신 것 같다. 모든 사물에는 양면이 있는데 그 선생님은 반대편 입장은 생각하지 않고 한쪽 면만 본 것 같다."

그리고 나서 그는 참고할 만한 여러 관점의 책을 다양하게 추천해 주었다. 물론 아들은 더이상 극단적인 주장에 함몰되지 않았다.

윤여준은 가정에서도 민주주의 원칙이 지켜져야 한다고 강조한다. 민주주의 원칙이란 거창한 것이 아니다. 외식 때 부모가 원하는 메뉴를 자녀에게 강요하지 않고 의견을 나누는 것부터 자녀의 정치적인 의사를 존중하는 것까지 포함된다. 이렇게 일상의 크고 작은 경험에서 의견을 서로 나누고 타협하는 협상의 정신을 배우는 것이다.

자녀의 하굣길을
아버지가 마중하라

윤여준은 청와대에서 공보수석비서관으로 근무할 때 골프를 배우라는 '지시'를 받고 1980년대 중반 어느 여름날 마지못해 골프장으로 향했다. 필드에 나가니 아주머니들이 필드 잔디에 나 있는 잡초를 뽑고 있어 먼저 인사를 건넸는데 아무도 쳐다보지도 대꾸하지도 않았다. 곰곰 생각해보니 일하는 아주머니들은 뙤약볕 아래서 풀을 뽑고 있는데 자신은 한가하게 골프를 치고 있었던 것이다. 순간 그의 마음속으로 '골프는 내가 할 일이 아니다'라는 생각이 스쳤고, 그는 골프를 배우지 않겠다고 선언했다. 그랬더니 동료와 상관이 골프를 배우지 않으면 출세하기 힘들다고 '경고성 조언'을 했다. 그때 그는 "아이들과 함께 시간을 보내기 위해 골프를 치지 않기로 했다"는 변명 아닌 변명을 했다.

사실 그는 골프를 치고 돌아오는 시간이 너무 아까웠다고 한다. 그럴수록 가족과 시간을 함께 보내야겠다는 마음이 더 커졌다. 결국 그는 '아이들과 시간 보내기' 핑계를 내세우며 골프 금지령을 스스로 실천했다. 그때부터 휴일을 아이들과 함께 보내는 것은 그의 삶의 원칙으로 자리 잡았다. 그는 지금까지 한 일 중에서 가장 잘한 일로 이 결정을 꼽는다.

따지고 보면 인생에서 자녀와 함께 보낼 수 있는 시간은 그리 길지 않다. 길어야 고등학생 때까지 20년도 채 되지 않는다. 그렇게 보면 인생에서 '가장 크게 남는 장사'는 자녀와 함께 많은 시간을 보내는 것이 아닐까. 물론 자녀는 커갈수록 집을 떠나 있는 시간이 더 많을 테지만, 부모는 그 공백의 시간을 아이와 함께 지낸 날들을 떠올리면서 지낼 수 있을 것이다. 또한 아이는 나중에 커서 부모와 함께했던 시간을 가장 소중한 추억으로 간직할 것이다. 그런 추억이 없다면 얼마나 사막 같은 가족이 될까.

『위대한 가족을 만드는 7가지 원칙(Family first)』을 쓴 필 맥그로는 소속감을 느낄 수 있는 온화한 가족 체계와 함께 의미 있는 의식과 가족 전통을 확립할 것을 이야기한다. 이렇게 되면 자연스럽게 가족간의 대화가 이루어지고 안정되고 평화로운 집안 분위기를 만들 수 있다는 것이다. 그 첫번째 방법이 어쩌면 휴일을 가족과 함께 보내는 것일 게다. 시간을 함께해야 이야기도 나눌 수 있다.

윤여준이 또 하나 실행한 원칙은 '아들의 하굣길을 함께하자'였다. 그는 공직 생활을 하면서 늦게 퇴근할 때가 많았다. 물론 휴일에는 가급적 가족과 함께 보낸다는 원칙을 세워놓고 실천했지만 그래도 늘 부족하다고 느꼈다. 자식이 힘들어하는 모습을 한 걸음 떨어져서 지켜볼 수밖에 없었기 때문이다. 그래서 큰아이가 고등학교 3학년에 올라가던 어느 이른 봄날 퇴근길에 결심했다. 입시를 마무리할 때까지만 아들의 하굣길을 함께하자고 다짐한 것이다.

"저는 큰아들이 고3일 때 매일 밤늦게까지 교문 앞을 지켰어요. 교문에서 지켜보면 학생들은 세 부류로 나뉘어요. 운전기사가 승용차에 태우고 가는 학생, 봉고차를 타고 학원으로 향하는 학생, 혼자 걸어가는 뚜벅이족. 가족이 와서 기다리는 경우는 거의 없었어요. 아이와 함께 집까지 걸어오는 10여 분을 거리에서 알차게 보냈어요. 오락실에 들어가 오락을 같이 하기도 하고 포장마차에서 우동을 먹기도 했어요. 대학에 들어가고 나서 아들이 아버지 덕분에 고3을 잘 보낼 수 있었다고 말해줘서 제가 더 고마웠어요. 친구 중 누구도 아버지가 학교 앞에서 기다린 경우는 없었다고 하더군요."

초·중·고교생 자녀가 있다면 등굣길이나 하굣길을 동행해보길 권한다. 짧은 시간이지만 학창 시절의 추억을 이야기해주면서 자녀와 교감하고 정을 나눌 수 있다. 학교 밖 분식집에 들러 떡볶이도 먹으면서 평소에 못한 이야기를 나눈다면 그보다 좋은 시간은 없을 것이다. 물론 매일같이 자녀와 동행하기는 쉽지 않다. 하지만 우선순위를 정해놓고 실천하다 보면 어느 새 가장 중요한 일과로 자리 잡게 될 것이다.

'마마보이'보다
'파파보이'로 키워라

"어머니와 자녀는 신비로운 관계다."

프랑스의 사회학자 르 드블레는 어머니와 자녀 간의 친밀한 관계를 이렇게 표현했다. 누구나 태어나서 처음 경험하는 것이 어머니의 몸이다. 그렇듯 어머니와 자녀 사이만큼 자연스럽고 완전한 관계는 없다는 뜻이다. 이는 달리 말하면 아버지와 자녀의 관계는 그렇지 못하다는 이야기이기도 하다. 또한 '부자유친(父子有親)'이라는 말이 굳이 왜 생겼을까를 곰곰 생각하게 한다. 그만큼 부자지간은 친하게 지내기가 어렵다는 뜻이 아닐까 싶다.

어머니와 아이, 특히 어머니와 아들의 관계는 '모자유착'이라고 할 정도로 지나치게 친밀한 경우도 있다. 누구나 어머니의 몸에서 10개월 동안 보살핌을 받으며 자랐기 때문에 본능적으로 친밀한 것이다. 가정에서도 보면 금방 알 수 있다. 자녀들이 어머니와는 스스럼없이 이야기를 나눈다. 그런데 알콩달콩 이야기 보따리를 풀어놓다가도 아버지가 집에 들어서면 말소리가 뚝 그친다. 아버지가 서운하게 여길 정도다. 그렇다고 손놓고 있을 수만은 없다.

윤여준은 〈동아일보〉와 〈경향신문〉 기자를 지내다가 그만두고 해외 대사관 공보관으로 공직의 길로 들어서서 환경부 장관까지 지낸 만큼 누구보다 바쁜 일상을 보냈다. 하지만 그는 공직도 중시했지만 가정에도 결코 소홀하지 않았다. 대학을 다니던 두 아들이 각각 미국 유학을 떠났을 때는 편지를 주고받으면서 소통하는 것을 잊지 않았다. 오늘 하루 무슨 공부를 했는지, 무슨 책을 읽었는지 편지로 주고받았다.

가끔은 전화 통화로 읽은 책에 대해 토론을 하기도 했다. 아버지가 먼저 다가가자 아이들은 아버지에게 마음의 문을 열고 아버지의 말씀에 귀를 기울이기 시작했다. 정치인으로서 불법 정치 자금을 받았다는 좋지 않은 풍문에 시달릴 때도 아이들은 아버지를 믿는다며 되레 아버지를 위로하고 용기를 주었다.

"세상 사람들이 모두 아버지를 비난해도 저는 믿어요. 제게 아버지는 자랑스러운 분입니다. 용기를 잃지 마세요."

2. 윤여준과 아들 윤찬. 이날 아버지는 아들에게, 아들은 아버지에게 서로 책을 추천해주었다.
3. 윤여준 부부와 두 아들. 서가의 책들이 보여주듯 이들 가족은 늘 책을 읽고 책의 내용을 가지고 토론한다. 필자와 인터뷰하던 날에도 윤여준과 윤찬 부자는 최근에 읽은 책으로 대화를 이어갔다. 요즘은 부모 자녀 간에 대홧거리가 곤궁한데, 책을 읽으면 절로 대홧거리가 생긴다.

윤여준은 군 복무중인 아들에게는 자신의 현역병 시절 이야기를 들려주면서 어려움을 극복하도록 용기와 위로를 주었다. 특히 큰아들 구는 유학 생활을 마치고 결혼한 뒤에 군대에 갔다. 그래서 아버지는 아들이 더 염려되었다.

> 아침에 너를 보내고 하루 종일 울적하다. 비가 질척하게 내리니 너는 어느 막사엔가 들어가 있겠지. 훈련소 막사 유리창 밖으로 떨어지는 빗줄기를 바라보는 심정은 안 겪어본 사람은 모른다. 한마디로 뭣 같지.

아들을 훈련소에 보내고 돌아와서 윤여준이 아들에게 쓴 첫 편지다. 그가 쓴 편지들은 이제 가족의 소중한 추억담으로 남아 있다.

요즘 '마마보이'는 흔하지만 '파파보이'는 거의 없다. 바로 이 점을 이 땅의 많은 아버지들이 서운해한다. 아버지들의 무조건적인 부성애가 없다면 자녀들은 하루도 편안하게 살아갈 수 없을 것이다.

하지만 마마보이로 인한 모자유착은 자녀의 홀로서기와 성장을 가로막기도 한다. 한국 사회가 안고 있는 사회문제 중 하나가 어쩌면 홀로서기를 하지 못하는 마마보이일 것이다. 반면 아버지와 친하게 지내는 파파보이는 홀로서기를 더 잘하는 경향을 보인다. 그것은 아버지와 어머니의 존재 방식의 차이 때문일 것이다. 아버지는 자녀에게 씨를 부여한 생물학적인 존재라는 한계를 갖고 있으므로 아버지와 자녀의 관계 형성에서는 어머니의 역할이 중요하다.

프랑스의 비교행동학자인 보리스 시륄니크는 "아버지란 존재는 어머니의 입을 통해 말해진다"고 강조한다. 즉 어머니는 아이를 잉태하기 때문에 아이가 태어나면서부터 모자유착이 절로 이루어지지만 아버지는 다르다. 이때 어머니가 아버지를 자녀들에게 어떻게 설명하느냐에 따라 부자 또는 부녀 관계가 달라진다. 어머니가 아버지를 부정적으로 말하면 아이들도 아버지에 대해 부정적으로 생각하게 되기 때문이다.

자녀를 아버지와 사이좋은 관계, 즉 파파보이, 파파걸로 만들려면 어머니가 아버지에 대해 말할 때의 태도가 중요하다. 평소 어머니가 아이들에게 "너희 아빠처럼 살지 마라"거나 "아빠를 절대 닮아서는 안 된다"와 같은 부정적인 말투를 사용하면 자녀는 아버지를 결코 존경할 수 없을 것이다.

윤여준은 친밀하고도 꾸준한 대화를 통해 두 아들을 파파보이로 만들었다. 두 아들은 전화를 하면 어머니가 아니라 아버지를 먼저 찾았다. 보다 못한 어머니 우선희 씨가 "너희는 파파보이야"라고 질투했을 정도다. 지금도 두 아들은 무슨 일이 생기면 아버지에게 전화를 걸어 조언을 구하곤 한다. 또 좋은 책이 있으면 그 내용을 들려주기도 한다. 윤찬 변호사는 인터뷰를 하던 날에도 아버지에게 최근에 읽은 책 이야기를 하느라 바빴다.

운동으로
자신감을 충전시켜라

윤여준은 어릴 때부터 건강하지 못했다. 고등학교 때는 휴학을 하기도 했고, 대학에 들어가서도 여전히 허약했다. 그때 윤여준은 군대에 가면 오히려 건강해질 수 있겠다는 생각을 문득 했다고 한다. 건강이 좋아야 자신감 있게 생활할 수 있을 것 같았다. 그래서 그는 부모님에게 말도 하지 않고 입대 지원 계획을 세웠다. 잦은 병치레로 신체검사를 받으면 불합격할 게 뻔했다. 윤여준은 대학 3학년을 마치고 병무청에서 일하는 친구 형에게 사정을 말하며 입대를 부탁했다.

입영 열차를 타기 5일 전에야 부모님에게 '통보'를 했다. 부모님은 "몸도 성치 않은데 군대라니!" 하면서 펄쩍 뛰었다.

"아버지, 제 몸이 건강하지 못한 상태에서는 사회에 나가 어떤 일도 해낼 자신이 없습니다. 군대에 가서 훈련을 받다 보면 몸이 튼튼해질 수 있을 것입니다. 힘든 군대 생활을 이겨낸다면 제 몸이 건강해진 셈이고 그렇게 해서 제대를 하고 사회에 나간다면 어떤 일이든 시작할 수 있을 것 같습니다. 죄송합니다."

윤여준은 부모님에게 이런 말을 남기고 논산훈련소로 향했다. 논산에 도착해서도 '입대 불가'라는 통보를 받았지만 군인이 되겠다고 아득바득 우겨 우여곡절 끝에 훈련소에 입소할 수 있었다. 그때는 서슬 퍼런 5·16군사정변 직후여서 어느 때보다 군기가 셌다. 더욱이 그가 소속된 군대는 모범 중대여서 고생이 이만저만이 아니었다. 때때로 자신의 선택을 후회하기도 했지만 그는 끝까지 이겨냈다.

그가 군 복무 이후 신문기자와 공직 생활을 할 수 있었던 것은 힘든 군대 생활을 이겨내고 나아가 건강을 단련했기 때문이다. 그는 "몸이 튼튼해야 자신감을 가질 수 있고, 그 자신감으로 자신이 하고 싶은 일과 목표에 도전할 수 있다"고 거듭 강조했다. 혹독한 군 생활 덕분에 그는 일흔을 넘긴 요즘도 평화교육원장과 한국지방발전연구원 이사장을 지내면서 왕성하게 활동하고 있고, 나아가 시민과 사회를 이어주는 소통의 전도사 역할을 하고 있다.

윤여준은 단국대학교를 나와 신문기자로 일하다 해외 공보관으로 전직했다. 그가 신문기자를 거쳐 해외 공보관이 될 수 있었던 것은 미국에서 발행하는 잡지인 〈타임〉을 보면서 영어를 공부한 덕이고, 결국 해외 공보관으로 근무하면서 새로운 인생을 시작할 수 있었다. 그는 한 언론과의 인터뷰에서 이렇게 회고했다.

"대학교 3학년이 되던 해에 몸이 조금 좋아져서 영어 공부를 열심히 했습니다. 여름에 하루 종일 앉아서 영어 공부를 했는데 땀이 흘러서 엉덩이 살이 짓무르곤 했습니다. 지금도 웬만한 원서는 읽는데 지금의 영어 실력은 다 그때 얻은 것입니다."

힘든 일을 경험하고 이를 감당하면 또다른 난관이 닥쳐도 감당해내는 능력이 생긴다. 이것이 바로 '자기 확장'이다. 자신의 능력이 이미 100%라고 생각해도 노력하면 200%, 300%까지 끌어올릴 수 있다는 뜻이다. 윤여준은 고등학교 시절 내내 투병 생활로 숱한 날을 지새울 정도로 허약한 체력이었지만 하지 않아도 되는 군 복무를 스스로 자원해 건강과 자신감을 얻었다.

형제간 경쟁, 자녀들의 개성을 살려라

여러 자녀를 키우다 보면 형제자매간에도 성격이 전혀 다른 경우가 흔하다. 윤여준은 두 아들 구와 찬을 키우면서 이 사실을 새삼 확인했다. 그리고 두 아들의 전혀 다른 개성을 키워주기 위해 늘 노심초사했다. 두 아들의 기질과 성향이 다르고 세상을 보는 눈과 가치, 목표조차 판이했기 때문이다.

윤여준은 물질을 중시하지 않은 아버지 밑에서 자랐다. 그의 아버지는 일제강점기가 시작된 혼란의 시대에 태어나 위당 정인보에게 가르침을 받았다. 그 후 대통령 측근이 되어 고언을 서슴지 않았고 공직에서 물러난 뒤에는 한학자와 서예가로 살았다. 윤여준 역시 아버지의 영향으로 물질보다 정신적인 가치를 우선시하고 책 읽기를 즐긴다. 그런데 그의 큰아들 구는 어릴 적부터 돈을 많이 벌겠다는 말을 자주 했다. 작은아들 찬은 형과 정반대로, 그리고 아버지 윤여준처럼 정신적인 가치를 중시하고 책 읽기를 좋아했다. 두 아들이 어릴 때 이런 대화를 주고받았다.

"형은 큰 집에, 좋은 차에, 맛있는 음식, 예쁜 부인만 있으면 다 된다는 거야? 난 그렇게 살고 싶지 않아!" (윤찬)

"생각이 아무리 고상해도 돈이 없으면 아무것도 할 수 없어. 난 돈을 많이 벌고 싶어!"(윤구)

여기서 잠시 윤찬 변호사가 들려주는 형제간의 성격 차이에 대해 직접 들어보자. 자녀를 키우는 부모에게 더 진솔하게 전달될 수 있도록 그의 말을 그대로 옮겨본다.

"형은 어렸을 적부터 자신이 무엇을 원하는지 정확하게 알고, 오롯이 그것을 추구하는 스타일이었습니다. 물론 어렸을 적에 원하던 바는 주로 즉물적인 대상이었겠지요. 가령 초등학교 입학식 날 처음으로 학교에 가서 만난 여자아이의 손을 잡고 어머니께 데려와서는 "나는 이 아이랑 결혼할 거야"라는 충격 발언을 한다거나, 일본에 살던 시절에는 같은 아파트 라인에 사는 이웃집에 들어가 "배가 고프니 라면을 좀 끓여주시겠어요?"라고 묻는 식이었습니다.

베란다 난간에 앉아 있는 비둘기에게 새총을 쏘아대거나, 연못에 있는 물고기를 건져다가 주사를 놓거나, 모형 비행기 꼬리에 불을 붙여 날려 보내는 행위들은 어른들의 관점에서 보면 눈살을 찌푸리게 하는 일임에 틀림없지만, 달리 생각해보면 그만큼 외부의 제재에 억눌려 있거나, 그러한 제재를 어느새 내면화한 것이 아니기 때문에 가능하지 않았나 싶습니다. 어떻게 보면 자의식이 크지 않았던 것 같고 말입니다.

그런 덕분인지 오늘날 제 형은 굉장히 창의적으로, 흥미진진하게, 그리고 누구보다도 치열하게 잘 살고 있습니다. 1년의 절반 정도를 전 세계를 돌아다니며 지구촌 곳곳에 있는 사람들을 만나고 견문을 끊임없이 넓히고 있지요. 실로 글로벌한 삶을 살고 있습니다."

----

4. 윤여준 부부와 차남 찬, 손자 재형

5. 형 윤구의 발표회 날 동생 찬과 함께. 형제는 기질이 서로 달랐다고 한다. 형은 물질을, 동생은 정신적 가치를 중시했다. 아버지 윤여준은 형제의 기질에 맞춰 진로를 멘토링해주었다고 한다.

6 7. 단란한 네 가족. 두 아들의 청년 시절 사진 속 표정들이 마치 봄날처럼 화사하다. 이들 가족은 가치관과 기질에 따라 두 팀으로 나뉘었다. 아버지와 차남 윤찬, 어머니와 장남 윤구가 각기 한 팀이었다.

이어 윤찬 변호사는 형과는 다른 자신의 성격에 대해서는 이렇게 전했다.

"반면 저는 소싯적부터 자의식이 무척이나 강한 편이어서 제 스스로를 속박하는 스타일이었습니다. 그러다 보니 자연스레 부모님과 대립하는 일도 극히 드물었고, 야단맞는 일은 전무하다시피 했습니다. 물론 대학에 가서 제가 얼마나 자주적이지 못한 삶을 살고 있는지 절감하게 된 뒤로는 부모님, 특히 어머니와의 대립이 잦아졌지만, 어머니나 아버지나 세상 사람 누구나 나약하고 약점 많고 외롭고 불완전한 존재라는 사실을 깨닫고 나서는 평화를 찾았습니다. 아직도 제가 진정으로 원하는 것이 무엇인지 확신을 갖지 못하고 있습니다만, 정말 모르는 것인지, 아니면 마음속 깊은 곳에서는 이미 아는데 이런저런 생각이 많고 제 스스로 장벽을 많이 쳐놓은 통에 쉽사리 추구하지 못하는 것인지 잘 모르겠습니다."

윤찬 변호사가 들려주는 것처럼 이들 형제는 성격과 가치관이 전혀 달랐다. 아버지 윤여준은 형제의 성격과 개성이 극명하게 다른 것에 놀랐고, 이후 두 아들의 진로와 미래 계획을 조언해줄 때 현명한 길잡이가 되어주었다고 한다.

먼저 그는 두 아들이 대학과 직업을 선택할 때 부족한 부분과 넘쳐나는 부분이 적절하게 균형을 유지하도록 이끄는 데 주력했다. '돈을 너무 밝히는' 큰아들에게는 미국 변호사 대신 경영학 박사 학위를 따도록 유도했다. 변호사라는 일을 하다 보면 돈에 눈이 멀어 자칫 정의롭지 못한 일에 나설 수도 있기 때문이다. 이왕 돈벌이를 할 바에는 경영학 박사를 취득하고 자본의 윤리를 알고 난 후에 해도 늦지 않겠다는 게 아버지의 생각이었다.

자신처럼 정신적인 가치를 중시하는 작은아들에게는 오히려 돈에 더 관심을 두게끔 미국 변호사 자격증을 취득하기를 권했다. 돈이 부족하면 자신의 뜻을 펴는 데 오히려 저해 요인이 될 수도 있기 때문이다.

두 아들은 아버지의 조언대로 따라주었다. 구와 찬은 미국에서 대학을 졸업한 뒤 각각 경영학 박사, 변호사가 되었다. 지금은 두 아들 모두 글로벌 인재로 성장해 넘치지도 부족하지도 않은 삶을 주도적으로 살고 있다. 현재 구는 마이크로소프트 본사에서 임원으로, 찬은 마이크로소프트 한국 지사에서 변호사로 일하고 있다.

윤여준과 두 자녀를 인터뷰하면서 가족간의 어울림 현상을 발견했다. 가족이 가치관과 기질에 따라 두 팀으로 나뉘었다. 아버지와 둘째 아들, 어머니와 큰아들이 각각의 조합을 이루었다. 아버지와 둘째 아들은 정신적인 가치를 중시하고 책 읽기를 즐기는 스타일로 속내를 잘 드러내지 않는 편이었다.

한편 어머니와 큰아들은 물질적인 가치를 경시하지 않으며 직선적이고 화끈한 스타일이었다. 이들은 서로 부족한 지점을 채워가며 가족 간의 대화를 원활하게 이끌어나갔다. 또한 두 팀은 서로 다른 성격이지만 가족이라는 하나의 시스템으로 조화를 이루고 있었다. 이 절묘한 조합이 가정의 행복을 만들어내는 행복의 방정식인 셈이다.

앨프리드 아들러는 프로이트와 쌍벽을 이룬 정신분석학자로, 그의 연구 성과 가운데 '형제간 경쟁 이론'이 있다. 출생 서열과 부모의 사랑을 독차지하려는 형제간 경쟁으로 인해 형제들은 제각기 다른 성격을 형성하게 된다는 주장이다. 특히 부모가 편애하거나 무관심하게 대하는 등 자녀교육을 형평성 있게 이끌지 못하면 자녀의 성격이 왜곡될 수 있다고 그는 설명한다.

일반적으로 장남은 '보스형'으로 원칙주의자들이 많다는 데 전문가들은 입을 모은다. 장남은 대부분 보수적이고 무언가를 지키려는 전통적인 원칙주의자가 많고, 남과 타협하기보다 자신의 의지를 관철시키려는 성향이 강해 임기응변에는 조금 약하다. 책임감이 강한 것도 장남이다. 장남이 보수적인 원칙주의자라면, 차남은 도전적인 모험주의를 대변한다. 차남은 창조적이고 모험을 즐기는 도전 지향형이 많다. 장남에 비해 융통성이 뛰어나며 임기응변에 강하다.

자녀가 여럿이라면 부모는 자녀들의 성향과 개성을 잘 파악해 이끌어야 한다. 윤여준은 두 아들을 키우면서 형제간의 개성을 잘 파악해 멘토링을 해주면서 각자의 재능과 능력을 발휘하도록 이끌었다. 물질적인 욕망이 강하고 돈에 집착하는 성격이 강한 자녀, 또는 이와 반대되는 성격을 가진 자녀가 있다면 윤여준의 멘토링에 귀를 기울여볼 만하겠다.

자녀를 인재로 키우고 싶다면
아버지의 잡기를 버려라

윤여준은 어릴 때 아버지가 "남대문의 지게꾼이 먹는 값싼 음식도 먹을 줄 알아야 한다. 사람은 모름지기 폭이 넓어야 한다면서 장터의 국밥도 먹어보게 하고 양식당에도 데려가주었다"고 한다. 이것이 아버지에게 물려받은 가장 좋은 자산이라며 지금도 반찬이 간장 한 가지라고 해도 한 끼 식사를 거뜬히 할 수 있다고 말했다. 이는 리더가 갖춰야 할 호연지기 정신과 모두를 포용하는 능력을 강조한 것이다. 리더라면 마땅히 하위 계층이든 상위 계층이든 모든 사람들과 두루 어울릴 수 있는 폭을 지녀야 한다.

필자가 기자 시절에 들은 말이 있다. 대통령을 만나 인터뷰할 땐 대통령과 당당하게 대화할 줄 알아야 한다. 때로 감시자의 눈을 가지고 대화할 수 있어야 한다. 반면 노숙자를 만나면 또 그들과도 어울려 이야기를 나눌 수 있어야 한다. 노숙자와 인터뷰하는데 대통령을 만날 때와 같은 태도여서는 안 된다는 것이다. 인터뷰하는 대상의 지위와 격에 맞추어 대화할 줄 알아야 한다는 말이다.

윤찬 변호사는 호연지기를 키우기 위해서는 자연을 경험하게 하는 것이 중요하다고 자신의 생각을 전했다.

"요즘처럼 태어나서 자라나는 과정 중에 좀처럼 도시를 벗어나지 못하는 삶을 사는 아이들이 많은 상황에서는 대자연을 경험하게 해주는 것이 보다 중요하다고 생각해요. 모든 부모들은 자기 자식이 대단한 리더가 되기를 기대하는데, 리더에게 반드시 필요한 호연지기는 저절로 길러지는 게 아니기 때문이죠."

달리 말하자면 군대에 자원입대해 고된 훈련을 받으면서 몸과 정신을 강인하게 단련한 윤여준의 경우가 바로 자연 속에서 호연지기를 수련한 예라고 할 수 있을 것이다.

윤여준은 잡기는 꿈을 이루는 데 별로 도움이 되지 않는다고 강조했다. 그는 어릴 때부터 아버지에게 잡기를 즐기며 시간을 허투루 흘려보내지 말라는 말을 자주 들었다. 그의 아버지는 바둑이나 장기 그리고 다른 잡기도 하지 말 것을 당부했다고 한다. 바둑을 두기 시작하면 오랜 시간이 걸리기 때문이다. 그럴 시간이 있으면 책을 읽거나 집안일을 돕거나 아이들과 스킨십을 하며 시간을 보내는 게 더 바람직하다는 것이다.

몸과 마음을 한창 가꿔야 할 청소년 시절에는 책을 읽고 공부를 하고 운동을 함으로써 몸과 마음을 가꿔야 한다. 바둑은 후일 인생의 말년에 즐겨도 늦지 않다는 게 그가 아버지에게 배운 인생 공부였다. 윤여준은 아버지의 말을 따랐고, 그래서 지금도 바둑이나 장기를 두지 못한다. 다만 이제는 자녀들이 커서 분가를 했기 때문에 간간이 골프를 치는 정도라고 했다.

필자의 주변에 잡기에 능한 아버지가 있다. 흔히 운동에 소질이 있는 사람이 잡기에도 능하다. 골프는 대부분의 사람들에게 어려운 운동인데 그는 연습장에 별로 가지 않고도 '80'은 거뜬하게 친다. 당구 실력은 따라올 사람이 없을 정도다. 쉰이 넘은 지금도 친구들과 어울리면 당구장 순례는 자연스러운 코스다.

그런 그에게 아들이 하나 있는데 중학교에 다닐 때까지는 공부를 곧잘 했다. 그런데 고등학교에 진학한 뒤로 도통 공부와는 담을 쌓고 공부할 시간에 당구장에서 살다시피 한다. 내년 대학 입시를 앞두고 있는데 그의 어머니는 '인 서울'도 어렵다며 한숨을 푹푹 내쉰다. 잡기에 능한 아버지를 보고 자란 아들이 그만 아버지의 잡기 실력마저 닮게 된 것이다. 자녀는 부모의 등 너머로 보고 배운다는 말이 무섭게 다가온다.

잔소리하지 마라,
부모는 끝없이 기다리는 존재다

윤여준은 자녀를 키울 때 한 번도 공부하라고 잔소리를 해본 적이 없다고 했다. 두 아들도 이구동성으로 공부 방식에 대한 조언은 고사하고 공부를 해야 한다는 당위성에 대해서조차 부모님에게 훈계를 들어본 기억이 없다고 했다. 이에 대해 둘째 아들 찬은 이렇게 풀이한다.

"부모님은 모름지기 자식들에게 더 큰 것을 가르쳐야 한다는 생각을 갖고 계셨던 것이 아닌가 싶습니다. 양심적으로 남을 배려하면서 살아야 한다는 가르침은 많이 주셨지만, 공부를 잘하라든가, 이다음에 커서 무엇이 되라든가, 공부를 잘하려면 이러저러해야 한다는 식의 말씀은 전혀 하신 적이 없어요. 그저 밤늦게 공부하고 있으면 '고생하는구나' 하고 한마디 하시는 정도였습니다."

윤찬은 "왜 공부를 해야 하는지에 대해서만 가르쳐주신 것 같아요"라고 말한다. 무엇을 공부할 것인지, 어떻게 공부할 것인지는 온전히 자식들 스스로 찾아내야 할 몫으로 남겨두었다는 것이다. 대다수 부모가 그렇겠지만, 잔소리를 습관처럼 하는 부모라면 깊이 새겨들을 대목이다.

대신 윤여준은 자녀들에게 기를 꺾지 않되 가정에서나 사회에서 지켜야 할 규범은 반드시 가르쳐야 한다고 조언했다. 그렇지만 이 역시 15세까지 교육하되 이후에는 스스로 설계하도록 믿고 기다리는 게 부모의 자세라고 강조했다. '부모는 끝없이 기다리는 존재'라는 말이다. 윤여준 가의 이야기를 듣노라면, 자녀가 먼저 대화를 걸어오게 하는 아버지야말로 최고의 아버지라는 생각이 든다.

미국 변호사를 꿈꾸는 자녀를 위한
윤찬 변호사의 조언

참고로 미국 변호사를 꿈꾸는 자녀가 있다면 윤찬 변호사의 조언을 귀담아들을 필요가 있다. 윤찬은 연세대학교 2학년 재학중에 미국으로 유학을 갔다. 그는 조기 유학에 부정적인 입장이다. 한창 감수성이 예민해서 많은 애정과 관심이 필요한 어린 친구들이 미국으로 조기 유학을 가서 고생하고 상처 입는 것을 바로 옆에서 많이 봤기 때문이다. 술, 담배에 빠지고, 심지어는 마약에 손을 대는 등 범죄의 길로 빠지는 경우도 심심찮게 목격했다. 무엇보다 비극은 정신이 황폐해지는 것이라며 안타까워했다.

"부모가 진정으로 자식을 사랑한다면 한 번이라도 더 안아주고 말을 걸어줄 생각을 해야 합니다. 많은 사랑을 줘서, 주변에 더 많은 사랑을 나눠 줄 줄 아는 사람으로 키워야 해요."

윤찬 변호사는 "가장 이상적인 유학은 대학교까지 마치고 대학원 이상의 공부를 위해 외국으로 나가는 것"이라고 말한다. 어느 정도 줏대가 형성되고 난 뒤에 가족의 품을 떠나야 연고가 없는 타지에 나가서도 홀로서기를 할 수 있다는 것이다. 그의 조언에 따르면, 자녀가 미국 변호사를 꿈꾼다면 한국에서 대학교를 나와 미국 로스쿨로 진학하는 게 바람직한 코스에 해당한다. 단, 영어 공부는 충실히 해두어야 한다.

미국은 변호사 시험을 주(州)별로 실시한다. 변호사 자격시험인 미국 사법시험(Bar Exam)은 법학전문대학원 졸업자를 대상으로 미국 대부분의 주에서 1년에 세 번 실시된다. 전미변호사윤리시험(MPRE)은 공통시험이다. 사법시험은 이틀 동안 실시되며, 주관식 문제와 객관식 문제가 같이 출제된다. 과목은 헌법, 민법, 민사소송법, 형법, 형사소송법으로, 로스쿨 졸업 후 사법시험 대비 학원에 다니면서 준비한다. 한국에서 흔히 쓰는 '국제변호사'라는 말은 올바른 표현이 아니다.

**명문가에서 배우는
큰 인물 만드는 비법 6**

허약한 자녀에게 자신감을 충전시키는
'식스팩(몸짱)' 요법

탤런트 차인표가 한 방송 프로그램에 출연해 탤런트가 될 수 있었던 비화를 털어놓았는데 놀랍게도 그 비결이 '가슴근육'이었다. 아버지와 이혼한 그의 어머니는 미국으로 건너갔다. 그때 한국외국어대학교에 다니고 있던 차인표도 어머니와 함께 갔다.

그는 미국에서 대학을 다니면서 음식점에서 아르바이트를 했다. 주방장이 가슴근육이 엄청 발달했기에 그 비결을 물었더니 하루에 팔굽혀펴기를 1,500개씩 한다고 했다. 그때부터 차인표도 날마다 틈틈이 팔굽혀펴기를 1,500개씩 했다. 그랬더니 정말로 가슴근육이 발달했다. 그런데 가슴근육이 발달하자 더불어 자신감도 생기고 매사에 당당해졌다고 한다. 그리고 가슴근육 덕분에 탤런트 시험에도 합격했다고 했다.

'뽀빠이' 이상용은 아령으로 '무쇠 팔'을 만든 것으로 잘 알려져 있다. 태어날 때부터 숨을 쉬지 않나 싶을 만큼 병약했는데 어린 시절부터 아령으로 운동을 하며 무쇠 팔을 만들면서 몸도 건강해졌다고 한다. 이상용은 "다섯 살이 될 때까지 누워서 지냈다. 온몸에 힘이 없어서

가방을 들 수조차 없었다"고 말했다. 초등학교에 다닐 때는 아버지나 이모가 대신 그의 책가방을 들어줄 정도로 허약했다고 한다.

하지만 11세 때부터 아령을 들면서 운동을 시작했고, 고등학교에 입학할 때쯤에는 다른 학생들처럼 건강해졌으며, 대전고등학교 재학 시절에는 '미스터 충남'에도 선발되었다. 그 후 고려대학교에 입학해서는 역도부에 들어가 '미스터 고대'에도 뽑혔다. 그는 무쇠 팔이 그의 트레이드마크가 되어 당당한 자신감을 가질 수 있었다고 한다. 고려대 응원단장을 했고, 방송 진행자로 인기를 누렸다. 현재 칠순의 나이인데도 젊음을 유지하고 있다. 이상용은 지금도 "하루 세 시간씩 운동을 한다"고 말한다. 윗몸일으키기는 요즘도 35초 만에 43개를 할 정도다. 가히 '체력왕'이라고 해도 손색이 없다.

차인표나 이상용처럼 운동을 열심히 해서 몸이 건강해지면 자신감도 더불어 생기게 된다. 이런 선순환이 성공의 원동력이 된다. 흔히 건강한 신체에 건강한 정신이 깃든다고 한다. 건강한 신체를 만드는 비결은 꾸준한 운동과 일찍 일어나는 습관이다. 정진석 추기경은 10세 때부터 3년 동안 명동성당에서 복사(신부의 미사를 돕는 소년) 일을 했는데, 새벽 4시 30분이면 일어나 성당으로 갔다. 매일 그렇게 했더니 그다음에는 힘든 일이 없었다고 한다. 2012년 1월 8일자 〈중앙일보〉 인터뷰를 잠시 인용해보자.

— 명동성당으로 가던 새벽길이 무섭지 않았습니까?
— 무서웠죠. 다들 자는 시간이었습니다. 혼자 수표동에서 을지로를 거쳐

명동성당으로 갔습니다. 겨울에는 길이 안 보일 만큼 캄캄했죠. 전차가 아직 다니지 않는 새벽 5시 이전이었습니다. 그래서 전찻길 한복판으로 다녔습니다. 어두운 골목에서 뭐가 튀어나올지 모르니까요.

— 어떻게 3년간 하루도 안 빠졌습니까?

— 열 살이었지만 속으로 생각했죠. '사람들이 자고 있을 때, 나는 깨어 있다. 다들 잘 때, 나는 큰일을 하러 간다'고 말입니다. 그때는 몰랐지만 자신을 극복하는 훈련이 됐습니다. 새벽에 잠자리에서 일어나기 싫을 때가 한두 번이 아니었죠."

— 왜 중간에 포기하지 않았습니까?

— 힘든 일을 이겨낼수록 어린 저에게 자긍심이 생겼어요. 새벽에 성당에 가서 미사를 드리는 게 제겐 큰 자부심이었어요. 그 일을 통해 힘이 생기더군요. 힘든 일을 이겨낼 때마다 제 안에 힘이 생겼습니다. 그때부터 하루 한 권씩 책을 읽기 시작했습니다.

정진석 추기경은 1950년 서울대학교 화학공학과에 입학했지만 참혹한 전쟁을 겪으면서 사제의 길을 가기로 결심했다. 오늘의 정 추기경이 있기까지는 어쩌면 새벽 4시 30분에 일어나 3년 동안 복사 일을 한 경험과 매일 읽었던 책이 중요한 계기로 작용했을지 모른다. 당시의 경험이 어려움을 극복하는 평생의 힘을 제공하고 있는 것은 아닐까.

윤여준은 대학에 들어가서도 병약한 체질로 인해 고생을 했다. 그때 전환점이 되어준 것이 바로 군 입대였다. 군 복무를 하면서 체력을 다진 그는 74세인 지금도 평화재단교육원장으로 왕성하게 활동하고 있다.

1970~80년대에 필자가 고등학교, 대학교에 들어가던 시절에는 체력장이란 것이 있었다. 체력장이란 고입과 대입 시험 때의 통과의례와도 같은 체력 시험이었는데, 학생들이 평소의 기초 체력을 유지하는 데도 도움이 되었다. 1994년에는 대입 체력장이, 1995년에는 고입 체력장이 각각 폐지된 뒤 학생들의 체력은 갈수록 저하되었다. "요즘 아이들은 체격만 컸지 체력은 약골이다"라는 말이 나도는 지경이다. 이제는 스스로 운동하고 체력을 다져야 한다. 이는 앞서 세계의 명문 학교들이 체육을 우선시하는 '체덕지' 교육과 함께 유념해둬야 할 지침이다.

자녀가 몸이 허약하다면 아이가 원하는 종목을 선택해 6개월 내지 1년 이상 지속적으로 운동을 시켜보자. 단기간에 자신감 있는 아이로 변할 것이다. 자신감이 충만해지면 성적은 절로 오른다. 오바마 미국 대통령은 푸나호우 고등학교 재학 시절 인종차별 속에 힘들게 생활했지만 아버지가 주고 간 농구공으로 농구를 하면서 자신감을 충전했다. 이후 오바마는 하버드 대학교에 들어갔고 미국 최초의 흑인 대통령이 되었다. 오늘날의 오바마를 있게 한 것은 아버지가 준 농구공으로 충전한 '자신감'이라고 해도 과언이 아닐 것이다.

요즘 연예계나 스포츠 스타들, 이들을 모방하는 청소년들 사이에 이른바 '식스팩(six-pack)' 만들기 열풍이 불고 있다. '식스팩'이란 미국 노동자들의 탄탄한 복근에서 유래한 말이다. 노동자들이 육체노동으로 식스팩을 가졌다면 화이트칼라는 '머핀톱(muffin-top)'를 가졌는데, 이는 울퉁불퉁 튀어나온 뱃살, 즉 비만을 상징한다. 이런 '머핀톱' 화이트칼라가 많은 현대 사회에 '매끈한 몸매'를 갖고자 하는 욕망이 덧붙으면서 식스팩이 멋진 남성의 새로운 기준으로 자리 잡았다. 미디어에서 식스팩의 연예인이 앞다투어 소개되고 그 남성미의 멋스러움이 부각되면서 이내 남성의 표준 모델로 등장했다.

자녀가 매사에 의욕이 없고 소극적이라면, 또는 병치레가 잦은 허약 체질이라면 공부는 잠시 접어두더라도 운동을 하게 해서 식스팩을 갖게 해보자. 누구나 '몸짱'이 되면 절로 자신감도 충만해진다. 허약하면 몸이 앞으로 쏠리게 되고 가슴을 자꾸 움츠리게 되면서 몸과 마음이 모두 위축된다. 이때 가슴을 활짝 펴고 운동으로 몸매를 다지면 한층 자신감을 가질 수 있다. 물론 여학생도 운동을 통해 매끈하고 아름다운 몸매를 갖게 된다면 매사에 의욕을 갖고 공부에도 자신감을 갖게 될 것이다.

당장 성적이 중요하다고 운동을 소홀히 한다면 서서히 자신감을 잃게 되어, 결국은 허약한 상태로 고3을 맞을 수도 있을 것이다. 체력이 뒷받침되지 못하는 고3은 최악의 상황이 될 수도 있다. 마지막에 웃을 수 있는 공부법은 '지지지(智智智)'나 '지덕체(智德體)'가 아니라 '체덕지(體德智)'가 답이 아닐까.

자녀를 유학 보낼 계획이 있는 부모에게

현대 명문가의 자녀교육 7
황병기·한말숙 가

가야금 대가·소설가

좋아하는 것에 '미친' 그 아버지에 그 아들

장학금 없이는
유학 갈 생각을 마라

황병기 가에서 배우는 자녀교육법 7

1. 건강제일주의, 공부는 그다음이다
2. '오기 공부법', 하지 말라고 하면 더 기를 쓰고 한다
3. 무심한 듯하지만 세심하게!
4. 공부든 취미든 '좋아하는 것'에 미치게 하라
5. 장학금을 받지 못하면 유학 갈 생각을 마라
6. 예의를 엄격하게 가르치되 사랑으로 키워라
7. 수학 문제 못 푼다고 야단치지 마라

황병기가 자택 2층 서재에서 가야금을 조율하고 있다. 그는 단 하루도 가야금을 손에서 놓지 않고 연습한다.

"여보세요, 한말숙 선생님 댁이죠?"

"네, 그런데요. 제가 한말숙입니다."

전화로 듣는 목소리는 맑고 밝고 구김살이 없었다. 82세 할머니의 음성에 대한 나의 예상은 보기 좋게 무너졌다. '아, 목소리가 저렇게 낭랑하니 분명 행복한 집안일 거야. 저 구김살 없는 목소리가 자녀들을 모두 잘 키워낸 원동력이 아닐까' 하는 기대감이 생겼다. 인터뷰를 요청하기 전 필자는 한말숙 선생과 황병기 선생이 2남 2녀를 남부럽잖게 훌륭하게 키워냈다는 사실을 이미 알고 있던 터였다.

일찍이 레프 니콜라예비치 톨스토이는 『안나 카레니나』의 첫 문장에서 "행복한 가정은 모두 엇비슷하고 불행한 가정은 불행한 이유가 제각기 다르다"고 표현했다. 이는 달리 말하면 한 가정의 행복과 자녀교육의 성공의 중심에는 대부분 밝고 쾌활하고 낙천적이고 긍정적인 어머니가 있다는 말과 통할 것이다. 이를 자녀교육에서의 '어머니 요인'이라고 할 수 있지 않을까. 필자가 동서양의 명문가를 연구하면서 발견한 바에 따르면, 밝고 건강하고 사회성이 높은 자녀는 대부분 성격이 밝고 긍정적이고 낙천적인 어머니 아래서 자란 경우가 많았다.

아리스토텔레스는 아들 니코마코스에게 행복론을 설파한 『니코마코스 윤리학』에서 "최고의 행복을 누리는 사람은 유쾌하면서도 선하다"고 말했다. 아리스토텔레스의 이 말 역시 자녀교육의 성공을 행복한 가정과 연결지어 생각해볼 수 있다. 굳이 아리스토텔레스를 들먹이지 않더라도 이는 우리 주변을 둘러봐도 쉽게 알 수 있다. 어머니가 우울한 성정을 지닌 가정에서는 웃음꽃이 피지 않는다. 덩달아 자녀들도 잘 웃지 않는다. 급기야 어머니가 우울증에 걸리기라도 한다면 집안 분위기는 그야말로 말이 아니다.

반면 부모와 자녀의 사이가 유난히 좋은 집안이 있다. 아이는 부모에게 무엇이든 털어놓고 자문을 구한다. 이야기 샘이 마를 날이 없다. 집 안에는 항상 웃음이 넘치고 아이들은 긍정적이고 낙천적이다. 인재는 이처럼 밝고 화목한 가정에서 나온다. 10대 때 유쾌하고 쾌활한 기억을 간직할 수 있다면 이는 평생에 걸쳐 소중한 자산이 된다. 성격이 유쾌한 어머니는 아이에게 긍정적이고 적극적인 인생관과 대인 관계를 형성하게 해준다. 어머니는 아이의 성격과 인생관의 형성에 엄청난 영향을 미치는 존재인 것이다. 비관적인 어머니 아래서 성장한 아이는 비관적인 인생관을 가질 수밖에 없다.

소설가 한말숙 선생과 당대 최고의 가야금 연주자 황병기 선생은 부부지간이다. 이들 부부는 연상연하 커플의 '원조'이자 여성 단체가 선정하는 '평등부부상'을 탔을 정도로 세간에 '평등부부'로도 잘 알려져 있다.

인터뷰하던 날 한말숙 선생이 황병기 선생에게 "자기야"라고 불러 필자는 깜짝 놀랐다. 결혼한 지 50년이 지난 이들 부부가 마치 신혼부부처럼 "자기야"라는 호칭을 이토록 자연스럽게 하다니! 그만큼 서로를 존중하는 믿음이 각별하다는 증표가 아닐까 싶었다.

한말숙 선생이 여든이 넘은 나이에도 20년이나 젊어 보이고 또 활기찬 노후를 보내는 배경에는 그의 인생관이 크게 작용한 듯했다. 자녀교육의 비결을 묻자 한말숙 선생은 첫째도 둘째도 몸과 정신의 건강을 꼽았다. 즉 몸과 정신의 건강이 바로 황병기·한말숙 부부가 내세우는 가정의 행복과 자녀교육의 첫번째 비결이었다.

건강제일주의, 공부는 그다음이다

황병기 선생이 예순셋이던 1998년 10월, 가야금 연주를 위해 미국 샌프란시스코행을 준비하던 중 갑자기 건강이 악화되어 검진을 받았다. 검진 뒤에 의사가 호출을 했다. 이는 심각한 병이 있다는 징조였다. 황병기 선생은 초기 대장암 진단을 받았다. 아들에게 그 사실을 알리는 한말숙 선생의 목소리는 몹시 떨렸다. 걱정이 극심한 나머지 음식을 입에 대지도 못했다. 늘 건강이 최고라고 입버릇처럼 말하며 살아왔지만 막상 남편이 대장암 초기 진단을 받자 눈앞이 캄캄하고 정신조차 제대로 가늠 수 없었던 것이다. 한말숙 선생이 82세의 나이에도 여전히 '문학소녀'처럼 밝은 감성을 유지하는 것은 건강을 잃으면 인생의 전부를 잃는 것이라는 지극히 단순하고도 평범한 진리를 생활 속에서 실천했기에 가능했다.

이들 평등부부가 자녀들에게도 늘 강조하는 것은 몸과 정신의 건강을 중시하는 '건강제일주의'다. 자녀들이 초등학생이던 시절 학교에서 설문지를 보내와 '학교교육에 바라는 점'을 알려달라고 하면 언제나 "정신과 몸의 건강 위주로 교육해달라"고 썼을 정도다. "몸이 건강하지 않으면 아무것도 못하고, 정신이 건강하지 않으면 지식인들 아무 소용이 없기 때문이죠"라고 한말숙 선생은 설명했다. 그래서 폭우가 쏟아지거나 몹시 추운 날이면 아이들에게 "학교에 가지 마라"라고 말했다. 참 희한한 것은 '하지 말라고 하면 더 한다'는 말이 있듯 어머니가 말릴수록 아이들은 기를 쓰고 학교에 갔다고 한다. 그 때문인지 2남 2녀 모두 초등학교 때 개근상을 탔다.

'건강제일주의'는 부창부수였다. 황병기 선생은 그 정도가 더 심했다. 큰딸 혜경이 고3 때 자정이 넘도록 공부를 하고 있으니 황 선생이 "왜 자지 않느냐"며 야단을 쳤다. 그런데 바로 다음 날이 시험이었다. 이 말을 듣고도 황병기는 "낙제하면 어떠냐? 건강이 제일이지"라고 말하며 전등불을 껐다고 한다. 요즘 자녀를 명문대에 보내려면 "할아버지의 재력, 어머니의 정보력, 아버지의 무관심"이 필수라는 블랙 유머가 있지만, 황병기 선생의 경우는 딸아이의 건강을 염려하는 아버지의 속 깊은 마음이 담겨 있었을 테지만 좀 과하지 않나 싶을 정도다.

'오기 공부법',
하지 말라고 하면 더 기를 쓰고 한다

2남 2녀를 내로라하는 인재로 키운 비결을 묻자 "아무리 생각해도 비결로 꼽을 만한 게 없어요"라고 부부가 하소연하다시피 말한다. 그런데 곰곰이 따지고 보니 그것이 바로 자녀교육의 비결 중 비결이었다. 자녀들을 성공적으로 키운 부모들은 대부분 공부하라는 잔소리를 하지 않는다. 공부하라고 잔소리하기보다 오히려 건강하게 자라고 신뢰받는 사람이 되기를 바란다.

> 가장 훌륭한 지도자는 사람들에게 그 존재 정도만 알려진 지도자, 그다음은 사람들이 가까이하고 칭찬하는 지도자, 그다음은 사람들이 두려워하는 지도자, 가장 좋지 못한 것은 사람들의 업신여김을 받는 지도자다.

노자의 『도덕경』에 나오는 말이다. 자녀교육에서도 부모의 역할이란 어쩌면 가장 훌륭한 지도자처럼 자녀 곁에서 그 존재 정도만으로도 자녀를 이끌 수 있을 때 진정으로 존경받는 부모가 아닐까.

황병기 부부를 여기에 대입하면 바로 최고의 부모에 해당한다. 황병기 부부는 자녀들이 초등학교에 다닐 때부터 비나 눈이 오거나 감기에만 걸려도 건강이 우선이라며 학교에 가지 말라고 붙잡았다. 그럴수록 아이들은 부모의 눈을 피해 학교에 갔다. 공부도 마찬가지다. 황병기 선생이 밤늦게 공부하는 큰딸을 야단친 것처럼 공부를 하라고 하면 자녀들은 오히려 반발심이 생겨 공부를 하지 않으려는 성향이 있다. 반면 공부하지 말라고 하면 오기가 생겨 오히려 더 열심히 한다. 이것이 바로 '오기 공부법'이다. 혹자는 공부는 오기나 질투로 한다고 했다. 아이들의 이러한 심리를 황병기 부부가 잘 이해했던 게 아닐까 싶다.

필자에게 서울대학교를 졸업한 생질이 있다. 고등학교 1학년 때는 성적이 중상위권에 속했는데, 하루는 등교 때 몇 분 지각하는 바람에 교문에서 선도부장 교사에게 걸리고 말았다. 벌로 엎드려뻗쳐를 하고 있는데 자기 반에서 1등 하는 친구도 지각을 하다 걸렸다. 그런데 선도부장 교사의 태도가 생질을 대할 때와 너무 달랐다.

"어이, 1등, 오늘 지각했네. 그래 어젯밤에 너무 늦게까지 공부한 모양이구나. 그만 가봐!"

그때 생질은 크게 깨달았다고 한다. '그래, 공부를 잘하니까 모든 게 용서되는구나!' 그때부터 열심히 공부해서 결국 1등을 했고 서울대학교에 진학했다. 이 경우에서도 확인할 수 있는 것이 공부에는 오기와 질투가 큰 원동력으로 작용할 수 있다는 사실이다. 1등을 해서 교사에게 무시당하지 않겠다는 오기가 생기고, 1등 하는 친구에 대한 질투심이 생기면 그것이 바로 일종의 '목표'가 되는 것이다.

오기로 늘 목표를 높이 세워 민족사관고등학교에 이어 하버드 대학교에 진학한 여학생이 있다. 2004년 민족사관고등학교를 2년 만에 조기 졸업하고 미국의 유명 대학 10곳에 동시에 합격해 화제가 되었던 박원희가 그 주인공이다.

박원희는 중학교에 다닐 때 '수학 못하는 아이'라는 소리를 들었다.

수학 경시 학원 등원 첫날 본 시험에서 38점을 받아 반에서 꼴찌를 한 것이다. 학원 교사에게 수학 못한다고 면박을 당하고, 엄마한테는 정 힘들면 그 학원을 포기하자는 소리까지 들었다. 그때 원희에게 오기가 발동했다.

그때부터 원희는 수학에 매달렸다. 수학 공부는 그날 할 일의 1순위였다. 문제가 아무리 어려워도 답이나 풀이 과정을 보지 않고 끝까지 혼자서 풀어냈다. 도저히 해결되지 않는 문제는 체크해두었다가 수학 교사에게 달려가 묻고 또 물었다. 그렇게 1년간 수학에 매달린 결과 수학에 대한 두려움이 사라지고 수학 도사가 되었다고 한다.

민족사관고등학교에 진학해서도 '민사고의 꼴찌 3인방' 중 하나였다. 중학교 때 아무리 열심히 수학 공부에 매진했어도 전국 수재들이 모이는 민사고에서는 열등생을 면하기 힘들었다. 영어도 마찬가지였다. 다른 아이들은 이틀 만에 영어 원서를 완독하는데 원희는 꼬박 두 주가 걸렸다. 그때부터 매일 밤 10시부터 자정까지 하루 두 시간은 무조건 영어 읽기에 투자했다. 그 결과 한 시간에 겨우 열 페이지 정도 읽던 실력이 3개월 후에는 열다섯 페이지, 6개월 후에는 스무 페이지를 읽을 수 있을 만큼 늘었다. 2학년 1학기가 끝날 무렵에는 시간당 50페이지도 읽을 정도로 실력이 향상되었다.

마침내 원희는 하버드 대학교에 진학했고 5년 만에 경제학 학사와 통계학 석사 학위를 함께 취득하는 ABAM 과정을 마쳤다. 지금은 스탠퍼드 대학교에서 경제학 박사 학위 과정을 밟고 있다.

박원희는 "나는 천재가 아니라 단지 내가 도달할 수 있는 능력 이상의 목표를 잡고 그것을 위해 모든 노력과 열정을 쏟아 부었을 뿐이에요"라고 말했다. 한마디로 최고가 되겠다는 '오기'와 '열정'이 오늘의 박원희를 만들었다는 말이다. 그는 자신의 경험을 『공부 9단 오기 10단』이라는 제목의 책으로 엮어냈다.

자녀에게 공부할 '오기'를 발동시키는 것도 자녀교육의 중요한 기술이다. 물론 박원희처럼 스스로 오기를 발동시킨다면야 더할 나위 없이 좋겠지만.

'엄친아'나 '엄친딸'이라는 말이 유행한 배경에도 자녀에게 오기를 갖게 하려는 의도가 담겨 있을 것이다. 엄마한테서 "엄마 친구 아들은 전교 1등을 하는데 너는 반에서 1등도 못하니?"라는 말을 듣고 기분이 나빠 오히려 공부를 더 안 하는 아이도 있을 테지만 반대로 '그래, 이 얼마나 굴욕이냐. 전교 1등을 하고 말 테다'라고 다짐하는 아이들도 있게 마련이다. 다만 빈정거리는 투로 말하는 것은 금물이다. 아이의 자존심을 상하게 하기보다 자극을 주려는 게 목적이기 때문이다.

그런데 오기를 북돋우려던 것이 자칫 잔소리가 될 수도 있다. 공부를 잘하는 학생치고 부모에게 공부하라는 잔소리를 들으면서 자란 아이는 거의 없다. 공부하라고 잔소리를 하면 할수록 아이는 공부를 안 하게 되는 성향이 있다. 그게 잔소리의 역효과다. 부모 입장이 되면 이게 '마음 따로 말 따로'가 되기 일쑤다. 잔소리를 하고 싶어지면 한 번만 꾹 참아보자. '또 한 번만 참자' 하면서 하루 열 번만 참으면 공부하라는 잔소리는 사라질 것이다.

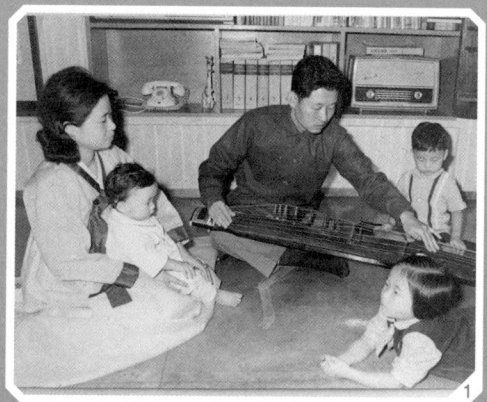

1 2. 막내딸이 태어나기 전인 1967년 황병기·한말숙 부부와 세 아이들. 45년이 지났지만 빛바랜 사진과 달리 그 기억은 어제처럼 느껴지지 않을까. 부부가 만나 아이를 낳고 키우는 것이야말로 가장 평범하면서도 가장 가치 있는 삶이라는 생각이 든다.
3. 황병기의 10대 때 모습. 부산 피난 시절에 가야금을 처음 만나 빠져들었다.
4. 가회동 한옥 집의 어머니 한말숙과 2남 2녀 자녀들. 다시 돌아가고 싶은 그리운 장면이다.
5. 둘째 딸 수경을 안고 있는 한말숙. 아이를 안고 있는 어머니의 모습만큼 아름다운 것이 있을까.

무심한 듯하지만 세심하게!

황병기 부부는 아이들을 학교에 보낼 때도 눈에 띄는 복장은 피하고 되도록 깨끗하고 단정하게 입혔다. 또 멀리 떨어진 사립학교는 피하고 되도록 걸어서 다닐 만한 거리에 있는 공립학교에만 보냈다. 요즘 일부 부모들은 자녀의 기를 살리고 자존감을 키워준다며 가능하면 사립학교에 보내려고 하는데, 황병기 부부는 아이들이 평범하게 자랄 수 있도록 신경을 썼다.

혹시나 유괴의 대상이 될까 싶어 명품이나 눈에 띄는 브랜드 옷도 입히지 않고, 경쟁에 휩쓸려 자칫 자기중심적인 아이로 자라게 될까 싶어 사립학교에도 보내지 않았다. 한말숙 선생은 "우리 부부가 자녀들에게 무심한 듯하지만 꽤 세심하지 않았나 싶어요"라고 말한다. 자녀교육은 유난을 떨기보다 어쩌면 유난을 떨지 않은 편이 낫다는 말로도 들린다. 하지만 이들 부부는 자녀들에게 자신의 위치를 객관적으로 살필 수 있는 조언은 반드시 해주었다. 성적표를 받는 날이면 늘 이렇게 말했다고 한다.

"참 잘했다. 하지만 너희 학교만 해도 중학교와 고등학교를 합해서 여섯 학년이다. 그러니 너희 같은 애들이 여섯 명은 있을 거고, 또 서울에는 학교가 얼마나 많니? 우리나라 전체에는 학교가 또 얼마가 많겠니? 그러니 너희 같은 애들이 몇백 명은 있을 거다. 그리고 전 세계적으로 보면 너희 같은 애가 몇천만 명은 있겠지. 이런 것은 아무것도 아니다."

이렇듯 자녀가 좋은 성적을 받아 와도 자만심에 빠지지 않고 우물 안 개구리가 되지 않도록 이끌어주었다.

가야금의 대가이자 예술인으로서 황병기는 자녀들이 직업과 취미를 구분하도록 가르쳤다. 차남 원묵은 아버지의 음악적인 재능을 물려받았는지 서울대학교 물리학과 재학 시절 음악에 푹 빠져 지냈다. 음악 공부를 제대로 하지 않았는데도 기타 연주와 사물놀이, 작곡과 편곡을 두루 섭렵했다.

서울대학교 언어학과를 나온 한말숙 선생은 취미로 가야금을 배웠고 그것이 인연이 되어 황병기 선생과 부부가 되었다. 서울대학교 음대에서 황병기 선생과 함께 가야금 강사로 학생들을 가르친 적도 있었다. 그런 연유로 서울대학교 음대에 지인이 있었는데, 마침 그 지인이 가르치는 과목을 원묵이 수강했다. 그때 이들 부부는 지인 교수에게 원묵한테 좋은 성적을 주지 말라고 부탁하기도 했다. 혹여 물리학을 포기하고 아예 음악의 길로 나아갈까 염려해서였다.

어머니의 바람대로 원묵은 졸업 후 물리학 석·박사 과정을 밟기 위해 미국으로 갔다. 유학을 가면서도 가야금과 장구를 가지고 갔다. 유학 중에도 '국제학생음악제'에서 외국인들을 이끌고 사물놀이를 지휘했다. 그 정도의 열정과 재능이 있었지만 황병기 선생은 아들이 음악의 길로 가는 것을 막았다고 한다.

"음악은 자다가도 연주할 수 있을 만큼 테크닉과 연습이 중요한데 원묵이의 실력으로는 결코 '넘버 원'이 될 수 없다고 생각했어요. 세계적인 연주가로 톱이 되지 못할 바엔 자기 앞가림하고 밥벌이가 되는 분야를 찾는 게 낫다고 생각했죠."

아버지의 조언대로 원묵은 물리학자가 되었고 음악은 취미로 즐기고 있다.

공부든 취미든
'좋아하는 것'에 미치게 하라

황병기는 1951년 전쟁중에 임시 수도인 부산에서 친구의 권유로 가야금을 처음 접하고 그 매력에 빠져들었다. 친구 홍성화가 "병기야, 너 가야금 배워볼 생각 없니?"라며 건넨 말 한마디가 그의 가야금 인생의 시작이었다. 친구의 제의에 이끌려 찾아간 곳은 일본식 다다미방이었다. 그곳에서 고 김철옥 선생이 연주하는 가야금 소리를 듣고 그는 영혼이 빨려 들어가는 듯한 감동을 받았다.

그가 가야금을 배우겠다고 하자 그의 부모는 반대했다. 그러자 그는 "세계적인 물리학자 아인슈타인도 바이올린을 연주했고 수준급이었지만 물리학을 놓지 않았다. 공부도 더 열심히 하겠다"며 부모님을 설득했다. 그날 이후 가야금은 황병기의 분신이 되었다. 부모님과의 약속대로 그는 서울대학교 법대에 진학했지만 전공 공부를 하면서도 가야금만큼은 손에서 놓지 않았다.

1959년 서울대학교에 국악과가 생겼을 때 황병기는 강의를 맡아 진행했지만 그때도 가야금을 직업으로 생각하지는 않았다. 이후에도 극장과 영화사 등을 운영하며 밥벌이를 했지만 가야금으로는 밥벌이를 하지 않았다. 1974년 이화여자대학교에 국악과가 개설되어 전임교수 제의를 받고 이를 수락하면서 마침내 가야금을 밥벌이로 삼게 된 것이다. 그가 가야금으로 교수가 될 수 있었던 것은 극장을 운영할 때도 사업을 할 때도, 하루도 가야금을 타지 않은 적이 없었기 때문이다.

"그저 좋아하는 일이라 빠져들 수 있었어요. 하루라도 연습을 안 하면 손가락의 굳은살이 풀어져 아파요. 60년 동안 단 하루도 가야금 연주를 쉰 적이 없어요."

'미치지 않으면 미치지 못한다'는 의미의 '불광불급(不狂不及)'이라는 말은 황병기 선생에게 꼭 어울린다. 그리고 불광불급은 그의 자녀에게도 그대로 이어졌다. 장남 준묵과 차남 원묵도 아버지의 성정을 닮았다. 장남 준묵은 현재 고등과학원 교수로 재직중인데 한국 최고의 수학 권위자로 꼽힌다. 2010년 '국가과학자'로 선정되었고, 독일에서 발간되는 세계적인 수학 학술지(『Journal fur die reine und angewandte Mathematik』)의 편집인으로 활동하고 있는데 동양인으로는 처음이다. 그는 현재 또다른 국제 수학 학술지(『Compositio Mathematica』)의 편집인도 맡고 있다. 아버지에 이어 2대에 걸쳐 호암상(학술·예술 및 사회 발전과 인류 복지 증진에 공헌한 사람들에게 수여하는 상)을 수상하기도 했다.

"준묵이의 하버드 대학교 지도교수가 말했대요. '내가 두려워하는 수학자는 머리가 좋거나 지식이 많은 사람이 아니라 나보다 수학을 더 좋아하는 사람이다. 누가 수학을 더 잘하는가는 누가 수학을 더 좋아하는가에 달려 있다'고요."

6. 우리나라 연상연하 커플의 원조이자 '평등부부'로도 유명한 황병기(77)·한말숙(82) 부부. 두 손을 꼭 잡은 부부의 표정이 소년 소녀 같다.
7. 나이를 잊은 듯한 고운 얼굴빛의 한말숙 선생이 자택 1층 서재에서 책을 읽으며 상념에 잠겨 있다.
8. 소설 『아름다운 영혼의 노래』 번역 출간 기념회에서 사인을 해주고 있는 한말숙 선생. 이 소설은 1983년 한국펜클럽에서 노벨 문학상 후보로 추천하기도 했는데 영어, 폴란드어, 프랑스어, 중국어, 체코어, 이탈리아어, 일어, 독일어, 스웨덴어로 번역되었다.
9. 황병기·한말숙 부부가 미국 유학중인 두 아들과 며느리, 손녀들과 함께 음식점 앞에서

황병기 선생은 자신이 좋아하는 일을 찾아 거기에 빠져든다면 세상에 이루지 못할 일이 없다고 말한다. 준묵은 서울대학교 물리학과를 졸업하고 수학으로 전공을 바꾸었다. 아버지가 가야금에 빠져든 것처럼 아들은 수학에 빠져든 것이다. 하버드 대학원 박사 과정에 진학한 그는 '하버드의 공부벌레'들도 두 손 들 정도로 수학에 빠져들었다.

서울대학교에 다닐 때 3학년 2학기에 물리학에서 수학으로 전공을 바꾸기로 결심한 그는 수학 공부에 더 많은 시간을 투자했다. 다른 학생들보다 더 많은 문제를 풀려면 시간을 아껴야 했다. 그는 식당에서 식사를 하고 나면 도서관이나 강의실, 연구실을 뛰어다녔다. 단 몇 분이라도 더 공부하기 위해서였다. 그 자투리 시간이 한 주, 한 달, 1년 동안 쌓이면 어마어마한 시간으로 불어나는 법이다. 그는 친구나 가족과의 식사 약속에도 식사만 하고 자리를 뜬다는 조건이 붙어야 참석했다.

황준묵 교수가 오늘날 '국가과학자'에 선정되고 세계적인 수학 저널의 편집인이 될 수 있었던 비결은 바로 자신이 좋아하는 분야에 미친 듯이 파고드는 '열정'이었다. 아버지가 가야금에 미친 것처럼 아들 준묵은 수학에 미쳤다. 그 아버지에 그 아들이다.

장학금을 받지 못하면
유학 갈 생각을 마라

이들 부부의 두 아들(준묵, 원묵)은 서울대학교를 나와 미국 유학길에 올랐고 두 딸(혜경, 수경)은 이화여자대학교를 졸업했다. 큰딸 혜경은 이화여대에서 문학박사 학위를 취득해 강사를 하다 지금은 전업주부가 되어 자녀를 키우고 있다. 막내딸 수경은 동국대학교 겸임교수다.

황병기·한말숙 부부는 두 아들이 미국 유학을 갈 때 '조건'을 내걸었다.

"국내에서 공부하면 등록금을 대주겠지만 외국으로 유학을 갈 경우에는 장학금을 받아야 한다. 단 한 푼도 대줄 수 없다."

두 아들은 부모의 말에 이의를 제기하지 않고 유학을 준비했다.

"미국에서 공부하려면 적어도 장학금 정도는 받아야 해요. 장학금도 받지 못할 정도의 실력이라면 유학해봤자 소용이 없다고 생각합니다. 그럴 바에는 국내에서 밥벌이를 하며 평범하게 사는 게 낫다는 거죠."

황병기 선생은 "자녀가 유학을 가서 장학금을 받지 못할 실력이라면 굳이 비싼 돈 들여서 유학 갈 필요가 없습니다"라고 거듭 강조했다. 이 말에도 자녀들은 일종의 오기를 가질 만하다. '그래, 부모님 말씀대로 장학금을 받지 못하면 유학을 가지 않겠다. 반드시 장학금을 받고 말 테다.' 이런 다짐을 이끌어내는 것이다. 결국 두 아들은 모두 장학금을 받았고 용돈까지 장학금으로 받으면서 유학을 마쳤다. 황병기 부부는 자녀들의 유학 비용을 한 푼도 보내지 않았다고 한다.

장남 황준묵 교수는 세계 수학계의 오랜 난제였던 '라자스펠트 예상'을 증명한 주인공이기도 하다. 또한 40여 년간 미해결 문제였던 '변형 불변성의 증명'을 1997년부터 2005년까지 9년에 걸쳐 총 100페이지가 넘는 논문 네 편을 통해 완성했다. 그는 "다른 학문과 달리 고대에나 지금이나 똑같은 답을 도출해낼 수 있는 게 바로 수학의 매력"이라고 말한다. 말하자면 수천 년이 흐르고 시대가 변해도 수학은 변치 않는 진리를 담고 있다는 말이다.

차남 황원묵 교수는 아버지처럼 음악에 빠져 지내면서도 보스턴 대학교에서 물리학 박사 학위를 받았다. 현재 텍사스 A&M 대학교에서 바이오메디컬 분야를 가르치며 종신교수로 재직하고 있다.

예의를 엄격하게 가르치되 사랑으로 키워라

소설가와 가야금 대가의 자녀교육은 어쩌면 '무관심'에 가깝고, 이들의 말처럼 비결이 없는 게 오히려 비결이었다. 자녀들의 공부와 관련해서는 '방임형'에 가까웠다. 그런데도 자녀들은 모두 서울대학교와 이화여자대학교에 진학했고 두 아들은 유학을 가서 세계적인 학자로 명성을 떨치고 있다.

이들 부부가 예외적으로 자녀들에게 엄격하게 요구한 것이 하나 있었다. 바로 예의에 관한 부분이다. 연상연하인 이들 부부는 '평등부부'를 생활 속에서 실천하면서 자녀들에게 본보기가 되었다. 예절도 마찬가지였다. 부부 사이에도 예의가 필요한데 서로 사랑하고 존중하는 게 그것이다. 자녀들은 서로 사랑하고 존중하는 분위기 속에서 인간관계에서 요구되는 신뢰를 배우게 된다. 한말숙 선생은 "사랑받고 자란 아이는 나중에 커서도 사랑받는 사람이 될 가능성이 커요"라고 말했다. 사랑을 받으면 그만큼 책임감도 커지므로 힘써 노력한다는 것이다.

가정생활뿐 아니라 사회생활에서도 사랑을 받는 데 절대적으로 필요한 것이 바로 예의라고 이들 부부는 강조했다. 아이들이 잘못을 저지르면 웬만한 것들은 모두 용서해주어도 예의에 어긋나는 일을 하면 따끔하게 혼을 냈다. 사람들 앞에서 발을 쭉 뻗어서는 안 되고, 부모나 어른들이 이야기할 때 끼어들어서도 안 되었다.

한말숙 선생은 "부모는 자녀들에게 때로 종교와 같은 존재여야 합니다. 그렇다고 자녀들이 부모를 무서워해서도 안 되지요"라고 강조했다. 말하자면 엄격해야 할 때와 자애로워야 할 때를 원칙을 갖고 명확하게 지켜야 한다는 말이다. 부모라면 누구나 아는 것이지만 엄격함과 자애로움을 적절하게 보여주면서 자녀를 가르치기란 참으로 어렵다. 하지만 이들 부부는 이를 적절하게 활용하면서 자녀들을 이끌었다.

한말숙 선생은 손자 손녀가 집에 오면 반드시 현관에서 "안녕하셨어요?"라고 큰 소리로 인사하게 하고, 신발은 바깥쪽을 향해 가지런히 벗어두고 손을 씻게 한다. 아이들은 습관이 되지 않아 신발을 가지런히 정리하지 않았다가 할머니에게 주의를 받곤 한다.

"한 번은 손녀가 집에 왔는데 신발을 아무렇게나 벗어던지더라고요. 이때 잘못을 정확하게 지적해주고 고치게 해야 해요. '신발은 그렇게 벗어던지면 안 된다'고 일러주었죠. 예절은 다른 사람을 배려하는 것인 만큼 어릴 때부터 가르쳐야 합니다."

수학 문제 못 푼다고
야단치지 마라

세계적인 수학자는 어떻게 자녀를 가르칠까 궁금했다. 황준묵 교수는 제일 중요한 원칙으로 '공부 안 한다고 야단치지 않기'를 꼽았다. 그의 딸 류경은 초등학교 6학년인데 황 교수는 수학 문제를 숙제로 내주곤 한다. 다른 아이들처럼 숙제를 미뤄놓고 놀기를 좋아하는 딸은 아빠가 퇴근할 무렵에야 전화를 걸어 "아빠, 어디까지 왔어?"라고 묻는다. 아빠가 도착하기 전에 미뤄두었던 숙제를 하기 위해서다. 후다닥 벼락치기로 숙제를 하지만 다 못하기 일쑤다.

황 교수는 딸의 숙제를 검사할 때마다 "푸하하" 하고 웃는다. 숙제를 제대로 하지 않은 딸을 나무랄 수도 없기 때문이다. 야단을 치면 아이들은 주눅이 들고 공부가 더 하기 싫어지게 마련이다. 마지못해 황 교수가 택한 방법이 "푸하하" 하고 먼저 한바탕 웃는 것이다. 그러면 아이도 따라 웃는다. 아빠는 미운 오리 새끼 딸과 한바탕 웃고 나서야 틀린 문제를 지적해주고 다시 풀게 한다.

"웃으면서 틀린 부분을 지적해주면 아이도 자신이 잘못한 부분을 고쳐요. 먼저 야단을 치면 아이도 스트레스를 받고 급기야 수학에 거부감을 가질 수도 있습니다."

요즘은 딸 류경이 "지방대학에 가겠다"고 '공언'하고 다닌다고 한다. 아빠가 세계적인 수학자이고 엄마 송민선 씨는 예일 대학교, 보스턴 대학교 MBA 출신인데, 류경 자신은 명문대에 가지 않겠다는 것이다.

명문대에 가려면 하고 싶지 않은 과목을 공부해야 하기 때문이란다.

황병기·한말숙 부부의 삶과 자녀교육을 되짚어보면서 일이든 공부든 취미든 '좋아하는 것'을 하는 것이야말로 개인과 가정을 행복하게 만드는 핵심이라는 생각이 든다.

'한 집안의 유전적인 DNA는 어느 정도 이어질까?' 여러 집안을 취재할 때마다 되묻곤 하는 질문이다. 황병기·한말숙 부부는 소설가와 예술가 부부답게 그들의 문학적인 재능과 음악적인 재능이 2대, 3대에까지 이어지고 있었다.

황준묵 교수의 딸 류경은 판타지 소설 등 문학에 푹 빠진 책벌레다. 어쩌면 류경도 할아버지나 아버지처럼 자신이 좋아하는 분야를 찾아 불광불급의 경지에 막 들어가고 있는지도 모를 일이다.

황병기 선생의 장녀인 혜경의 아들 김호중은 초등학교 6학년 때 『웃음』이라는 책을 펴냈는데, 철학·신화·시·소설·기행문·영문 글 등이 다채롭게 실려 있다.

> 글쓰기는 내가 가장 좋아하는 일 중 하나다. 부모님은 내가 밖에 나가 뛰어놀기를 원하시지만, 나는 컴퓨터게임을 하거나 글을 쓸 때 가장 즐겁다. 글쓰기도 컴퓨터게임처럼 상상의 세계 속에서 마음껏 뛰어노는 놀이이다.

초등학교 6학년생이 쓴 글이라고는 믿어지지 않을 정도의 필력이다. 소설가인 할머니의 문학적인 재능이 손자 손녀에게 이어지고 있는 것 같다.

사람의 생명은 결코 나의 힘 때문이 아니라 모든 죽은 혼과 살아 있는 혼과 눈에 보이지 않는, 그 무엇의 사랑의 힘 때문에 혹은 그 의지 때문에 지탱하고 있는 것이 아닐까.

한말숙 선생은 『아름다운 영혼의 노래』를 쓰면서 이렇게 서문을 적었다. 수많은 유산을 남긴 명문가들을 살펴볼 때면 한말숙 선생의 언표처럼 간혹 그 어떤 '보이지 않는 힘'이 작용하고 있다는 생각에 사로잡히곤 한다.

**명문가에서 배우는
큰 인물 만드는 비법 7**

세계적인 수학자와 물리학자를 만든
'오기 공부법'

"내가 두려워하는 수학자는 머리가 좋거나 지식이 많은 사람이 아니라 나보다 수학을 더 좋아하는 사람이다. 누가 수학을 더 잘하는가는 누가 수학을 더 좋아하는가에 달려 있다."

이는 황준묵 교수의 하버드 대학교 재학 시절 지도교수가 그에게 한 말이라고 한다.

아는 것은 좋아하느니만 못하고 좋아하는 것은 즐기느니만 못하다.
知之者 不如 好之者 好之者 不如 樂之者

『논어』에 나오는 이 말은 황준묵 교수의 수학 사랑에 그대로 적용된다. 황준묵은 물리학을 전공했지만 결국 자신이 좋아하는 수학에 빠져들었고 '국가과학자'로 인정받았다. 아버지 황병기 선생이 가야금에 빠져 서울대에서 법학을 전공했지만 결국 가야금의 대가가 된 것처럼 말이다. 그런데 황준묵 교수에 버금갈 정도로 수학을 좋아했던 사람이 한

명 더 있었다. 황 교수가 하버드 대학교에 다닐 때 교수로 재직했던 히로나카 헤이스케다. 『학문의 즐거움』의 저자인 그는 일본의 교토 대학교에서 수학을 공부하고, 1960년 하버드 대학교에서 박사 학위를 취득한 뒤 1968년부터 1992년까지 하버드 대학교에서 교수로 재직했다. 황준묵은 박사 과정 때 히로나카의 강의를 들었다.

두 사람은 모두 처음부터 수학을 전공하지는 않았다는 공통점이 있다. 히로나카는 음악을 전공하려다 교토 대학교에 들어가면서 수학으로 전공을 바꾸었고, 황준묵은 서울대학교 물리학과에 다니다가 수학으로 전공을 바꿀 결심을 하고 3학년 2학기부터 수학 공부를 시작했다.

그런데 또 우연하게도 황준묵과 히로나카의 아버지들의 교육철학도 매우 닮았다. 둘 다 아들이 공부를 제대로 하도록 독특한 방식과 조건을 내세웠다. 즉 "장학금을 받지 못하면 해외 유학을 가지 말 것"과 "대학은 공부하지 않고도 합격할 수 있는 사람만이 가는 곳"이라는 가르침이 그것이다.

히로나카의 아버지는 아들이 대학에 가려고 하자 "대학은 공부 안 하고 시험 봐도 합격하는 사람이 가는 곳"이라며 일만 시키면서 상인으로 키우려고 했다. 그의 아버지는 입시 준비생인 아들을 밭으로 데리고 나가 일을 시키기 일쑤였다. 틈만 나면 심부름을 시켜서라도 공부를 못하게 했다. 히로나카는 조그만 책상을 들고 아버지의 눈에 띄지 않는 장소, 예를 들면 이불장 같은 데 들어가서 손전등으로 불을 밝히고 책을 봐야 했다. 대학 입시 일주일 전까지도 아버지는 아들에게 밭일을 시켰다.

대학은 공부를 하지 않고도 합격할 수 있는 사람만이 가는 곳이라고 생각한 아버지는 아들이 그것을 입증해주기를 바랐는지도 모른다. 결국 히로나카는 교토 대학에 합격해 입학할 수 있었고, 하버드 대학으로 유학을 가 세계적인 수학자가 되었다.『학문의 즐거움』으로 세계적으로 잘 알려진 히로나카의 수학에 대한 열정과 학문적인 성취는 후학들에게 고스란히 전달되었을 것이다.

> 인간은 140억 개나 되는 뇌세포 중에서 보통 10퍼센트, 많아야 20퍼센트밖에 사용하지 않는다고 한다. 잠자고 있는 세포들을 사용하기 위해서는 남보다 두세 배의 시간을 투자할 수밖에 없다.

히로나카는『학문의 즐거움』에서 이렇게 말한다. 공부하는 학생이나 꿈을 이루고자 하는 이들이라면 이 말을 마음속 깊이 새겨야 할 것이다. 히로나카가 강조한 '끈기'야말로 공부의 왕도에 이르는 제1의 덕목이다.

유학을 가려면 장학금을 받고 가라는 황병기 부부의 자녀교육은 돈으로 자식을 가르치려는 부모들에게 더없이 훌륭한 지침이 된다. 물론 모든 자녀가 장학금을 받아가며 유학을 할 수는 없지만 해외 유학을 가려고 한다면 부모에게 의지하지 않고 공부를 해내겠다는 자세만큼은 가져야 한다.

그런 자세로 살아야만 공부도 잘할 수 있고 유학도 성공적으로 해낼 수 있을 뿐만 아니라 사회에 나가서도 성공할 수 있다. 요즘 직장에도 툭하면 '때려치우겠다'는 어린애 같은 어른들이 흔한 이유는 바로 의존적인 아이로 키운 부모들의 잘못에 있다.

    미국이나 캐나다와 같은 나라에서는 자녀가 고등학교를 마치면 대부분 부모에게서 독립해 아르바이트를 하면서 학비를 벌어 대학에 다닌다. 그것이 그들의 문화다. 오바마 대통령 역시 등록금을 빌려서 학교에 다녔고 8년 전에야 겨우 다 갚을 수 있었다고 고백했다. 한국은 문화적인 차이로 그렇게 하지 않지만 청소년기부터 홀로서기를 하는 그 태도와 정신만은 배울 필요가 있겠다. 자녀의 홀로서기를 옆에서 묵묵히 지켜봐주는 것, 그것이 최고의 자녀교육법이다.

자녀를 외교관으로 키우고 싶은 부모에게

현대 명문가의 자녀교육 8

조지훈 가

시인·전 고려대 교수

'공부 스트레스'를 이겨내고 글로벌 인재가 되는 법

신념과 자기주장이 강한 아버지가 리더를 만든다

조지훈 가에서 배우는 자녀교육법 7

1. 자녀에게 '등대'와 같은 아버지가 되어라
2. 신념과 자기주장이 강한 아버지가 되어라
3. 평생 영향을 미치는 '아버지 요인'을 인식하라
4. 내리사랑은 언젠가 가슴으로 느끼게 마련이다
5. '초반의 실패'가 인생의 큰 밑천이 된다
6. 기회에는 부담이 따르는 법, 용기를 갖고 도전하게 하라
7. 세계를 무대로 뛰게 하라

성북동 자택 서재에서 글을 쓰던 조지훈 시인. 자녀들은 아버지 조지훈을 떠올릴 때면 이 사진이 제일 먼저 생각난다고 한다.

'자녀교육은 아버지한테 달렸다.' 이는 영국 옥스퍼드 대학교의 자녀양육연구소에서 내린 결론이다. 자녀양육연구소는 1958년에 태어난 1만 7,000명의 성장 과정을 40년간 추적 조사한 결과, 아버지의 자녀 양육 참여도가 훗날 자녀의 학업 성적과 '밀접한 관계'가 있는 것으로 나타났다고 밝혔다. 아버지가 자녀의 성장과 교육에 적극적일 경우 자녀는 학업 성적도 좋고 사회생활과 결혼 생활도 성공적으로 해나간다는 것이다. 이혼 등의 이유로 자녀와 별거중인 아버지라도 따로 만났을 때 책을 읽어준다든가 숙제하는 것을 도와주는 등의 방법을 통해 자녀에게 긍정적인 영향을 미칠 수 있다고 한다. 이 연구 결과만 봐도 아버지가 자녀 양육에 매우 지대한 영향을 끼친다는 것을 알 수 있다.

인생에서 아이와 함께 보내는 시간이 많을 것 같지만 인생은 결코 길지 않고 아이들도 금세 자란다. 아이들은 중학생이 되면 그때부터 자신만의 '동굴' 속으로 들어가려 한다. 초등학교 6학년쯤만 되어도 아이는 자기 방에서 나오려 하지 않고 그 방문을 열기도 쉽지 않다. 옥스퍼드 대학교의 연구 결과나 교육 전문가들의 말을 빌리지 않더라도 아이와 소통을 잘하는 가장 기본적인 원칙은 다름 아닌 아이와 함께 많은 시간을 보내는 것이다.

그러나 대부분의 아버지들이 아이와 보내는 시간은 고작 해야 하루 10분을 넘기지 못하며, 더욱이 아이가 사춘기에 접어들면 대화의 문마저 닫아버리곤 한다. 물론 마음으로는 자녀와 보내는 시간을 가장 우선적으로 배정해 놀이나 운동을 함께 하며 많이 부대끼고 싶어하는 아버지들도 많다. 문제는 대다수 아버지들이 그러한 의지가 있음에도 직장이나 업무로 인해 자녀와 시간을 보내기가 쉽지 않다는 것이다. 그렇다면 성공적인 자녀교육을 위해서는 이러한 현실을 어떻게 극복해야 할까. 그 해답을 「지조론」과 「승무」라는 시로 잘 알려진 조지훈의 가문을 통해 알아보자.

자녀에게 '등대'와 같은 아버지가 되어라

조태열 외교부 개발협력대사(차관급)는 자신을 이끌어준 최초이자 최고의 스승으로 아버지를 꼽는다. 조 대사의 아버지는 바로 지훈 조동탁(1920~1968) 시인이다. 그는 「지조론」에서 이렇게 갈파한다.

지조가 없는 지도자는 믿을 수가 없고, 믿을 수 없는 지도자는 따를 수가 없기 때문이다. 자기의 명리만을 위하여 그 동지와 지지자와 추종자를 일조에 함정에 빠뜨리고 달아나는 지조 없는 지도자의 무절제와 배신 앞에 우리는 얼마나 많이 실망하였는가.

「지조론」에는 우리 시대의 지도자에게 요구되는 중요한 덕목이 담겨 있다. 질곡의 우리 역사를 반추하면서 민족을 이끌 리더의 자질을 설파한 이 글의 울림은 지금도 여전하다. 시공간을 뛰어넘는 진리를 담고 있기 때문이다. 또한 이 글은 조지훈의 후손들에게도 최고의 인생 지침이 되기에 충분하다.

조지훈 시인은 3남 1녀를 두었는데 자녀들은 하나같이 자신들의 길을 밝혀준 멘토로 '아버지'를 꼽았다.

"아버지는 가족을 위해 사셨다기보다 제자들, 친구들, 시와 학문, 그리고 몸담으셨던 학교, 나아가서는 나라에 더 큰 사랑을 쏟으셨다고 하는 게 더 맞는 말이 아닐까요. 그럼에도 불구하고 돌이켜 보면 아버지는 제가 본 사람들 중에서 가장 훌륭한 분이었고 가장 멋있는 분이었다고 생각합니다."

장남 광렬은 아버지 조지훈을 이렇게 기억했다. 그는 건축사로 일하다가 지금은 미국에서 칼럼니스트이자 수필가로 활동하고 있다. 2007년에는 아버지 삶의 궤적을 더듬으며 『승무의 긴 여운 지조의 큰 울림: 아버지 조지훈, 삶과 문학과 정신』이라는 책을 펴냈다.

"남보다 훨씬 짧은 생을 사셨음에도 불구하고 크고도 긴 발자취를 남기신 아버님에 대한 존경심이 더욱 커지고 있습니다. 최소한 아버님의 삶의 무게를 훼손하거나 명성에 누가 되는 일은 하지 않았다는 것으로 자위하고, 제가 몸담고 있는 분야에서만이라도 발자취를 남기고 가야겠다는 다짐을 하게 됩니다."

막내아들 태열의 말이다. 그에게 아버지는 외교관의 길을 가는 데 언제나 등대와 같은 존재였다.

자녀에게 물질적인 부를 물려주는 것보다 정신적인 양식을 물려주는 것이야말로 최고의 선물이다. 물질적인 부는 뜬구름과 같아서 쉽게 사라져버릴 수 있지만 '아버지의 글'과 같은 정신적인 양식은 마음속에 오래도록 남아 올바른 길로 인도하는 등대의 역할을 하기 때문이다.

요즘 '멘토'라는 말이 많이 회자되는데, 멘토는 물질적인 부가 아니라 정신적인 양식을 나누어 주는 존재를 일컫는다. 부모는 칠흑 같은 바다의 어둠을 밝히는 등대처럼 자녀의 긴 인생 항해에 든든한 등대의 역할을 해주어야 한다.

자녀는 등대와 같은 아버지의 존재가 있다는 사실만으로도 안심하고 항해를 해 무사히 목적지에 도착할 수 있다. 아버지가 어머니와 달리 자녀에게 '생존의 기술'에 대해 더 많이 잔소리를 하는 이유도 자녀에게 삶의 등대가 되어줄 원칙과 지혜를 들려주기 위해서일 것이다.

신념과 자기주장이 강한
아버지가 되어라

조태열 대사는 아버지가 「지조론」에서 강조한 정신을 항상 마음에 되새기며 부끄럽지 않은 사람이 되겠다고 다짐했다고 한다. 조지훈은 자녀들에게 살가운 마음을 담은 편지를 자주 쓰지는 않았지만 자녀들은 아버지가 남긴 글을 접하면서 삶의 등대로 삼았다.

조지훈의 「지조론」은 불의에 굴하지 않는 '차가운 지성'을 상징한다. 물론 조지훈의 삶도 「지조론」에 그대로 투영되어 있고 그의 정신은 행동으로도 고스란히 표출되었다.

> 사랑하는 젊은이들아
> 붉은 피를 쏟으며 빛을 불러 놓고
> 어둠 속에 먼저 간 수탉의 넋들아
> 늬들 마음을 우리가 안다
> 늬들의 공을 온 겨레가 안다.

1960년 5월 3일 〈고대신문〉 1면에 독재 정권에 맞서 싸우다가 피를 흘린 제자들에게 바치는 스승의 헌시가 실렸다. 제목 '늬들 마음을 우리가 안다'에 '어느 스승의 뉘우침에서'라는 부제가 달렸다. 이 시를 쓴 사람이 당시 고려대학교 문과대 교수였던 조지훈 시인이다. 이 시는 4·19혁명 직후 서슬 퍼런 시기에 쓰여졌다. 이 시에서 보듯 조지훈 시인은 비겁한 것을 가장 싫어했다. 그는 "우리는 언젠가는 죽어야 하고 죽음에도 여러 가지가 있겠지만 죽는 까닭과 죽는 태도가 중요하다"고 제자들에게 강조하곤 했다.

지조를 중시한 조지훈 시인의 정신은 자녀들에게도 무언의 가르침이 되어 그들의 진로에도 영향을 미쳤다. 외교관이 된 조태열 대사는 고등학교 시절 신문기자를 꿈꾸었다. 언론인이 되어 한국 사회를 정의롭고 반듯한 민주 사회로 만드는 데 기여해야겠다는 뜻을 품었는데 고2 때 유신헌법이 선포되는 바람에 꿈을 접었다. 박정희 대통령이 유신을 선포하면서 신문과 방송 등 언론의 자유가 크게 위축되었던 것이다. 기자들은 서슬 퍼런 권력 앞에 암울한 정치 현실을 비판하지 못했다. 언론인들에게는 굴욕의 시간이었다.

조태열 대사가 언론인이 되었다면 그 역시 독재 정권에 저항하지 못한 채 굴욕을 감내해야 하는 언론인으로 지낼 수밖에 없었을 것이다. 그가 언론인의 꿈을 포기하기까지는 결코 비겁하게 살지 말라던 아버지의 암묵적인 가르침이 작용하지 않았을까. 조 대사는 "아버지로 인해 늘 남 앞에서 당당하고 스스로에게 떳떳한 인물이 되어야 한다고 다짐하며 살고 있다"고 말했다.

잔정 어린 살가운 추억과 통속적 재미, 재산은 남겨주시지 못하셨지만 그 대신 고상한 정신을 듬뿍 선물로 주신 아버지, 당신이 추구하는 것이 옳다면 왜 그것이 옳고 좋은가를 말씀 대신 몸소 몸으로 보여주신 아버지……. (조광렬, 『승무의 긴 여운 지조의 큰 울림』 중에서)

장남 광렬은 "글과 말과 행동의 삼위일체로 '혼이 깃든 가르침'을 남겨주셨다"면서 "당신은 우리들의 거울이란 걸 늘 염두에 두고 사셨다"고 아버지를 회고했다. 아버지 조지훈은 자녀들이 늘 자신의 얼굴을 비춰볼 수 있는 거울과 같은 존재였던 것이다.

평생 영향을 미치는 '아버지 요인'을 인식하라

'나는 절대로 문인이나 교수는 하지 않겠다.'

장남 광렬은 중·고교 시절 돈을 많이 벌어 오지 못하는 아버지에 대한 반항심에서 이렇게 결심했다고 한다. 지금과 달리 그가 청소년기를 보낸 1960년대에는 대학교수의 월급이 적었다. 부자 아버지를 둔 친구들은 좋은 시계를 차고 다녔는데 그의 아버지는 값싼 시계조차 사주지 못했다.

하루는 하굣길에 이웃 고교 학생들과 패싸움이 벌어졌고 광렬은 눈언저리가 시퍼렇게 멍이 들었다. 경찰서에 끌려 간 그는 자신을 구타한 학생을 처벌하지 않는 대신 합의금을 받았다. 그 합의금으로 평소에 갖고 싶었던 고급 시계를 사서 손목에 찬 채 집으로 갔다. 아버지가 자초지종을 묻자 광렬은 낮에 있었던 일을 설명하고 그 시계를 자랑스럽게 보여드렸다.

광렬은 "그때 아버지의 얼굴에 번지던 쓸쓸함과 연민 어린 눈빛을 평생 잊을 수가 없다"고 말했다. 자식이 그토록 갖고 싶어했던 시계를 사주지 못한 자책감과 함께, 철없는 자식에 대한 가여운 마음이 뒤섞인 착잡한 기색이 역력했기 때문이다.

광렬은 결국 아버지의 바람과 달리 홍익대학교 건축미술학과를 선택했다. 당시 그는 예술을 하면서도 경제적으로 안정을 누릴 수 있는 직업이 건축가라고 생각했다. 이 역시 경제적으로 넉넉하지 않았던 아버지에 대한 반감이 작용했다. 당시 아버지 조지훈은 장남이 석고상을 사오자 마당에 내동댕이쳤다고 한다. 하지만 '자식 이기는 부모 없다'는 말처럼 조지훈은 친구이자 당시 서울대학교 미대 교수인 서양화가 손동진에게 장남의 과외를 부탁했다. 광렬은 손 교수의 지도 덕분에 홍익대학교에 합격할 수 있었다. 부모의 내리사랑은 이런 것이다.

차남 학렬도 늘 아버지의 삶과는 다른, 경제적으로 풍족한 생활을 원했다. 학렬은 동국대학교 경영학과에 진학했고 훗날 사업가가 되었다. 다만 막내 태열은 돈에 별 관심이 없었는데, 공직을 선택한 것에서도 알 수 있듯 형제간의 성격 차이가 드러난다.

그런데 장남 광렬은 건축가로 활동하다가 60세에 이르러 결코 가지 않겠다던 문인의 길에 들어섰다. 2004년 『문예운동』에 수필로 등단한 것이다. 그는 고교 시절 시를 습작하기도 했다. 아들의 글을 몰래 본 아버지는 아내에게 "광렬이가 글솜씨는 있는 것 같다"고 말했다고 한다. 석고상을 내동댕이친 것도 어쩌면 아들의 재능이 아까웠기 때문일 것이다. 아버지에 대한 반항심에서 시와 글쓰기를 멀리했지만 그는 결국 아버지의 뜻대로 늦깎이 문인의 길로 들어섰다.

----

1. 서예가이자 화가로 활동한 조지훈의 미망인 김난희 여사가 쓴 「승무」의 한 구절
2. 서울대 법대 재학 시절의 조태열과 친구들
3. 조태열은 지금도 성북동의 작은 한옥에 살던 어린 시절을 기억한다. 옛 골목과 한옥들이 점점 사라져가는 서울은 어린 시절의 추억마저 앗아가는 듯하다. 골목이 없는 아파트에 살다 이사를 가면 그곳에서의 기억은 이내 잊히고 마는 것 같다.
4. 초등학교 졸업식 때 상을 받고 있는 조태열. 늘 전교 1등을 놓치지 않았지만 중학교와 고등학교, 대학교에 진학할 때 세 번 모두 실패를 경험했다. '인생은 내 마음대로 되지 않는다'는 생각이 들었다고 한다.
5. 국제회의에 참석해 국가를 대표하는 외교관은 영어뿐 아니라 제2,제3 외국어에 능통해야 하고 각국의 역사와 문화에 대한 이해는 필수다.

흔히 아들은 "아버지를 닮지 않겠다"고 하고, 딸은 "엄마처럼 구질구질하게 살지 않겠다"고 말한다. 이런 생각을 갖는 데는 특히 유년 시절 부모의 영향이 크다. 또는 이런 말을 입에 담는 부모 밑에서 자라 어느새 그 자녀도 자신도 모르게 부모가 한 말을 따라 하다 놀라곤 한다.

누구나 사회생활을 하면서 자신이 하는 말이나 느끼는 감정이 아버지를 생각나게 해서 깜짝 놀란 경험을 해본 적이 있을 것이다. 대개 사람들은 아버지가 자신에게 말했던 방식 그대로 말하고, 때로는 똑같은 말투와 표현을 쓴다. 이처럼 아버지란 존재는 평생토록 자녀들에게 영향을 미치는데, 미국의 저명한 임상심리학자 스테판 B. 폴터는 이를 '아버지 요인(father factor)'이라고 규정했다.

> 어떤 사람들은 아버지가 자신의 진로와 직장 생활에 영향을 준다는 말을 받아들이려고 하지 않는다. 그러나 지금 성인이 된 자녀들이 사회생활을 하면서 겪는 문제들의 근원을 추적해보면 아버지의 영향이 아주 크다.
> (스테판 B. 폴터, 『모든 인간관계의 핵심요소 아버지』 중에서)

'아버지 요인'이란 우리 각자의 마음속에 자리 잡고 있는 아버지의 태도·행동·가치·직업윤리 등을 의미한다. 폴터는 "아버지 요인은 의식적·무의식적으로 우리의 직업 선택과 경력의 축적을 결정하는 기초로 작용할 뿐 아니라 우리가 개발하고자 하는 능력과 의미 있는 인간관계를 형성하는 힘에도 결정적인 영향을 미친다"고 강조했다. 아버지란 존재는 살아 있을 때뿐 아니라 죽어서도 자녀에게 영향을 미치는 것이다.

폴터에 따르면 자녀에게 큰 영향을 미치는 아버지 요인 중 하나가 아버지의 '죽음'이다. 남녀노소를 불문하고 사람들은 아버지의 죽음을 이야기하면서 자신이 얼마나 많은 영향을 받았는지 깨닫고 놀라워한다. 아버지와 친밀하게 지내지 못한 사람이라고 해서 예외는 아니다. 성인이 된 자녀들도 아버지가 돌아가신 후에 자신의 진로에 회의를 느끼고 돌이켜 심사숙고하는 일이 흔하다. 자기가 좋아했던 일이 갑자기 사소하고 의미 없어 보이기 시작하는 것이다. 몇 년이 지나도 아버지의 죽음은 여전히 대단한 힘과 영향력을 유지한다. 예를 들어 아버지가 돌아가신 지 한참이 지났는데도, 직업을 바꾸려고 고민할 때 마음속에서 '난 그렇게 쉽게 포기하는 자식을 둔 적이 없다'고 속삭이는 아버지의 목소리를 듣는 경우가 많다고 한다.

내 아버지는 역할 모델이 될 만한 사람도, 닮고 싶은 사람도 아니라고 생각할 수도 있다. 이 경우 생각의 이면에 깔려 있는 분노와 화로 인해 많은 아들딸들이 나이에 상관없이 아버지와 전혀 다른 직업을 갖고자 애쓴다. 이러한 방식의 진로 선택은 어렸을 적 가정에서의 고통스러운 경험에 대한 반응일 수 있다. 이런 사람들은 직장 생활에서 극단적인 공격성과 냉담함을 보이기도 한다.

'아버지 요인'은 자녀의 인생에 도움이 될 수도 있고 방해가 될 수도 있다. 어떤 방향으로 작용할지는 전적으로 아버지 요인을 이해하고 인식하느냐 아니면 그것을 무시하느냐에 달렸다. 그래서 폴터가 말하는 다음의 말은 가슴으로 되새겨볼 필요가 있다.

6. 조태열의 초등학교 졸업식
7. 돌을 맞은 막내 태열과 어머니 김난희
8. 성북동 자택의 어머니 김난희와 3남 1녀 자녀들
9. 조지훈 부부와 딸 혜경, 막내아들 태열

남자나 여자나 어느 정도 나이를 먹으면 더이상 아버지에게 인정받고 싶어지지 않는다는 말이 있다. 이는 거짓이다. 나이에 관계없이 우리 모두는 아버지의 인정을 바란다.

내리사랑은 언젠가
가슴으로 느끼게 마련이다

어린이날이나 크리스마스 같은 날 작은 선물을 주신 적도 없다. 내 손을 꼭 쥐고 산책이나 나들이를 해주신 기억도 없다. 품에 껴안아주고 머리를 쓰다듬어주신 기억도 없다. 아버지와 함께 산이나 바닷가로 여행 가서 며칠 밤 자고 온 추억도 없다. 캠핑이나 낚시를 가본 적도, 스케이트를 함께 타러 가본 적도 없다. 초등학교부터 대학교 졸업식 때까지 졸업식에 오셔서 축하해주신 적도 없다. '이제 너도 세상에 나가야 하니 이 돈으로 양복이나 한 벌 해 입어라' 하시며 선뜻 돈을 건네주신 적도 없다.

장남 광렬은 『승무의 긴 여운 지조의 큰 울림: 아버지 조지훈, 삶과 문학과 정신』에서 "나는 아버지의 그늘 아래 살았던 짧은 시절을 회상하며 왜 이렇게 '있다'는 말보다 '없다'는 이야기만 늘어놓고 있는가"라며 회한에 잠겼다. 하지만 조지훈은 아들의 석고상을 내동댕이쳤지만 뒤늦게나마 아들이 미술의 기초 실력을 제대로 닦을 수 있게 친구에게 아쉬운 말을 해가면서 과외를 부탁한 '아버지'였다. 아버지 조지훈의 정은 짙고 깊었다.

　　로버트 블라이가 쓴 『무쇠 한스 이야기』에 따르면, "마흔이나 마흔 다섯 살 정도 되면 아버지에게 자연스럽게 이끌린다. 아버지를 정확히 보고, 아버지에게 다가가려는 욕구가 생긴다"고 한다. 마흔이 넘어서야 자녀들은 부모의 내리사랑을 가슴으로 이해하게 되는 게 아닐까. 하지만 자녀들이 마흔이 넘으면 많은 부모가 세상을 떠나고 없다. 장남 광렬도 아버지가 돌아가시고 한참 후인 45세를 넘겨서야 아버지에게 마음으로 다가갈 수 있었다.

　　부모의 마음을 자녀가 가슴으로 느낀다면 자녀교육은 이미 절반의 성공을 거둔 것이나 다름없다. 부모가 자녀를 사랑하는 마음을 전달하는 데 꼭 필요한 것이 가슴으로 전하는 따뜻한 '글'이라고 할 수 있다. 글과 달리 말은 상대를 보고 하는 것이어서 자칫 감정이 앞서 상처를 주기 쉽다. 하지만 자녀에게 쓰는 글에는 아무래도 자녀에게 전하고 싶은 인생의 깊은 의미들이 배어 있게 마련이다.

　　자녀에게 말로 잔소리를 하기보다 가능하면 편지나 일기와 같은 글을 써서 전하는 마음이야말로 더 큰 울림을 줄 수 있다. 굳이 자녀에게 직접 전하지 않더라도 일기로 남겨둔다면 훗날 자녀가 그 글을 보게 되었을 때, 그 울림은 말로 표현하기 힘들 만큼 클 것이다. 물론 부모가 자신의 삶의 원칙이나 철학을 담은 책을 낸다면 더 이상적이겠지만.

　　소설가 최인호는 어머니가 쓴 편지를 15년 만에야 읽고 하염없이 눈물을 흘린 적이 있다고 고백했다. 그의 어머니가 누님이 사는 미국을 방문했을 때 아들인 자신에게 부친 편지였다. 당시 최인호는 무슨 연유인지는 몰라도 편지가 왔는데도 읽지 않고 그냥 서랍 속에 넣어두었다고 한다. 어머니가 쓴 편지를 어머니 생전에 보지 못하고 돌아가시고 난 다음에야 우연히 서랍을 정리하다가 발견해 읽었다고 한다. 그리고 그 편지를 통해 그제야 비로소 최인호는 어머니의 '마음'을 가슴으로 이해했다. 어머니가 편지를 쓴 지 15년 만에 답장을 썼는데 그때는 이미 어머니가 세상에 없었다.

초반의 실패가
인생의 큰 밑천이 된다

조지훈의 막내아들 태열은 중·고교는 물론 대학교에 진학할 때까지 세 번 모두 실패를 경험했다. 늘 전교 1등을 놓치지 않은 우등생이었지만 입시에는 운이 없었던 모양이다. 태열은 입학시험을 보고 경기중학교에 들어간 마지막 세대였는데, 입시 지옥이 따로 없었다. 초등학교 6학년 때 벌써 새벽에 집을 나가 6시부터 수업을 받았다. 이른바 '0교시'에 앞서 '-1교시' 수업이 있었던 셈이다. 일주일에 시험을 다섯 번씩 치렀고, 1년 내내 시험의 연속이었다. 그가 6학년 때 거의 매일 치른 시험에서 틀린 문제는 겨우 다섯 개뿐이다. 경기중학교 입시에서는 한 문제만 틀려도 안정권이 아니었다.

그런데 전교 1등을 독차지하던 태열은 경기중·고교 입시에서 그만 떨어지고 말았다. 그래서 후기인 중앙중·고교에 진학했고 서울대는 재수해서 들어갔다. 그때 그는 '인생은 내 마음대로 되지 않는다'는 생각이 들었다고 말했다. "초등학생 때만큼 공부를 열심히 한 적이 없어요. 전력을 다해서 노력했습니다. 그런데 경기중학교 입시에서 떨어졌어요. 열두 살 나이에 처음으로 좌절감을 맛보았어요. 고교 입시와 대학 입시에서도 또 좌절의 쓴잔을 마셨고요. 그러면서 안하무인이고 깐깐했던 제 성격이 차츰 변하기 시작했어요. 실패가 약이 된 셈이죠."

인생 초반인 10대에 실패를 경험한 덕인지 20대가 되어서는 시험 운이 좋았다. 서울대학교 법대 4학년 때 응시한 외무고시 1차에 합격하고 이듬해 최종 합격을 했다. 서울대학교 대학원 법학과에도 무난히 합격했다. 1979년 공직에 들어서 외교관으로 근무하면서 1982년에는 옥스퍼드 대학교 연수의 기회도 얻었다. 그는 "초반의 실패를 거울 삼아 꿈을 찾아 포기하지 않았고, 실패를 해도 다시 일어설 수 있는 힘도 얻었어요"라며 "외교관으로서 지구력이 필요한 외국과의 협상 때도 큰 힘이 되었습니다"라고 말했다.

조 대사는 한국 최초로 세계무역기구(WTO) 분쟁 패널 재판장을 역임했다. 그것은 어쩌면 중학교 입시의 좌절 때부터 스스로를 채찍질하며 도전한 결과로 얻은 일종의 '훈장'인 셈이다. 조 대사는 실패를 거듭하면서도 언제나 최고가 되겠다는 각오로 절차탁마(切磋琢磨)했다. 그는 "누구에게나 인생에 기회는 최소한 두어 번 찾아오게 되어 있지만 기회는 준비된 사람만이 붙잡을 수 있는 것이므로 자신의 분야에서 최고가 되겠다는 각오로 부단히 자신을 갈고 닦아야 합니다"라고 강조했다.

기회에는 부담이 따르는 법, 용기를 갖고 도전하게 하라

"대부분의 기회는 도전을 함께 수반하는데 그 도전을 피하면 기회도 비켜 간다는 것을 명심해야 해요. 자신이 감당하기 어려운 도전이라 하더라도 용감히 마주 설 때 그 기회가 온전히 내 것이 되며, 도전을 극복한 후에는 조금씩 성장한 자신의 모습을 발견하게 됩니다."

조 대사는 "기회란 준비가 되어 있는 상태에서 오는 것이 아니며 반드시 도전과 함께 와요"라면서 "또한 도전에는 부담이 함께 따르고 용기를 내지 않으면 기회를 놓치게 됩니다"라고 강조했다. 그의 외교관 생활은 도전의 연속이었다.

"내 능력은 8이나 9인데 12를 발휘하라고 요구받을 때가 있어요. 이때 두려움을 떨쳐내고 과감하게 도전하지 않으면 기회를 잃을 수 있습니다. 기회가 오면 용기 있게 도전해야 자신을 성장시킬 수 있습니다."

기회와 도전에 대한 이러한 태도 덕분에 조 대사는 주 스페인 대사와 통상교섭조정관, WTO 분쟁 패널 재판장을 지내는 등 외교관으로서 다양한 경험을 쌓을 수 있었다. 그는 미국 워싱턴에서 외교관으로 근무할 때 본 업무 이외에 강의나 세미나, 방송 출연 등의 요청에도 적극 응했다. 많은 사람이 참석하는 강의나 세미나에서는 누구나 부담감을 갖게 마련이다. 이때 부담감 때문에 도전하지 않는다면 자기 자신을 확장할 기회를 잃게 된다. 뿐만 아니라 자신이 수행해야 하는 직무가 아니더라도 넓게는 국가 이익을 위해 봉사해야 하는 외교관으로서의 업무를 소홀히 하는 결과를 낳을 수 있다.

한 번은 미국 대학에서 한·미 안보에 관한 한국의 시각에 대한 강의를 요청받고 덥석 응했다. 40여 명의 청중 앞에서 네 시간 동안 강의를 했는데 끝날 때 기립박수를 받았다. 그날의 성취감은 말로 표현하기 힘들 정도였다. 집으로 돌아올 때 비가 내렸는데 그날의 빗속 드라이브를 지금도 기억한다고 했다. 강의 직전까지 걱정이 태산이었지만 그 부담감에 밀려 강의를 포기했다면 자기 자신에 대한 실망감과 함께 두고두고 후회로 남았을 것이다.

그 뒤로 자그마치 600여 명 앞에서 한·미 외교 관계에 대해 강의를 한 일도 있다. 강의 요청을 수락했을 때는 청강자가 600명이 넘는 줄 몰랐는데 강의장에 들어서니 수많은 청중이 빼곡히 들어앉아 있었다. 순간 숨이 막혔고 다리가 후들거렸다. 다행히 강의를 무사히 마쳤을 때는 '해냈구나' 하는 성취감을 느꼈다.

기회가 왔을 때 도전하면 그다음에는 더 큰 도전이 기다리고 있었다. 더 큰 도전은 더 많은 부담감과 긴장감을 주었다. 하지만 그는 매번 도전을 받아들였다. 한 번은 텔레비전 토론에 나간 적도 있다. 그때도 부담감과 긴장감이 컸지만 기꺼이 응했다. 이런 경험 덕분에 텔레비전의 특집 요청에 단골로 나가게 되었다. 기회가 더 다양한 기회를 만들어주었던 것이다. 조 대사는 "부담감 때문에 겁을 내고 피한다면 기회는 영영 주어지지 않습니다"라면서 "용기를 내어 기회를 적극 활용한다면 새로운 도전을 즐길 수 있어요"라고 강조했다.

많은 사람들 앞에서 하는 강의나 발표는 누구에게나 스트레스와

10. 조지훈 시인의 막내 아들 조태열은 현재 외교부 개발협력대사로 재직중이다. 조지훈 시인의 3남 1녀 자녀들은 하나같이 자신들의 길을 밝혀준 멘토로 '아버지'를 꼽았다. 아버지란 존재는 평생 동안 자녀들에게 영향을 미치는데, 임상심리학자 스테판 폴터는 이를 '아버지 요인(father factor)'이라고 규정한다.

11. 누구보다 멋을 알았던 조지훈은 「멋의 연구」라는 글을 쓰기도 했다. "멋은 격식에 맞으면서도 격식을 뛰어넘을 때, 거기서 멋을 느낀다는 말이다. 그러므로 우리는 이것을 초격미(超格美)라고 부르는 것이다."

12. 조지훈의 미망인 김난희 여사의 구순연. 차남 학렬, 장남 광렬, 어머니, 장녀 혜경, 막내 태열과 조지훈의 제자인 홍일식 전 고려대 총장(왼쪽 두번째부터 오른쪽 두번째까지)

긴장감을 주게 마련이다. 잘해야 한다는 부담감, 혹시 실수하지 않을까 하는 긴장감, 준비는 제대로 했는지에 대한 불안감 등으로 초조할 수밖에 없다. 세계적으로 인기 있는 강사도 수많은 청중 앞에 서기 전까지는 엄청난 스트레스를 받는다고 한다. 그래서 충분한 연습과 준비를 하면서 자신감을 다져야 한다.

"노래는 아직도 내게 스트레스입니다."

가수 인생 24년째인 주현미의 인터뷰 기사는 전혀 뜻밖이었다. 주현미는 "해가 갈수록 노래에 대한 스트레스는 더해요"라며 솔직한 심경을 털어놓았다.

"예전에는 무대에서 피아노를 열 때 여든여덟 개의 건반이 상어 이빨처럼 보였어요."

이는 세계적인 피아니스트 서혜경의 고백이다. 그는 피아노에 대한 극심한 스트레스로 정상을 질주하던 20대에 오른팔 근육 마비에 시달리기도 했다. 명강의로 유명한 조벽 교수도 예전에는 '강연 공포증'에 시달렸다.

"특히 강의실에 들어가기 직전의 초조함은 글로 다 표현할 수 없어요. 속이 하도 메스꺼워서 구토증을 느낄 정도였어요."

조벽 교수는 "강연 공포증은 항상 최선을 다하고 완벽하기를 바라는 교수만이 느낄 수 있는 증상"이라고 말하며, 이때의 강연 공포증을 긍정적으로 받아들이는 게 중요하다고 강조했다.

프로 운동선수든 예술가든 정치인이든 최고 경영자든 직장인이든 학생이든 누구나 자기 몫의 스트레스가 있게 마련이다. 그리고 스트레스는 경쟁 사회에 살고 있는 인간이라면 예외 없이 혼자 고독하게 감당해야 한다. 이때 스트레스는 최선을 다하고 완벽하기를 바라는 사람에게 오는 지극히 '인간적'인 증상으로 받아들이는 것이 중요하다.

일에는 스트레스가 따른다. 심지어 자신이 잘하는 분야의 일을 하더라도 스트레스는 피할 수 없다. 누구든지 완벽하게 일을 하고 싶기 때문일 것이다. 조 대사의 말처럼 기회에는 언제나 부담감이 따르게 마련이다. 이때 부담감을 누구나 갖는 인간적인 증상으로 받아들이면 긴장감을 조금은 누그러뜨리고 당당하게 기회를 맞이할 수 있을 것이다.

세계를 무대로 뛰게 하라

조 대사는 외교관으로 지내면서 해외에서 많은 시간을 보냈다. 자녀들도 해외에서 청소년기를 보내며 학교에 다녀야 했다. 그는 1남 1녀를 두었는데 아이들이 미국에서 국제학교에 다닐 때 큰 충격을 받았다고 한다. 아이가 중학교 2학년 영어 시간에 셰익스피어와 『캔터베리 이야기』를 쓴 제프리 초서, 일본의 전통 단시인 하이쿠를 배운다고 해서 내심 흥미로워하던 차에 우연히 세계사 시험지를 보고 깜짝 놀랐다. "파리강화회의 각국 대표들의 연설문과 영국 대표의 연설문 한 구절을 제시하고 영국 대표가 왜 이런 연설을 했는지 그 배경을 설명하라"는 문제가 실려 있었던 것이다. 신문 만들기 과제도 있었는데, 딸아이는

'십자군 전쟁 때 비잔티움 특파원의 르포 기사'와 '로미오와 줄리엣의 양가 분쟁이 지역사회에 미치는 영향'에 대한 사설이 실린 신문을 가상으로 만들어 제출하더라는 것이다.

조 대사는 초등학교 시절부터 암기 위주로 공부한 세대였다. 토씨 하나까지 그대로 암기했고 악보도 모조리 외웠다. 그는 당시 외웠던 악보를 지금까지 기억하고 있을 정도라고 했다. 그런 그에게 아이의 과제물과 시험문제는 충격이었다. 조 대사는 그때 자신의 중학교 시절 공부법과 한국의 주입식 교육 방식을 떠올렸다. 그리고 그런 교육을 받는 학생들이 이끌어갈 30년 이후를 생각하면서 몸서리를 쳤다. 한국은 조 대사 자신이 공부했던 어린 시절이나 지금이나 참고서의 내용도 별반 차이가 나지 않기 때문이었다. 교육의 내용과 질이 어렇듯 판이한 외국의 아이들과 경쟁을 한다면 그 결과는 빤해 보였다. 자신의 아이들이 외국의 좀 더 나은 교육 환경에서 공부하는 게 오히려 죄스러울 정도라고 했다.

조 대사는 외교관 신분이어서 자녀들이 외국에서 공부했지만, 사실 해외 유학은 조지훈 가에 내려오는 전통과도 같았다. 그의 할아버지인 조헌영은 형인 조근영과 함께 일본 와세다 대학에서 영문학을 전공하면서 '신간회' 동경 지회장으로 독립운동에도 앞장섰다. 조지훈은 유학을 가지 않았지만 와세다 대학의 통신 강의록으로 독학하며 서양의 문학 작품과 이론서를 두루 접했다. 21세 때 그는 괴테, 하이네, 보들레르, 베를렌, 랭보, 와일드, 도스토엡스키, 플로베르 등의 작품을 섭렵했다. 오스카 와일드가 쓴 『살로메』도 번역했다. 조지훈은 통신 강의록으로 서양의 문학 작품들을 섭렵하면서 한국의 전통 미의식을 서정적으로 노래한 「승무」 등의 시를 썼다.

조지훈의 고향인 경북 영양군 일월면 주실마을은 지금의 조기 유학 열풍 못지않게 이미 100년 전부터 해외 유학 바람이 불었다. 마을 사람들이 하나같이 부자여서 유학을 보낼 수 있었던 것이 아니라, 부모들이 깊은 뜻을 품고 근검절약해서 자식들을 유학 보낸 것이다. 그 유학 열풍 진원지의 한가운데 조지훈의 할아버지가 있었다. 그 마을에서는 항일 독립운동을 하면서 또 한편으로 일본의 신학문을 배우게 했던 것이다.

해외 유학의 전통은 조지훈의 자녀들과 후대에도 이어졌다. 장남 광렬은 홍익대학교를 나와 미국 조지아 대학교 대학원에서 건축 및 도시계획을 전공했고, 지금은 뉴욕에서 생활하고 있다. 광렬의 2남 1녀도 모두 미국의 뉴욕 대학교와 파슨스스쿨 등에서 공부했다. 조 대사는 서울대학교를 나와 외교관이 된 뒤 옥스퍼드 대학교로 연수를 가 국제관계학을 공부했고, 그의 아들과 딸은 존스홉킨스 대학교와 버지니아 대학교를 졸업했다.

조 대사는 두 자녀에게 "남들이 다 가는 곳으로 가지 말고 자신이 좋아하는 일을 할 수 있는 곳으로 가라"고 조언했다. 조 대사는 "한 번은 『나의 문화유산 답사기』를 쓴 유홍준 선생의 강의를 들었는데, '신통치 않은 아이라면 의대나 법대를 보내고, 똑똑한 아이라면 우리 문화를 알리는 다리 역할을 하는 분야를 공부하게 하라'는 말이 귀에 쏙 들어왔어요"라고 말했다. 이 말에 공감한 그는 자녀들에게도 이런 기준으로 진로에 관해 조언했다. 아들이 분자생물화공학이라는 기초과학을 공부하고 딸이 미술사를 전공한 것은 아버지의 조언에 따른 결과라고 한다.

자녀에게는
부모가 최고의 멘토다

요즘처럼 급변하는 세상에서는 멘토의 존재가 그 어느 때보다 절실하다. 시대가 급격하게 변화하기 때문에 앞날에 무슨 일이 벌어질지, 무슨 직업이 유망할지, 어떤 길을 가야 할지 막막하기 때문이다. 이때에야말로 지식과 지혜, 그리고 경험을 겸비한 스승과 같은 멘토의 존재가 빛을 발한다.

몇 년 전 필자의 조카가 대학에 들어갈 때 사회복지학과가 유망하다고 조언해준 일이 있다. 앞으로의 '100세 시대'에는 그 어떤 직업보다 실버 세대와 연관된 직업이 새로운 직업군으로 부상할 것이라는 생각에서였다. 그리고 사회복지학과의 위상도 예전과는 크게 바뀌었다. 필자가 연세대학교에 입학하던 1980년대만 해도 사회복지학과가 연세대학교 문과 계열에서 하위 그룹에 속했지만 요즘은 최상위 그룹에 속하는 학과로 올라섰다. 20~30년 사이 사회가 달라진 것이다.

그런데 필자의 조언대로 사회복지학과에 입학한 조카가 1학기 중간고사를 치르기도 전에 돌연 자퇴를 했다. 그 이유가 한마디로 넌센스였다.

"사회복지학과로는 폼이 안 나잖아요. 미팅 가서 말발이 안 서요."

이 말을 듣고 웃어야 할지 울어야 할지 말문이 막혔다. 조카는 재수를 해서 '폼이 나는' 경영학과에 들어가겠다고 했다. 사회복지학과보다 경영학과가 더 '있어 보이고 그럴싸하다'는 것이다. 필자가 조카에게 말했다.

"요즘은 기업에서도 경영학과는 선호하지 않아. 경영학을 공부해서는 기술이나 생산 공정, 하드웨어에 대해서는 잘 알지 못하거든. 기업에서 임원으로 승진하고 최고 경영자가 되려면 경영뿐 아니라 기업 전반에 대해 잘 알아야 하는데 경영학만으로는 한계가 있어. 그래서 요즘에는 '기술경영학'이 새롭게 등장하고 있어."

기술경영학은 말하자면 경영학과 공학을 합친 개념이라고 할 수 있다. 기술경영전문대학원이나 테크노경영대학원이 인기를 끌고 있고, 최근에는 안철수 교수가 원장으로 있는 서울대학교 융합과학기술대학원, 연세대학교 글로벌융합공학부 등과 같이 인문학과 공학, 과학이 융합된 학문이 등장했다. 컴퓨터나 첨단 공학을 전공하는 데 전혀 연관이 없을 것 같은 인문학적인 재능이 필수라며 입학 전형 때 이를 비중 있게 반영한다. 학문의 트렌드 또한 이렇게 급변하고 있는 것이다. 요즘은 경영학을 공부해도 심리학, 국문학이나 이과 학문을 복수 전공 하기도 한다. 경영학만으로는 부족하다고 생각하기 때문이다.

필자는 고등학교에 진학할 때 처음에 공고를 선택했다. 필자한테는 '다행스럽게도' 불합격되어 인문계 고교에 진학했고 연세대학교에 입학했다. 1970년대 중반만 해도 공부 잘하는 학생들은 대부분 인문계 고

교보다 공업고등학교에 들어갔다. 공고를 졸업하면 취업이 수월했기 때문이기도 하지만 선생님들의 영향도 컸다. 공부를 잘한다고 하면 무조건 공고에 가라고 부추겼던 것이다. 만약 그때 필자가 공고에 갔다면 지금과는 삶의 모습이 많이 달라졌을 것이다. 꿈을 이루는 것이 힘들었을지 모른다. 그때 필자에게 지혜와 경험, 지식을 겸비한 멘토가 있었다면 시행착오를 줄일 수 있었을 것이다.

부모만큼 자녀를 잘 아는 사람도 없다. 부모가 자녀에게는 최고의 스승이라는 말이다. 부모라는 이유만으로 자녀에게 최고의 스승이 될 수 있는 것은 물론 아니다. 최고의 스승이 되기 위해서는 다양한 분야의 독서를 하고 미래를 내다볼 수 있는 능력을 키워야 한다. 더욱이 요즘은 세상이 너무 급변하기 때문에 독서를 하지 않으면 세상의 흐름을 도저히 파악할 수 없다. 불확실하고 급변하는 세상에서 멘토의 중요성은 아무리 강조해도 지나치지 않다. 이때 자녀에게 최고의 멘토는 바로 부모 자신임을 기억하자.

조 대사가 자녀의 진로를 멘토링한 것처럼 다양한 독서와 열린 마음으로 지식을 흡수하고, 여기에다 삶의 경험에서 얻은 지혜로 무장한다면 자녀를 더 나은 미래 세계로 이끌 수 있을 것이다.

명문가에서 배우는 큰 인물 만드는 비법 8

외교관의 필수 능력,
3개 외국어+인테그러티(integrity)

필자가 정치외교학과에 들어간 것은 외교관이 되겠다는 꿈 때문이었다. 전공 수업 가운데 '외교론'이라는 과목이 있었다. 수업중에 와인 마시는 법, 식사 매너 등도 배웠다. 당시에는 뭐 이런 것까지 수업 내용에 포함될까 싶었는데, 지금 생각해보면 그게 모두 해외에서 외교관으로서의 업무를 수행하는 데 필수적이기 때문이었다.

외교관은 그 나라를 대표하는 공무원으로 다른 공무원보다 사명감과 국가관이 투철해야 한다. 필자는 우여곡절 끝에 외교관이 아니라 신문기자가 되었지만, 지금도 가보지 못한 길에 대한 아쉬움이 조금 남아 있다. 조태열 대사는 필자의 경우와는 반대로 원래 꿈은 신문기자였는데 외교관이 되었다고 한다. 조 대사의 말을 듣고 꿈에 대해 다시 한번 생각해보게 되었다. 조 대사는 먼저 "외교관에게 가장 필요한 자질이나 능력은 외국어 실력"이라면서 다음과 같이 조언했다.

"영어는 필수이고, 앞으로는 중국어가 더욱 중요해질 것입니다. 제3외국어(프랑스어, 스페인어, 일어 등)를 하나 더 구사할 수 있으면 외교 무대에서 당당하게 임무를 수행할 수 있습니다. 그러나 외교관으로서 보다 중요한 덕목은 '인테그러티(integrity)'라고 할 수 있습니다. '정직'이란 말로 번역하기에는 좀 부족하고 '성실', '진지', '순수', '자존' 등의 뜻을 모두 포함하는 말입니다.

미국 사회에서 최고의 리더를 칭송할 때 또는 존경하는 사람을 소개할 때 흔히 '인테그러티'라는 단어를 써요. 최근 들어 한국 사회에서도 널리 쓰이는데 미국에서의 의미는 어렵고 힘든 때일수록 소신 있게 행동할 수 있는 용기, 자신은 손해를 보더라도 대의를 위해 옳은 결정을 할 수 있는 희생정신, 다른 사람의 모범이 될 수 있도록 솔선수범하는 리더십 등이 포함됩니다. 미국 대통령이 장관을 소개할 때 꼭 빠뜨리지 않는 표현이 '맨 오브 인테그러티(man of integrity)'인데 최고의 칭찬인 셈이지요. 인테그러티를 중시하는 것은 능력도 중요하지만 그에 앞서 인간적인 신뢰를 주지 못하면 외교관으로서 성공하기 어렵기 때문이에요.

균형 감각도 매우 중요한 덕목입니다. 외교는 국익을 종합적으로 판단하고 상황을 객관적으로 바라볼 수 있는 능력을 요구하기 때문이에요. 외교관은 한국 사회 특정 분야의 이익을 보호하고 대변하는 공직자가 아니라는 것을 항상 명심해야 합니다.

역사 의식도 매우 중요해요. 외교에 실패했을 때 나라의 명운이 바뀐다는 것은 우리 역사에서 이미 뼈저리게 경험했습니다. 우리 역사와 세계사 공부를 게을리하지 말아야 하며, 국내외 훌륭한 외교관들의 회고록을 즐겨 읽는 독서 습관을 갖기를 당부합니다."

조 대사는 지금도 외교 및 국제 문제를 다룬 회고록과 같은 책들을 즐겨 읽는다고 한다. 최근에는 중국과의 외교가 화두여서 중국에 관한 책들을 주로 읽는데 『헨리 키신저의 중국 이야기(On China)』, 정재호의 『중국의 부상과 한반도의 미래』, 정덕구의 『한국을 보는 중국의 본심』을 읽었다고 한다.

문학 서적 중에서는 김훈의 소설을 좋아하는데 『칼의 노래』, 『남한산성』, 수필집 『자전거 여행』 등을 재미있게 읽었고, 최근에 읽은 『흑산』도 깊은 울림이 있었다고 평가했다. 20년 전 조정래의 『태백산맥』을 읽고 한국 현대사에 대한 인식을 새로이 한 바 있는데, 김훈의 소설은 과거사를 보다 깊이 있고 균형감 있게 바라보게 해주었다고 한다. 또한 유홍준의 『나의 문화유산 답사기』도 즐겨 읽는 책이고, 해외 출장 때는 공항 서점에서 책을 한 권씩 사는 게 버릇이 되었는데, 주로 우리 역사에 관한 새로운 해석을 시도한 책들이라고 한다.

조 대사의 최근 독서 목록에서 알 수 있듯이 역사에 대한 내용이 많다. 외교관은 무엇보다 국사와 세계 각국의 역사, 특히 한국과 이해관계에 있는 강대국을 잘 알아야 하기 때문이다. 외교관은 국가 이익을 앞장서서 실현해야 하는 자리이기에 역사 의식 또한 투철해야 함은 당연하다.

조 대사는 바깥세상에 대한 호기심이 자신을 외교관의 길로 이끌었다고 한다.

"제 어린 시절에는 해외여행이 자유롭지 않았기 때문에 넓은 바깥세상에 대한 호기심이 많았습니다. 좁은 땅에 갇혀 지내기보다 세계를 무대로 꿈을 펼쳐봐야겠다는 강한 생각을 갖고 있었지만 그 꿈이 꼭 외교관이 되는 것은 아니었어요. 다만 돈 버는 일에는 별로 관심이 없고 공직에 관심이 많았기 때문에 외교관이란 직업을 내심 마음에 두고 있었던 것 같아요."

고등학교 시절에는 언론인이 되어 우리 사회를 정의롭고 반듯한 민주 사회로 만드는 데 기여해야겠다는 생각도 했지만 2학년 때 박정희 대통령이 철권 통치를 가능하게 한 유신헌법을 선포하는 바람에 꿈을 접었다. 유신 시대에는 권력이 언론 기관을 검열하고 통제해 언론의 자유가 거의 없었기 때문이다.

한때는 미대에 들어가 화가가 되어야겠다는 꿈을 꾼 적도 있었다. 하지만 결국 그는 외교관의 길로 들어섰는데, 직접적인 계기는 서울대학교 법대 진학 후 '국제법학회'라는 동아리 활동을 하면서였다. 동아리에서 만난 선배들 거의 모두가 당시 외무부에 근무하거나 외무고시를 준비했고, 동기들도 대부분 외교관의 길을 선택했기 때문에 외교관이라는 직업에 끌렸다고 한다.

외교관이 되려면 2013년까지는 기존의 외무고시에 합격해야 하고, 2014년부터는 외무고시 대신 국립외교원에서 시행하는 선발 시험을 거쳐야 한다. 먼저 1단계 서류 전형으로 300명을 선발하고 이어 면접을 통해 150명, 심층 면접으로 60명을 선발한 뒤, 2단계로 1년에 걸친 영어 수업과 연수를 마치고 여기서 다시 50명을 최종 선발한다.

꿈을 꾸는 자만이 꿈을 이룰 수 있다. 아우슈비츠 수용소에서 살아남아 작가가 된 이탈리아 출신 화학자 프리모 레비의「게달레 대장」이란 시를 읽으면, 꿈과 인생을 돌아보게 된다.

내가 나를 위해 살지 않는다면
과연 누가 나를 위해 대신 살아줄 것인가?
내가 또한 나 자신만을 위해 산다면
과연 나의 존재 의미는 무엇이란 말인가?
이 길이 아니면 어쩌란 말인가?
지금이 아니면 언제란 말인가?

꿈은 바로 지금을 살아가게 하는 에너지다. 다만 위의 시 구절처럼 자신만을 위해 사는 꿈을 꾸어서는 존재 의미를 찾지 못하는 삶을 살 수 있다. 자녀가 자신의 존재 의미를 찾는 꿈을 꿀 수 있도록 바른 길잡이가 되어주어야 하는 것이 바로 부모의 역할이다.

자녀를 예술가로 키우고 싶은 부모에게

현대 명문가의 자녀교육 9

전형필 가

한국 최고 문화재 수집가

자녀의 손을 잡고 간송미술관에 꼭 가야 하는 이유

'가족문화의 날'을 만들어 재능에 눈뜨게 하라

●
전형필 가에서 배우는 자녀교육법 7
1. 가장 즐거운 것은 '사랑하는 것을 얻는 것'이다
2. 집 안에 서가를 만들고 평생 책을 끼고 살게 하라
3. 좋은 친구와 인생의 길을 아는 '참스승'을 만나게 하라
4. '가족문화의 날'을 만들어 재능에 눈뜨게 하라
5. 자부엄모(慈父嚴母), 친구 같은 아버지가 되어라
6. 자녀와 공부 편지를 주고받는 멘토가 되어라
7. 앞선 세계로 자녀를 이끌어라

전형필은 평소 우리 한복인 두루마기를 즐겨 입은 것처럼 우리 민족과 문화를 위해 평생을 바쳤다. 24세에 큰 재산을 상속받아 '재벌 2세'가 되었지만 모든 유혹을 물리치고 '대수집가'의 올곧은 길을 걸었다.

"가장 고귀한 것은 가장 옳은 것이요, 가장 좋은 것은 건강이라. 그러나 가장 즐거운 것은 우리가 사랑하는 것을 얻는 것이다."

아리스토텔레스가 아들에게 행복론을 설파하기 위해 쓴 『니코마코스 윤리학』에서 인용한 델로스의 잠언이다. 아마도 아들이 장차 옳은 것을 추구하고 건강하게 살아가면서 가장 즐거운 것을 얻기를 바라는 마음을 전하고 싶었을 것이다. 행복은 바로 '사랑하는 것을 얻는 것'에 달렸다는 말이다. 사랑하는 것을 얻는 것이야말로 우리의 행복한 삶을 위해 궁극적으로 추구해야 하는 일이라는 것이다.

사랑하는 것을 얻는 것이 가장 즐거운 것이라면 우리는 무엇을 해야 할까. 돈 혹은 재물을 어떻게 사용해야 할까. 이 장에서 소개하는 간송 전형필(1906~1962) 가문에서 그 해답을 찾을 수 있을지 모르겠다. 전형필 가문은 재물의 사용을 통해 '선으로 가는 길'과 함께 우리가 사랑하는 것을 얻는 방법을 제시해주기 때문이다.

가장 즐거운 것은
'사랑하는 것을 얻는 것'이다

전형필은 배오개(현 종로 4가 광장시장 일대)에서 거대 상권을 소유하고 5대째 무관을 배출한 집안에서 태어났다. 그의 할아버지 전창엽은 동생 창렬과 99칸짜리 집에 대문만 따로 내어 사이좋게 살았다. 지금도 그렇지만 형제가 '한 지붕 두 대문'으로 산다는 게 쉬운 일이 아니다. 그만큼 형제애가 두터웠다.

그뿐 아니라 동생 창렬에게 아들이 없자 창엽은 자신의 둘째 아들 명기를 양자로 주었다. 명기가 바로 전형필의 아버지다. 그런데 명기 또한 아들이 없자 그의 형인 영기가 자신의 둘째 아들을 양자로 주었다. 그가 바로 '간송미술관'을 일군 전형필이다.

미곡상을 운영했던 간송 전형필은 만석꾼이 아니라 '10만석꾼'이라고 할 정도로 당시 갑부 서열 3위였다. 그에 비하면 평남 용강 출신의 지주로 화신백화점을 소유한 박흥식은 20위에 머물렀다. 전형필은 미곡상과 토지를 합쳐 10만 석에 달하는 전 재산을 일본으로 유출되는 우리 문화재를 사들이는 데 썼다. 한국판 '메디치 가문'이라 하겠다. 이탈리아 피렌체의 메디치 가는 가문의 막대한 부를 예술가를 지원하고 희귀한 도서들을 사들여 도서관을 지으면서 르네상스 시대를 열었다.

전형필은 〈훈민정음 해례본〉과 고려청자 등 이루 헤아릴 수 없이 많은 우리의 문화재를 사들였다. 그는 일본에서 변호사로 활동하면서 고려청자를 수집해온 존 개스비의 고려청자 20점을 되사기 위해 논 1만 마지기를 팔았다. 또한 보성학교가 재정난에 처했을 때는 논 6,000마지기를 팔아 학교를 인수해 되살려놓았다.

전형필은 선대로부터 물려받은 10만 석에 달하는 막대한 재산을 우리 문화재와 교육을 위해 모두 내놓고 역사의 뒤안길로 사라졌다. 전형필은 일제강점기 때 사재를 털어 문화재를 수집하고 보존함으로써 우리의 소중한 문화유산이 일본으로 넘어가는 것을 막는 데 큰 힘을 기울인 문화재 지킴이였던 것이다.

지금은 그가 수집한 문화재를 소장하고 있는 간송미술관(성북동 소재)만 남아 있다. 간송미술관에 가면 그가 수집한 문화재를 볼 수 있을 뿐 아니라 '가장 즐거운 것은 우리가 사랑하는 것을 얻는 것'이라는 말을 실감할 수 있다.

필자는 전형필의 큰아들 전성우 화백(전 서울대학교 미대 교수, 보성학교 재단이사장)을 인터뷰하기 위해 간송미술관 부지 내에 있는 그의 집을 찾았다. 간송미술관에 들어서면 그 뒤로 두 갈래 오솔길이 나 있다. 전성우 화백의 집은 왼쪽 길로 올라가면 나온다. 전 화백을 만나 대뜸 길 오른쪽에 있는 집은 누구의 집인지 물었다.

"아우 영우의 집입니다."

이 집안의 남다른 형제애를 눈으로 확인하는 순간이었다. 그의 선대에도 형제가 나란히 '한 지붕 두 대문'으로 살았는데 지금도 다르지 않았다. 전영우는 상명대학교 조형예술학부 교수를 거쳐 지금은 간송미술관의 한국민족미술연구소 소장직을 맡고 있다. 두 형제는 간송미술관 울타리 내에 이웃해 살고 있다.

집 안에 서가를 만들고
평생 책을 끼고 살게 하라

전형필은 10세의 어린 나이에 이미 집안의 유일한 상속자였다. 그리고 그의 나이 24세 때 아버지를 비롯해 집안 어른들이 모두 세상을 떠났다. 그 바람에 그는 배오개의 상권과 함께 막대한 재산을 상속받았다. 그는 도둑이 들어왔다가 길을 잃고 하인에게 붙잡히기도 했다는 으리으리한 집에 살았다. 20대의 청년에게 한해 10만 석이나 되는 재산은 평생 놀고먹어도 다 쓰지 못할 어마어마한 규모였다. 전형필은 그야말로 흥청망청 살아도 되는 것이었다. 그때 전형필에게 길잡이가 되어준 것이 바로 책이었다.

"너는 이제 집안의 유일한 상속자다. 가문의 앞날이 너에게 달렸구나. 부디 좋은 책을 읽어 가문을 든든한 바위 위에 올려놓는 큰 인물이 되어야 한다."

전형필의 외숙부 박대혁이 소년 전형필에게 한 말이다. 박대혁의 아들은 소설가 월탄 박종화로 전형필보다 다섯 살 위였다. 박종화는 자신이 읽은 책들을 전형필에게 추천해주었는데 주로 역사책이었다.

전영기는 아들이 책을 사 오면 매우 기뻐했다. 형필은 틈만 나면 책을 사 왔다. 휘문고보(현 휘문고등학교)에 다닐 때는 서가의 책이 100권이 넘었다. 아버지는 아들에게 두 칸짜리 서재를 만들어주었다. 서재가 완성되는 날, 외숙부가 아들 박종화와 함께 찾아왔다. 외숙부의 손에는 서재의 이름을 적은 종이가 들려 있었다.

"서재를 만든다기에 네게 걸맞은 이름을 짓느라 고민을 많이 했다. '옥정연재(玉井研齋)'로 했다. '우물에서 퍼 올린 구슬 같은 맑은 물로 먹을 갈아서 글씨를 쓰는 방'이라는 뜻이다. 자, 어떠냐?"

형필은 이 서재에서 책을 읽고 맑은 물로 먹을 갈아 글을 쓰면서 '마음의 밭'을 닦았다. 일본으로 유출되는 우리 문화재를 지키는 곧은 마음을 이 서재에서 길렀던 것이다.

장안 제일의 부자였던 그에게는 늘 숱한 유혹이 따라다녔다. 요즘으로 말하자면 삼성그룹의 후계자와 같은 '재벌 2세' 청년이었기에 유혹이 따르는 것은 일상적인 일이었다. 더욱이 형필이 전 재산을 물려받은 것이 대학 재학중이던 청년일 때였다. 그럴수록 그는 꿋꿋하고 당당하게 살자고 다짐했다.

큰 재산의 관리자가 된 그에게는 무엇보다 세상을 올바로 보는 안목이 필요했다. 그럴수록 그는 책을 읽고 붓을 들면서 올곧고 청렴한 젊은 선비의 모습을 갖추어갔다. 형필은 늘 서재인 옥정연재에서 지내며 독서와 사색에 정진했다. 훗날 성북동으로 집을 옮긴 후에도 늘 서가에서 살다시피 했다.

동서고금을 막론하고 세계적인 명문가들의 가정에서는 항상 책의 향기가 묻어났다. 집 안에 서재나 작은 도서관을 갖춰놓고 대대로 자녀를 독서의 세계로 이끌었다. 그리고 자녀들은 할아버지나 아버지의 서재에서 책을 읽으면서 독서의 세계에 빠져들었다. 아버지가 읽던 책을 아이들이 물려 읽었다. 아이들은 아버지와 할아버지의 서재에서 처음으로 책의 향기를 맡고 책장을 넘기기 시작했다. 예컨대 미국에서 존 F.

케네디와 더불어 존경받는 대통령으로 꼽히는 프랭클린 루스벨트와 노벨 문학상 수상자인 헤르만 헤세를 키운 것은 아버지 혹은 할아버지의 서재였다.

전형필 가는 5대에 걸쳐 무관으로 벼슬을 하면서 거상이 되었다. 그리고 전형필에 이르러서는 책으로써 다시 한번 명가의 기틀을 다졌다. 전형필은 아버지가 지어준 서재에서 독서와 사색에 정진했고, 전 재산을 우리 문화재를 지키는 데 쏟아 부음으로써 가진 자의 '노블레스 오블리주'를 실천했다.

좋은 친구와 인생의 길을 아는 '참스승'을 만나게 하라

누구나 학창 시절 영어 공부를 하면서 '아무리 강조해도 지나치지 않다'는 문구를 외운 적이 있을 것이다. "You cannot be too careful in choosing friends." 이 문장을 번역하면 '친구를 사귈 때는 아무리 주의해도 지나치지 않다'는 말이다. 사람이 살아가면서 좋은 친구와 훌륭한 스승을 만나는 것만큼 중요한 일도 없을 것이다.

전형필이 우리 문화의 '페이트런(patron)', 즉 예술과 예술가를 보호하는 후원자 역할을 할 수 있었던 배경에는 친구와 두 명의 바른 스승이 있었다. 한 사람은 휘문고보 미술 교사였던 고희동(1886~1965)이다. 고희동은 도쿄 미술학교에서 유학했는데 조선 최초로 서양화를 공부하

1. 휘문고보 시절 야구부 주장으로 활동한 전형필. 이 시절 친구 이마동에게 서양화가 고희동을 소개받았는데, 이 만남이 전형필의 삶을 문화재 대수집가로 변화시킨 첫번째 계기였다.
2. 수집한 고려청자와 조선백자 옆의 전형필. 그는 10만 석에 달하는 엄청난 재산으로 일제강점기에 일본으로 유출되거나 유출될 위기에 있던 우리의 문화재를 사들였다. 그는 르네상스를 일으킨 이탈리아의 메디치에 버금가는 '한국판 메디치'였다.
3. 차남 영우의 돌(1941년) 때 장녀 명우(왼쪽), 장남 성우와 함께한 전형필. 그는 귀가할 때면 늘 자녀들의 선물을 사 오는가 하면 일요일에는 '가족문화의 날'을 만들어 자녀들이 그림 실력을 키우게 했다.
4. 간송 전형필의 장남 전성우 화백. 전 화백은 미국의 미술대학에 유학한 최초의 한국인으로 서울대 미대 교수를 지냈다. 그는 유학 시절 '젊은 미국인 화가 20인'에 뽑힐 정도로 인정받는 화가였다.

고 그린 화가다. 일본이 조선을 강제 병합한 을사조약이 체결되자 관직을 그만둘 정도로 민족의식이 투철했다.

전형필에게 고희동을 소개한 사람은 서양화가 이마동(1906~1981)이다. 휘문고보 시절 친구인 이마동은 조선에 서양화가 도입되던 시기에 공부한 서양화가로 미술계에서 활발한 활동을 했다. 고희동에게 그림 지도를 받던 이마동은 전형필이 민족과 역사에 관심이 많다는 사실을 알고 고희동을 소개해주었다. 형필은 고희동 선생의 집을 자주 찾아가 서예와 그림 공부를 청했다.

전형필은 아버지의 뜻에 따라 일본 와세다 대학교로 유학을 가서 법학을 공부했다. 아버지는 아들이 변호사가 되기를 바랐다. 형필은 장래 문제로 고민이 많았다. 변호사가 되면 식민지가 된 조선 재판정에서 변론을 해야 하지만 당연히 법은 조선의 법이 아니라 일본의 법을 따라야 했다. 일본의 법을 공부해서 변론을 한다는 게 민족의식에 눈을 뜬 그로서는 전혀 내키지 않았다.

그때 고희동은 "네가 이 시대를 지키는 선비의 삶을 살아가기를 바란다"고 조언하며, "담헌 이하곤(1677~1724)이라는 사람은 소장한 책이 1만 권이나 됐는데 그의 서재 이름이 '만권루'였다. 죽어서 후손에게 남겨줄 거라고는 책밖에 없다고 했단다. 그런데 지금 그가 소장했던 귀중한 책들이 일본 사람들 손으로 넘어가고 있다고 한다"라는 소식을 들려주었다.

전형필 역시 인사동 고서점에서 일본 사람들이 조선의 책과 글씨, 그림들을 사 가는 것을 여러 번 본 터였다. 고희동은 "네가 대학을 졸업하면 우리의 귀중한 서화와 전적(책)들이 왜놈들의 손으로 넘어가지 않게 지키는 선비가 되었으면 좋겠다"며 전형필에게 마음에 품은 의중을 전했다.

고희동은 형필을 데리고 오세창의 집을 찾았다. 오세창은 역관인 아버지의 영향으로 역시 역관을 지내다가 〈대한민보〉 사장을 역임했고 민족 대표 33인의 한 명으로 3·1운동에 참여한 인물이었다. 오세창은 서화의 대수장가였던 부친에게 수많은 수장품을 물려받았고, 당대 최고의 서화 감식인으로 불렸다. 형필은 오세창을 만나면서 자신이 가야 할 길을 깨달았다. 바로 조선의 미술과 서예 작품 등 예술품과 문화재를 지키는 일이었다. 스승은 제자에게 '간송(澗松)'이라는 호를 지어주었다. 전형필의 서재의 재호인 '옥정연재'의 현판 한자 글씨를 써준 이가 바로 전형필을 우리 문화의 페이트런으로 이끈 오세창이다.

전형필은 24세 때 돌연 아버지가 세상을 떠나면서 막대한 유산을 물려받았다. 그는 상복을 입은 채 대학 4학년을 마치고 이듬해 1930년 서울로 돌아왔다. 그가 상속받은 재산은 가히 천문학적인 규모였다. 논이 무려 4만 마지기(800만 평)가 넘었다. 서울 왕십리, 답십리, 송파, 창동에서부터 고양, 양주, 광주, 황해도 연백, 공주, 서산 등 전국에 걸쳐 있었다. 그는 엄청난 면적의 땅들을 둘러보면서 숨이 막힐 지경이었다.

양자였던 그는 친부와 양부가 남긴 재산을 모두 관리해야 했다. 친부의 아들인 형마저 급사를 했던 것이다. 그가 선택할 수 있는 가장 편안한 길은 재산을 관리하면서 유유자적하는 삶이었겠지만, 그는 스승 고희동과 오세창이 깨우쳐준 '조선 문화 지킴이'가 되는 길을 택했다.

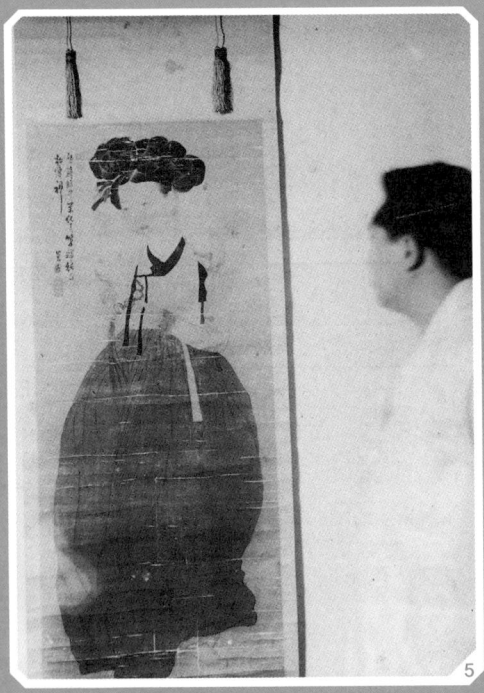

----
5. 혜원 신윤복의 〈미인도〉를 감상하고 있는 전형필. 미인도를 들여다보는 그의 '물아일체'의 표정이 오히려 더 한 폭의 그림 같다.
6. 괴산에 있던 부도(승탑)를 성북동 사저로 옮기고 난 후. 간송미술관에 가면 이 부도를 볼 수 있다.
7. 전성우 화백의 부인 김은영 씨와 어린 시절의 2남 2녀 자녀들. 김은영은 「와사등」「추일서정」 등으로 유명한 고 김광균 시인의 딸이다. 김광균은 딸에게 늘 책을 끼고 살라고 가르쳤다.
8. 1953년 미국 유학을 떠나던 날 부산 수영비행장에서 아버지 전형필(왼쪽 첫째)과 함께한 전성우 화백

전형필에게 친구 이마동이 없었다면, 나아가 이마동이 소개해준 서양화가 고희동이 없었다면, 더 나아가 고희동이 소개해준 오세창이 없었다면 '조선 문화 지킴이' 전형필도 없었을 것이다. 그랬다면 우리는 조선의 문화유산 대부분을 일본 사람들 손에 빼앗기고 '문화를 보호하지 못한 민족'이 되고 말았을지 모를 일이다. 20대의 '재벌 청년'으로서는 막대한 재산의 유혹을 감당하기 어려웠지만 책과 친구, 스승의 도움으로 그 모든 유혹을 단호히 물리칠 수 있었다.

그는 〈훈민정음 해례본〉을 당시로서는 거금인 1만 원에 사들였다. 당시 소장자는 1,000원을 불렀는데 무려 열 배의 돈을 주고 매입했다. 그만한 값어치가 있다고 생각했던 것이다. 그는 일제에 빼앗길까봐 베개 속에 이 해례본을 숨겨 소장했다.

일본에 있던 고려청자 20점은 논 1만 마지기를 팔아, 당시 돈 50만 원(기와집 400채 값으로 현재 시세로는 1,200억 원)에 일본에서 변호사로 활동하던 영국인 존 개스비에게서 매입했다. 전 재산의 4분의 1에 해당하는 어마어마한 돈이었다. 또한 조선을 지키는 인재를 키우기 위해 재정난에 허덕이던 보성학교를 인수했다. 이를 위해 논 6,000마지기를 팔았다. 그는 전 재산을 모두 털어 문화재를 사들이고 사학을 살렸다.

해방 후에는 더이상 일본 사람들이 조선의 문화재를 약탈해 갈 수 없기에 수집을 그만두었다. 대수집가 전형필이 해야 할 역할도 조국의 독립과 함께 끝이 난 것이다. 이 또한 아름다운 퇴장이라 하겠다. 인간의 욕망에는 끝이 없다. 그리스에서는 인간의 끝없는 탐욕이 부르는 '교만한 마음', '자만심'을 '휴브리스(hubris)'라고 칭했다. '부자가 3대를 가지 못한다'는 말은 부자가 되면 더 큰 부자가 되고 싶고, 급기야는 더 큰 부자가 되고 싶은 욕망에 교만해지고 이것이 파멸로 이어진다는 뜻이다. 한국 사회에서 한창 재벌 기업으로 언론에 오르내리다가 결국 사라져 간 기업 회장들이 수없이 많다. '은마아파트'로 성공 신화를 연 한보그룹의 정태수가 대표적이다. 반면 조국의 독립과 함께 문화재 사들이기를 그만둔 전형필의 아름다운 퇴장은 부자들의 귀감이라 할 만하다.

현재 간송미술관에는 〈훈민정음 해례본〉(국보 70호) 등 국보 12점(국보 총 313점 중에서)을 비롯해 보물 10점, 서울시 지정문화재 4점 등이 소장되어 있다.

'가족문화의 날'을 만들어 재능에 눈뜨게 하라

전형필은 와세다 대학교 법대를 나왔지만 서화 솜씨도 빼어났다. 휘문고보 시절 고희동에게 그림 지도를 받고 오세창에게 서화를 배우기도 했다. 당시 배오개에 있던 그의 별채는 문화인들의 '살롱' 역할을 했다. 그때부터 그는 예술가들을 보호하고 후원하는 페이트런 역할을 실천하고 있었던 것이다.

시와 서화에 능한 문화 예술인들이 별채에 모이면 아들 성우는 별채로 가서 먹을 갈았다. 성우는 이들이 직접 그리는 그림과 서화, 서체를 볼 수 있었다. 작업이 끝나면 그림과 서화를 벽에 붙여놓고 돌아가면서 품평회를 했다. 전성우가 우리 문화에 대한 안목을 키울 수 있었던 배경에는 어려서부터 보고 느낀 이런 경험이 큰 역할을 했다.

이후 전형필은 조선 화가들을 본격적으로 후원했다. 그가 후원한 화가들 중에는 노수연과 이상범 등 동양화의 거목들이 여럿 포함되어 있다. 노수연은 "하루는 전시회를 열고 있는 미술관에 귀공자 같은 분이 들어와 내 작품을 여러 점 사 갔다. 후일 알고 보니 전형필 선생이었다"고 전성우에게 들려주었다고 한다.

"어렸을 때의 이런 경험 때문에 제가 화가가 되는 것은 아주 자연스러운 일이었어요. 제 주변에는 아버지와 인연을 맺은 무수한 예술가들이 절로 스승이 되어주었어요."

전성우는 1953년 부산 피란 시절 서울대학교 미대에 진학했다. 아버지가 소장한 문화재를 밤새 지키는 것도 그에게 주어진 역할이었다. 창고를 지키다가 미군 관계자를 알게 되었는데 이것이 미국 유학길에 오르는 계기가 되었다. 그는 오하이오 주립대학교에서 박사 학위를 받고 미국에서 서양화가로 활동했다. 그의 화풍은 '추상표현주의'다. 그는 이 화풍으로 '젊은 미국인 화가 20인'에 뽑힐 정도로 인정받았다. 일리노이 대학교의 '크래너트 미술관'에서 매년 열리는 '100인 전시회'에 8년 연속 뽑힐 정도의 실력이었다.

전성우는 어린 시절부터 문화의 세례를 받으면서 자라났다. 조선 최고의 갑부 집안에서 유복하게 자랐기에 당연하다고 생각할 수 있겠지만 꼭 그렇지만은 않은 것이, 집안에 아무리 재물이 넘쳐나도 문화 예술과는 담을 쌓고 지내는 아버지도 많기 때문이다.

전형필은 자녀들을 위해 일요일을 '가족문화의 날'로 정해놓고 야외로 나가 온 가족이 함께 문화 예술 활동을 했다. 한 번은 여주 신륵사로 스케치를 다녀오기도 했고, 또 어떤 날은 음악이나 미술을 주제로 일종의 시험을 치르기도 했다.

"한 번은 아버지가 체조 선수를 그려보라고 했어요. 남동생과 여동생도 함께 그렸죠. 누가 봐도 제가 가장 잘 그린 것을 알 수 있었어요. 그런데 아버지는 저에게 점수를 가장 낮게 주셨어요. 아마도 제가 그림을 잘 그리는 재능을 과신할까봐 그러셨던 것 같아요."

전성우는 아버지의 깊은 뜻을 이해하고 있었다.

전형필은 음악에도 조예가 깊었다. 지금으로부터 80여 년 전에 이미 레코드판을 2,000여 장이나 소장했다. 전성우는 초등학교 1학년 당시 최고급 외제 축음기로 오페라와 클래식을 즐겨 들었다고 회상했다.

자부엄모(慈父嚴母), 친구 같은 아버지가 되어라

전형필은 당시의 근엄한 아버지들과 달리 '친구 같은 아버지'였다고 한다. 요즘 아버지들이 가정에서 설 자리가 없다면서 자녀와 가까워지고 가족의 사랑과 존경을 받기 위해 자녀와 잘 놀아주는 '친구 같은 아버지'가 되어야 한다고 말하는데, 그런 점에서 전형필은 친구 같은 아버지의 '원조'라고 할 수 있겠다.

9. 전성우 화백이 자신의 그림을 배경으로 포즈를 취했다. 그의 화풍을 '추상표현주의'라고 하는데 우리나라에 처음으로 도입해 서울대에서 가르쳤다.
10. 전성우·김은영 부부가 2남 2녀 자녀들, 손녀들과 한자리에 모였다.

전형필은 휘문고보 시절 야구를 했다. 그 자신이 스포츠를 좋아해서 성북동의 드넓은 저택 부지에 농구장을 직접 만들었다. 전성우는 아버지와 함께 농구장에서 농구를 했던 추억을 떠올렸다. 지금의 성북초등학교 자리가 바로 전형필이 만든 농구장이었다고 한다. 그는 훗날 그 농구장 부지에 성북초등학교를 짓도록 기부했다.

전형필은 외출했다가 집으로 돌아올 때면, 늘 선물을 사 가지고 왔다. 만화책이며 초콜릿 등 하루도 거르지 않고 아이들이 좋아할 만한 선물을 사다 주었다. 부자 아버지니까 그럴 수 있다고 생각할 수 있겠지만 예나 지금이나 자녀들에게 작은 선물이라도 매번 사다 줄 정도로 자상한 아버지는 그리 흔하지 않다.

흔히 아버지는 엄하고 어머니는 자애로운 '엄부자모(嚴父慈母)'형 가정에 질서가 잡힌다고 말하지만, 전형필은 '엄부(嚴父)'가 아니라 '자부(慈父)'에 가까웠다. 전성우는 "어머니가 오히려 엄했다"고 전했다. 어머니가 주로 야단을 치고 혼을 냈다. 어머니와 아버지의 역할이 뒤바뀐 '자부엄모'형 가정이었던 것이다. 어쩌면 이 모습이 요즘 우리 시대에 보다 적합한 아버지와 어머니의 역할 분담이 아닐까.

필자는 아들이 중학생 때까지 캐치볼을 하자고 조를 때마다 내심 귀찮게 여겼다. 마트에 가서 글러브와 야구공을 사다 놓긴 했지만 늘 일이 바빠 시간을 내지 못했고, 결국 캐치볼을 몇 번밖에 하지 못했다. 그러다 아들의 중학생 시절이 훌쩍 지나가버렸다. 지금 생각하면 너무 아쉽고 후회스럽다. 아버지가 주말이나 휴일에 골프나 낚시를 다니지 말고 친구처럼 자녀와 함께 운동하고 놀아주는 것을 우선으로 실천한다면 최고의 아버지가 되고도 남을 것이다. 거듭 말하지만 자녀와 함께할 수 있는 시간은 마냥 주어지지 않는다. 지나보면 너무나 짧다.

자녀와 공부 편지를 주고받는 멘토가 되어라

전성우가 서양화가가 될 수 있었던 것은 아버지의 멘토링에 힘입은 바가 컸다. 유학 시절 그는 공부를 하다 막히면 아버지에게 장문의 '공부 편지'를 자주 보냈다. 동양 미술사 지식이 해박한 아버지에게 가르침을 받기 위해서였다. 아버지는 아들이 요구하는 대로 어떤 어려운 부탁도 흔쾌히 들어주었다. 여러 권의 일본어 책을 한 권으로 만들어 번역해 그에게 보내주기도 했다. 그는 아버지 덕분에 동서양 미술사 공부를 폭넓게 할 수 있었고, 미국에서 동양인 화가로서는 처음으로 상도 받았다.

그가 화가로서 폭풍같이 성장할 수 있었던 것은 바로 아버지와 나누었던 태평양을 넘나든 '서신 교육' 덕분이었다. 그는 아버지의 해박한 미술사 지식뿐 아니라 예술에 대한 안목도 전수받을 수 있었다. 그는 지금도 만다라(부처가 증험한 것을 나타낸 그림)를 화폭에 담는 등 동양적인 소재를 서양화로 즐겨 그린다.

전성우는 한국 사람으로는 최초로 미국에서 미술대학(샌프란시스코 아트인스티튜트)을 나왔고, 또한 그의 화풍인 추상표현주의(미국에서 1940~50년대에 유행한 회화의 한 양식)를 한국에 처음 소개했다. 미국 화단

11. 간송미술관 뒤에 있는 집 앞마당의 소나무를 배경으로 선 전성우·김은영 부부. 전형필은 조선 3위의 갑부였지만 전 재산을 들여 문화재를 사들이고 간송미술관만 남겼다.

에서 주목받는 화가로 활동하다 귀국한 것은 아버지 전형필이 갑자기 세상을 떠났기 때문이다. 귀국 후에는 이화여자대학교를 거쳐 서울대학교 미대 교수를 지냈다. 이후 아버지가 인수한 보성고등학교 교장으로 자리를 옮겼다. 지금도 그는 서양화가로 왕성하게 활동하고 있다.

전성우는 2남 2녀를 두었는데 큰딸 인지는 이화여자대학교 대학원을 나와 국립박물관 학예관으로 근무하고 있다. 차녀 인아는 서울대학교 미대와 대학원을 나와 아버지처럼 서양화가의 길을 걷고 있다. 장남 인건은 보성고등학교 행정실장으로 재직중이다. 전성우가 서울대학교 미대 교수를 그만두고 보성고등학교 교장으로 재직한 것처럼 아버지의 뒤를 이어 할아버지가 일군 '유업'을 잇고 있는 것이다. 차남 인석은 경영학 석사 출신으로 컨설턴트로 일하며 요식업을 하고 있다. 인석은 조선 최고의 부를 일으킨 거상의 유전자를 이어받았는지 비즈니스를 좋아한다고 했다.

앞선 세계로 자녀를 이끌어라

전성우 화백의 부인 김은영 씨는 무형문화재 매듭장으로 고 김광균 시인의 딸이다. 김광균의 시 「설야」는 "머언 곳에 여인의 옷 벗는 소리"라는 구절로 더 유명하다.

어느 먼 곳의 그리운 소식이기에
이 한밤 소리 없이 흩날리느뇨.

처마 끝에 호롱불 여위어 가며
서글픈 옛 자취인 양 흰 눈이 내려

하이얀 입김 절로 가슴에 메어
마음 허공에 등불을 켜고
내 홀로 밤 깊어 뜰에 내리면

머언 곳에 여인의 옷 벗는 소리…….

이 시에서 시험에 자주 출제되는 문제가 있다. 시각의 청각화를 나타낸 구절을 묻는 문제다. 바로 "머언 곳에 여인의 옷 벗는 소리"가 답이다. 김광균은 이외에도 「추일서정」, 「와사등」과 같은 시로도 널리 알려져 있다.

김은영 씨는 이화여자대학교에서 실내장식을 전공했는데 아버지 김광균 시인의 권유 때문이었다. 언니가 영문과를 다녀 내심 영문과나 불문과로 진학할 생각이었는데, 어느 날 아버지가 느닷없이 미대에 실내장식과가 신설되었다는 소식을 신문에서 접하고는 그쪽으로의 진학을 권유해 미대에 들어갔고 훗날 매듭장이 되었다. 아버지 김광균 시인은 아버지로서 딸이 어머니가 된 후에도 이어갈 수 있는 전공을 찾아준 것이 아니었을까.

"아버지는 '여자나 남자나, 애를 키우는 엄마나 언제나 책을 끼고 살아야 자식도 그렇게 키울 수 있다. 머리맡에 항상 책을 놓고 살아라'라고 말씀하셨어요."

그는 아버지가 생전에 남긴 이 말씀을 늘 가슴에 담고 살아왔다. 지금도 침대 옆에 항상 책을 두고 읽는다.

그는 유학을 포기하고 2남 2녀를 키우는 데 최선을 다했다. 그리고 자녀들이 다 자란 뒤 늦깎이로 대학원에 진학해 옛 여인의 대표적인 장신구이자 소품인 노리개와 매듭을 공부했다. 그리고 대학을 졸업한 지 31년 만인 1995년 첫 개인전을 열었다. 그는 매듭장으로 서울시 무형문화재(13호)다. 전형필이 조선의 그림과 서화, 전각 등 우리 문화를 보호하는 데 앞장섰다면 며느리인 김은영은 사라져가는 전통문화인 매듭을 예술적으로 재현해내는 데 앞장서고 있다.

그런데 역설적이게도 시인 김광균은 딸을 신학문으로 새롭게 개설된 실내장식과에 진학시켰는데, 그 딸은 돌고 돌아 다시 우리의 전통문화 전승자가 되었다. 그러고 보면 새로운 것과 전통적인 것은 결코 다르지 않은 셈이다. 가장 전통적인 것이야말로 가장 새로운 것이라고 하지 않던가. 그는 사라져가는 우리의 아름다운 매듭의 세계를 다시 맛보게 하는 문화 전도사의 역할을 톡톡히 해내고 있다.

선(善)으로 가는 길은 오직 하나다

"선으로 가는 길은 오직 하나요, 악으로 가는 길은 여럿이다."

2,300년 전 아리스토텔레스는 『니코마코스 윤리학』에서 이렇게 갈파했다. 『니코마코스 윤리학』은 돈이 너무 많아서 혹은 너무 부족해서 고민하거나 행복에 대해 고민하고 있다면 한 번쯤 읽어볼 만한 행복의 지침서라고 할 수 있다. 특히 자녀가 나보다 좀 더 나은 삶을 살기를 바라면서 많은 돈을 물려주는 것을 마치 의무처럼 여기고 있는 부모라면 아리스토텔레스에게 '돈을 잘 쓰는 기술'을 배울 수 있을 것이다.

아리스토텔레스는 재물에 대한 관점을 너그러움, 호탕함, 방탕함, 인색함의 네 가지로 나누었다. 이때 너그러움과 호탕함은 덕의 길이며, 방탕함과 인색함은 악덕의 길에 해당한다. 특히 돈에 인색한 아버지는 자녀에게 결코 존경받지 못한다. 재물이 있다면 아껴야 하지만 때로는 잘 쓸 줄도 알아야 한다. 특히 부자라면 잘 쓸 줄 아는 게 중요하다고 아리스토텔레스는 강조한다.

조선 최고의 부를 상속받은 청년 전형필은 돈을 '잘' 쓸 줄 알았다. 그는 막대한 유산을 방탕하게도 인색하게도 쓰지 않았다. 그는 물려받은 재물을 너그럽고 호탕하게 쓰면서 민족의 자존심을 되살리는 데 혼신을 다했다. 그런 점에서 전형필 가는 '한국판 메디치 가'라고 해도 손색이 없다. 메디치 가는 금융업을 통해 축적한 재산을 피렌체의 문화와 예술 진흥을 위해 아낌없이 쏟아 부었고, 300년 동안 권력의 화신으로 군림했다. 전형필 가는 4만 마지기의 전답과 미곡상으로 일군 10만 석에 이르는 막대한 부를 우리 문화와 교육을 지키고 보호하는 데 단 30년 동안에 모두 다 쏟아 부었다. 지금은 성북동 간송미술관이 자리한 5,000평만 남아 있다.

간송 전형필은 일제가 우리 민족을 말살하고 정신과 문화마저 강탈해 갈 때 기꺼이 전 재산을 털어 우리 문화의 파수꾼이 되었다. 한국이 오랜 역사를 가진 문화인임을 자부할 수 있는 것은 전형필과 그 가문의 재산 덕분이라 하겠다. 달리 말하면 고려청자와 조선백자, 신윤복의 그림첩, 〈훈민정음 해례본〉 등과 같은 귀중한 문화유산을 볼 수 있는 우리 모두는 전형필에게 큰 빚을 지고 있는 것이다. 전형필의 삶에서 진정한 부자의 길이 무엇인지, 우리 문화를 사랑하는 길이 무엇인지를 새삼 깨닫는다.

자녀의 손을 꼭 잡고 간송미술관에 나들이를 가봐야 할 이유가 바로 여기에 있다. 자녀에게 우리 문화를 알게 하고 또 그 가치를 느끼게 하고, 나아가 전통이라는 새로운 세계로 이끌고자 한다면 간송미술관에서 그 길을 찾을 수 있을 것이다.

명문가에서 배우는
큰 인물 만드는 비법 **9**

우리 아이를 '문화 리더'로 만드는
'옵저버'형 참여교육법

피터 드러커(1909~2005)는 '경영학의 아버지'로 추앙받는다. 평생 동안 30권이 넘는 책을 쓴 저술가로도 명성을 얻은 그는 시대를 관통하는 통찰력으로 '지식노동자', '아웃소싱', '민영화'라는 조어를 만들어냈다. 또한 '지식 사회'의 도래를 예언하는 등 그는 경영학의 경계를 뛰어넘는 유산을 남겼다. 무엇이 피터 드러커를 만들었을까. 그것은 바로 어린 시절 드러커가 유명 인사들과 한 '악수'의 경험이었다. 드러커의 부모는 특이하게도 지인을 만날 때마다 어린 드러커에게 그들과 악수를 하게 했다.

피터 드러커는 9세 때 정신분석학자 지그문트 프로이트와 악수를 나눈 기억을 평생 잊지 못했다. 그의 부모는 레스토랑에서 만난 당대의 거장과 악수를 하게 하면서, "피터, 오늘을 기억해야 한다. 이분은 유럽에서 가장 중요한 분이란다"라고 소개했다. 이에 피터가 "오스트리아·헝가리 제국 황제보다 중요해요?"라고 묻자 아버지는 "그래, 황제보다도 중요한 분이란다"라고 대답했다.

피터 드러커는 어린 시절 프로이트 이외에도 소설가 토마스 만, 경제학자 조지프 슘페터, 프리드리히 폰 하이에크 등 당대의 유명 인사들을 만났다. 드러커는 훗날 이렇게 회고했다.

"나는 부모님 덕분에 어렸을 때부터 다양한 사람들을 접할 수 있었다. 그 경험은 내게 실질적인 교육이었다."

그의 아버지 아돌프 드러커는 경제학자이자 법률가로서 오스트리아·헝가리 제국의 외국 무역성 장관을 지냈는데, 1916년 6월 19일 프란츠 요제프 황제로부터 기사 작위를 받은 인물이다. 피터 드러커의 어머니 캐롤라인은 의학을 전공했으며, 프로이트의 강의를 수강한 제자이자 음악도였다. 피터 드러커가 프로이트를 만난 것은 어머니 덕분이었다.

피터 드러커의 부모는 집안을 수많은 인사들이 드나드는 사교장으로 만들었다. 말하자면 과거 조선 양반가의 사랑방 같은 공간이었던 셈이다. 당시 그의 부모는 사람들을 집에 초대할 때면 언제나 아들을 '옵저버(회의에 참석하되 발언권은 없는 참관인)'로서 동참하게 했다. 아무리 어려운 손님이 찾아와도 늘 아들을 옆에 불러 앉혀놓고 손님과의 대화를 조용히 듣게 했다. 이 부분이 매우 중요하다. 드러커의 부모는 자녀가 어리다는 이유로 토론이나 파티에서 제외시킨 것이 아니라 오히려 동석하게 한 것이다. 덕분에 드러커는 부모가 지인들과 나누는 대화를 늘 들을 수 있었다. 다만 어른들의 대화에는 끼어들 수 없었다.

부모가 자녀를 어른들 모임이나 대화 자리에 동참시키는 옵저버형 교육은 세계적인 명문가나 재벌가에서 행해온 후계자 교육의 일환이다.

드러커는 어렸을 때부터 다양한 사람들이 찾아오는 가정환경에서 자라면서 상이한 사람들과 그들의 문화를 접할 수 있었다. 드러커의 아버지는 오스트리아 경제학파가 뿌리내리는 데 일익을 담당한 거물이었다. "아버지는 경제학자였지만, 젊은 경제학자들을 채용해 육성하는 대부 같은 분이었다." 드러커의 회고처럼 그의 아버지는 조지프 슘페터를 후원하기도 했다. 훗날 슘페터는 "창조적인 파괴가 경제 발전의 원동력"이라는 명제로 20세기를 대표하는 경제학자가 되었다.

드러커의 부모와 같이 다른 사람들이 목적을 달성하게끔 기꺼이 돕고 헌신하는 사람을 '관계 지향적 리더'라고 한다. 반면 '목표 지향적 리더'는 자신의 목표나 성취를 우선시하기 때문에 다른 사람이 목적을 달성하도록 돕는 것에는 별 관심이 없다.

가까운 예로 가족을 살펴보면, 어떤 사람이 관계 지향적이고 또 어떤 사람이 목표 지향적인 유형인지 쉽게 이해할 수 있다. 만약 아빠가 퇴근해 집에 와서도 승진 준비 등으로 바쁘다며 자기 일에만 몰두하고 자녀를 소홀히 대한다면 목표 지향형에 해당한다. 반면 자녀들이 장차 어떤 목표와 꿈을 가지고 살아가면 좋을지 늘 아낌없이 조언해주는 아빠라면 관계 지향형이다. 특히 주말이나 공휴일마다 가족과 함께 놀이나 문화 체험을 하는 등 시간을 함께하는 아빠라면 더 볼 것도 없이 관계 지향형이다.

우리의 미술품이나 서화, 도자기 등이 일본에 유출될까봐 전 재산을 털어 수집에 나서고 문화 예술인들을 후원했던 전형필은 자신의 출셋길보다 민족과 문화를 위해 헌신했다는 점에서 관계 지향적 리더에 가깝다. 또한 그는 자녀들의 재능을 키워주기 위해 자녀들과 함께 놀아주고 함께 운동을 하고, 나아가 '가족문화의 날'을 만들어 가족과 함께 했다. 요즘 이상적인 아빠상으로 회자되는 '프렌디(친구 같은 아빠)'의 전형이었다.

최근 초등학교, 중학교도 주 5일제 수업으로 바뀌면서 토요일도 공휴일이 되어 집에서 지내는 휴일이 많아졌다. 이때 토요일이나 일요일 중 하루는 가족이 다 함께 시간을 보내는 '패밀리 데이', 즉 '가족문화의 날'로 만들어보자. 또한 자녀와 함께 나들이를 하는 데 그치지 않고 재능을 마음껏 발휘할 수 있도록 이끈다면 자녀의 적성과 소질을 적극적으로 키워줄 수 있을 것이다.

끝으로 한 가지 덧붙이면, 베스트셀러 저자나 유명인들의 강연회를 자녀교육의 연장선으로 적극 활용해볼 만하다. 자녀가 다양한 강연회에 참석해 강의와 강연회의 분위기를 경험하게 하는 것도 일종의 옵저버형 교육이라고 할 수 있기 때문이다.

뿐만 아니라 피터 드러커의 부모처럼 부모가 만나는 사람들을 자녀에게 소개시켜주고 꼭 악수를 하게 해보자. 집안 형제나 친인척의 모임에 자녀들도 참석시켜 인사를 하게 하자. 유명 인사의 강연회에 자녀의 손을 잡고 함께 참석해 그곳에서 오가는 많은 이들의 열정 어린 눈빛과 이야기를 보고 듣게 하자. 창의적인 인재는 대화와 토론을 할 줄 알고 경청할 줄 아는 데서 시작된다고 한다. 자녀에게 최초이자 최고의 인생 길잡이는 부모다.

자녀를 자기주도적인 인재로 키우고 싶은 부모에게

현대 명문가의 자녀교육 10
정인보 가

한학자 · 역사학자

정해진 길보다 '나만의 길'을 찾고 있다면?

우리 것을 세계에 알리는 '문화 전령사'를 꿈꿔라

●

정인보 가에서 배우는 자녀교육법 7

1. 아무리 힘들어도 자기주도적인 삶을 살게 하라
2. 최고의 아버지는 자녀에게 자랑스러운 아버지다
3. 부모가 과소비 말고 검소하게 살아라
4. 반칙 없이 당당하게 살아라
5. 자녀가 가는 길을 응원하는 게 최고의 멘토링이다
6. 우리 것을 아끼고 사랑하는 '문화 전령사'를 꿈꾸게 하라
7. 불효하는 사람은 멀리하게 하라

위당 정인보의 막내아들 정양모 전 국립중앙박물관장과 그의 아들 정진원. 우리 문화를 사랑하는 부자가 우리 문화에 대한 생각을 나누며 살아가는 모습이 참 아름답다.

우리나라의 부모 자녀 관계에 대한 충격적인 연구 조사 결과가 있다. 우리나라가 경제협력개발기구(OECD) 회원국들 가운데 부모 자녀 관계가 가장 '도구적'이라는 것이다. 여기서 '도구적'이라는 의미는 부모가 자녀에게 '돈을 벌어다 주는 기계'와 같다는 말이다. OECD 회원국 가운데 유독 한국에서는 부모의 소득이 낮을수록 나이 든 부모를 찾는 자녀들의 발길이 뜸하다고 한다. 다시 말해 부모가 가진 게 많아야 자녀들이 부모를 찾아온다는 얘기다.

그런데 부모 자녀 관계를 이렇게 만든 책임은 사실 자녀보다 부모들에게 있다. 요즘의 일부 부모들은 자녀교육까지 돈으로 해결하려 하니 말이다. 심지어 자녀를 조기 유학 보내는 것을 헌신적인 자녀교육이라고 착각하는 부모도 있다.

요즘 사회를 '아버지 부재의 사회'라고 한다. 아버지란 스승과 같이 사회적인 '권위'를 상징적으로 나타내는 존재다. 그런데 요즘은 그 자리를 아버지 대신 연예계 스타들이 차지하고 있다. 자녀들은 아버지의 말

쌤보다 스타가 하는 말에 더 귀를 기울인다. 아버지의 말은 귀담아듣지 않으면서 필요한 게 있으면 당연하다는 듯 손을 내민다. 부모가 세상에 낳아놓았으니 키우고 교육시키고 필요한 것 사주는 거야 당연지사라는 식이다.

자녀가 어른이 되어도 이런 관계는 마찬가지다. 자녀가 결혼하면 아파트도 승용차도 으레 부모가 마련해주려니 한다. 노부모에게 사업 자금을 내놓으라고 손을 내미는 자녀도 있다. 자녀의 요구대로 돈을 주지 못하는 아버지는 아버지 대우도 받지 못한다. 능력이 없다는 이유로 괄시당하기까지 한다. 이탈리아 정신분석학자 루이지 조야는 아버지를 존경하지 않으면서도 경제적으로는 성공한 '강한 아버지'를 원하는 현상을 '부성의 패러독스'라고 말한다.

"엄마 아빠는 돈 열심히 벌 테니까 너희는 아무 걱정 말고 공부만 열심히 해라."

아직도 이런 말을 하는 부모가 있다면 한 번쯤 생각해볼 일이다. 이 말이 초래하는 것이 바로 '부성의 패러독스'다. 우리 주위를 둘러보면 알 수 있듯이, 공부만 열심히 해서는 훌륭한 인재로 성장할 수 없다. 제대로 된 가정교육 없이는 훌륭한 인재를 기대할 수 없다는 사실을 부모는 이제라도 직시해야 한다. 쉬운 비유로 사윗감이나 며느릿감을 볼 때 마지막 선택 기준은 돈도 아니고 학벌도 아니다. 그 사람의 인간 됨됨이, 바로 인성이다.

아무리 힘들어도
자기주도적인 삶을 살게 하라

"불효하는 사람은 결코 친구로 사귀지 마라"라고 자녀들에게 늘 강조한 아버지가 있다. 그 아버지 또한 자신의 부모에게 자식 된 도리를 다했다. 그의 삶이야말로 자녀교육의 살아 있는 교과서라고 할 수 있다. 그는 어린 시절 자신을 낳아준 어머니를 떠나 큰집에 양자로 갔다. 소년은 자라서 친모와 양모 모두에게 한결같이 자식으로서의 도리를 다한 것으로도 모자라, 어머니를 향한 사무치는 그리움을 담아 「자모사(慈母思)」라는 연시조를 썼다.

바릿밥 남 주시고 잡숫느니 찬 것이며
두둑이 다 입히고 겨울이라 엷은 옷을
솜치마 좋다시더니 보공되고 말어라

「자모사」를 쓴 사람은 한학자이자 역사학자인 위당 정인보(1893~1950)다. 「자모사」는 40수의 연시조로 고등학교 1학년 국어 교과서에 수록된 작품이다. 교과서에 실렸으니 반드시 배워야 할 시조이기도 하지만, 이 작품을 통해 학생들이 부모의 마음을 조금이라도 더 헤아리는 계기를 갖게 되기를 기대해본다.

어머니에 대한 효성이 얼마나 지극했으면 어머니에 대한 그리움을 이렇게 시조로까지 남겼을까? 요즘 시대에 정인보와 같이 어머니 또는 아버지를 향한 그리움과 보은의 마음을 시로 쓰는 자녀가 있다면 그 사람이야말로 참다운 인재라고 할 수 있지 않을까. 부모가 온갖 고생 다해 명문대에 보내고 유학을 보내놓아도 1년이 넘도록 전화 한 통 할 줄 모르는 자식들이 넘쳐나는 세상이다.

정인보는 위기의 시대에 그 누구보다 강렬한 삶을 살았다. 그는 나라 사랑을 몸소 실천한 존경받는 지식인이었다. 우리가 국경일마다 부르는 삼일절, 광복절, 개천절 노래의 가사는 모두 정인보의 작품으로, 그의 나라 사랑의 혼이 고스란히 담겨 있다. 하지만 정인보는 사위(홍명희의 아들 홍기무)가 월북한 뒤로 납북의 표적이 되었다가 급기야 6·25 한국전쟁의 와중에 납북되고 말았다.

정인보는 21세 때인 1913년 중국으로 건너가 박은식, 신채호 등과 함께 독립운동에 나섰고, 31세에는 연희전문학교 교수로 재임했다. 43세 때인 1935년에는 정약용 서거 100주년을 맞아 정약용의 전집을 묶은 『여유당전서』를 출간하는 데 주도적인 역할을 했다. 우리가 알고 있는 정약용의 삶과 사상은 『여유당전서』를 통해 세상에 제대로 알려지기 시작했다. 그것은 정약용이 세상을 떠난 지 100년이 지난 후의 일이었다. 정약용으로 대표되는 조선 후기 실학 연구의 초석을 마련한 사람이 바로 정인보다.

정인보는 일제의 탄압으로 연희전문학교의 조선어 강좌가 폐지되자 1938년 교수직에서 물러나 전북 익산에서 광복 때까지 은거했다. 수많은 인사들이 일제에 협력하며 호화롭게 살았지만, 그는 부귀영화를 포기하고 산골에서의 가난한 삶을 택했던 것이다. 광복이 되자 그는 다시 세상 밖으로 나와 1948년 대한민국 수립 후 초대 감찰위원장을 지내기도 했다. 그 뒤 6·25 한국전쟁이 발발하고 58세의 나이에 납북되어 북으로 가는 도중에 세상을 떠났지만 그 누구보다 큰 족적을 남겼다. 정인보는 국난의 시기에도 자신의 신념을 지키며 자기주도적인 삶을 살았던 것이다.

아버지 정인보의 발자취는 자녀들에게 어떻게 작용했을까. 정인보는 4남 4녀를 두었는데 자녀와 손자 손녀들 중 대학교수와 교장, 교사 등의 교육자만 해도 무려 20여 명에 이른다. 그 후손들 또한 정인보의 짙은 발자취를 가슴에 새긴 채 자기주도적인 삶을 살아가고 있다. 정인보의 뒤를 이어 교육자의 길을 걷는 이들도 있지만 도예가, 성악가, 디자이너가 있는가 하면 의사, 사업가 등 다양한 분야에서도 활발하게 활동하고 있다.

정인보의 큰딸 정정완은 슬하의 4남 5녀 자녀들 가운데 성신여자대학교 학장과 서울대학교 공대 교수, 3명의 교장을 배출했다. 큰아들 정연모는 서울대학교 상대를 나와 문교부 편수사를 지낸 뒤로는 평생 평교사로 시골에서만 근무했다. 둘째 아들 정상모는 연세대학교 정치외교학과를 나와 경찰관으로 근무했고, 셋째 아들 정흥모는 6·25 전쟁 때 전사했다. 국립중앙박물관장을 지낸 정양모는 정인보의 막내아들이다.

둘째 딸 정경완은 시아버지인 홍명희와 남편 홍기무가 월북하는 바람에 함께 북으로 넘어갔다. 셋째 딸인 정양완은 서울대학교 국문학과를 나와 고전문학에 정통하며 정신문화연구원 교수를 지냈고, 남편은 강신항 전 성균관대학교 교수다. 이들 부부의 아들이 수학자이자 '대한

민국 최고과학기술인상'을 받은 강석진 서울대학교 교수다. 넷째 딸 평완은 연세대학교를 나와 교직에 몸담았고, 남편은 문국진 한양대학교 교수다. 이들 부부의 큰딸은 카이스트 교수다.

6·25 전쟁의 와중에 아버지 정인보가 납북되어 그의 빈자리가 컸을 테지만, 그의 자녀들과 후손들은 하나같이 출중한 인재들이다. 과연 그 비결이 무엇일까.

최고의 아버지는
자녀에게 자랑스러운 아버지다

『세계적 인물은 어떻게 키워지는가(Cradles of Eminence)』의 저자 빅터 고어츨은 자녀를 세계적인 인물로 키워낸 부모는 '공부와 성취를 중시한 평생 책벌레'라는 공통적인 특징이 있다고 분석한다. 달리 말해 자녀를 인재로 키우려면 부모가 평생 공부하고 책을 가까이해야 한다는 것이다. 또한 아버지가 자신의 신념을 지키기 위해 고생하고 실패하는 모습을 보이더라도 자녀가 성공하는 데는 아무런 장해가 되지 않는다고 한다. 정치적 운동이나 논쟁적인 사안에 대해 자기주장이 분명한 아버지 밑에서 자란 아이는 오히려 훗날 자기주장을 강하게 펼칠 수 있는 정치가, 인도주의자, 개혁가가 될 가능성이 높다는 것이다.

아버지 정인보가 자녀들에게 남겨준 최고의 선물은 '글 읽는 소리'였다고 한다. 국립중앙박물관 관장을 지낸 정양모(경기대 석좌교수)는 "아

1. 둘째 아들 정상모의 결혼식 때 가족들과 함께한 정인보. 정인보는 슬하에 4남 4녀를 두었다.
2. 1949년 감찰위원장직을 사임한 뒤의 정인보. 언제나 깎은 머리에 단아한 검정 한복을 즐겨 입었다. 조선 시대에 16명의 정승을 배출한 정인보 가는 놀랍게도 500년이 지난 지금까지도 수많은 인재를 배출하고 있다. 청렴과 검소함, 효와 예를 중시하는 가풍에 인재 산실의 비결이 숨어 있는 듯하다.
3. 서울 창천동에 살 때의 정인보 가족

버지는 사랑방에서 글을 읽으셨는데 그 목소리가 기가 막히게 아름다웠다"고 회상한다. 사랑채에서 책을 읽는 아버지의 목소리만 들어도 아버지가 집 안에 늘 함께 있는 것 같았고, 자신도 절로 책을 읽게 되더라고 했다.

자녀들이 어릴 때는 엄마가 집에 함께 있는 것만으로도 마음이 놓인다. 아이들은 학교에서 돌아오면 현관에 들어서면서 엄마부터 찾는다. 이때 엄마가 "그래, 학교 잘 다녀왔어?" 하면서 나타나면 비로소 아이는 평온을 찾는다. 초등학교 5~6학년 때까지 엄마의 존재는 거의 절대적이다. 엄마 뒤꽁무니를 졸졸 따라다니는 아이들 품새가 꼭 '껌딱지' 같다. 그러다 그 시기가 지나면 아이들은 사춘기로 접어들면서 엄마를 찾지 않게 된다. 이제부터 아이는 엄마나 아빠로부터 멀어지려 한다. 혼자 자기 방에 틀어박혀서 나오려고 하지 않는다.

자녀가 사춘기일 때 아버지는 '불가근불가원'(不可近不可遠, 너무 가까이 해서도 너무 멀리해서도 안 된다)의 거리를 유지해야 바람직하다고 한다. 즉 자녀에게 너무 다가가려 해서도 안 되지만 그렇다고 방치해서도 결코 안 된다는 말이다. 이때 필요한 것이 바로 자녀와 한 걸음 떨어진 곳에서 공부하는 아버지의 존재일 것이다. 집 안에서 아버지가 책을 읽는 모습을 보여주는 것만으로도 집 안 분위기를 바꿀 수 있다. 뿐만 아니라 이는 자녀의 탈선을 막는 최고의 예방책이기도 하다.

반대로 아버지가 밤늦도록 부재할 경우, 자녀들은 자칫 어머니의 통제 범위를 벗어나 제멋대로 행동하다가 엇나갈 수도 있다. 아버지와 어머니는 자녀교육이라는 큰 수레를 굴리는 두 개의 바퀴인데, 산업사회가 시작된 뒤로는 줄곧 '아버지 바퀴'가 가정에서 헛돌면서 수많은 문제를 낳고 있는 것이다.

> 그러나 옛사람은 요즘과 달랐습니다. 그들의 관직 생활 자체가 곧 독서와 연계되어 있었기 때문입니다. 지위가 높을수록 장서가 많았습니다. 조정에서 집으로 돌아오면 옷을 바꿔 입고 부인이나 아이들과 몇 마디 나누고는 곧 서재로 들어갑니다. 옛사람들은 평생을 학문과 함께 했습니다. 책을 읽고 글씨를 쓰고 시를 지었지요. 현대인들은 퇴직만 하고 나면 매우 적막해진다고 하는데, 그것은 자신이 무엇 하나 변변히 하는 것이 없기 때문입니다.

이는 '중국의 살아 있는 현자'로 통하는 남회근의 『주역계사 강의』에 나오는 말이다. 물론 전통 사회에서도 모두가 이런 생활을 한 것은 아닐 테지만, 책을 읽지 않는 요즘의 아버지들에게는 가슴 뜨끔한 지적이 아닐 수 없다. 정인보의 4남 4녀 자녀들은 아버지의 책 읽는 소리를 들으면서 사춘기를 보냈고, 아버지가 납북된 뒤에도 아버지의 그 목소리를 평생 가슴에 담고 아버지의 길을 뒤따르고자 노력하고 있다. 그것이 정인보의 자녀들과 그 후손들이 우리 시대의 핵심 인재로 살아가고 있는 '보이지 않는 비결'이다.

부모가 과소비 말고
검소하게 살아라

정인보의 시문집 『담원문록(薝園文錄)』을 번역한 이는 정양완 전 정신문화연구원(현 한국학중앙연구원) 교수인데, 그는 다름 아닌 정인보의 셋째 딸이다. 그가 정신문화연구원 교수로 재직할 때의 일이다. 하루는 출근을 하는데 정문 수위가 그의 길을 막았다.

"할머니, 어디 가슈?"

"여기서 일합니다."

"할머니가 여기서 무슨 일을 하슈?"

"여기 일이 있어 왔어요."

그는 같은 대답을 반복했다. 수위는 청소부려니 여기고 그를 들여보내주었다. 다음 날 수위가 또 물었다. 여전히 반말투였다.

"할머니 또 오셨네."

그러고는 수위가 넌지시 농을 걸었다.

"남편은 있수?"

정 교수는 그래도 "여기 일이 있어 왔어요"라는 말만 했다.

정양완 교수는 우리나라 고전문학 및 한국 한문학 연구의 권위자로 '위암 장지연상'을 수상하기도 했다. 그런 그가 수위에게 행상 할머니나 청소부 취급을 받은 것이다. 수수한 옷차림 때문이었다. 정양완은 평생토록 한 번도 파마를 해본 적이 없었다. 화장도 하지 않았다. 아버지 정인보는 자녀들에게 늘 가난하게 살더라도 부당한 이득을 취하지 말고 검소하게 살 것을 당부했다. 정 교수 역시 평소 아버지 위당의 가르침대로 학문에 몰두하며 검소하고 청렴하게 살았다.

정인보 가문은 조선 시대에 정승을 16명 배출했는데 그의 증조부는 30년 동안 정승을 지냈다. 대대로 내로라하는 가문이었지만 늘 청빈하게 살았고, 정인보에게는 물려받은 재산은 없어도 대신 1만 권의 책이 있었다. 막내아들 정양모에 따르면, 6·25 전쟁이 일어나자 어머니가 아버지에게 물었다고 한다.

"저 책을 다 어떻게 하죠?"

그러자 아버지가 말했다.

"저 책들은 모두 내 머릿속에 있으니 걱정할 필요가 없어요."

정양모 교수와 인터뷰를 하고 있을 때 마침 그의 큰아들 진원 씨가 왔다. 정 교수는 아들을 보더니 아들의 옷 이야기부터 했다. "2만 5,000원짜리 잠바를 샀다고 좋아하더라고요. 아들은 고모한테도 그런 옷을 사서 선물해줍니다." 정 교수는 12년째 타는 중형 승용차를 지금도 타고 다닌다. 그는 검소하게 살되 자기 내면의 살을 찌우면 그게 더 충만한 삶이라고 말한다.

요즘같이 소비를 부추기는 시대에 검소하게 산다는 게 결코 쉬운 일은 아니다. 가정에서는 부모가 중심을 잡고 분수에 맞는 소비문화를 만들어갈 책임이 있다. 분수에 넘치는 명품에 현혹되지 말고 현명한 소비의 본보기를 부모가 자녀에게 보여줘야 한다. 과소비하는 부모 밑에서 자라는 자녀들은 '지름신'이 될 수밖에 없다. 예를 들어 어머니가 살림 형편과 상관없이 수백만 원짜리 명품 핸드백을 들고 다닌다면 그 딸

- - - - - - -
4. 2008년 제19회 '위암 장지연상'을 수상한 정양완(정인보의 셋째 딸) 전 정신문화연구원 교수
5. 정인보의 막내딸 정평완(전 교사)·문국진(전 한양대 교수) 부부와 자녀들
6. 순국선열 유해 송환 때 백범 김구(오른쪽 맨 앞)와 함께한 정인보(백범 바로 뒤)
7. 연희전문학교 교수 시절의 정인보와 백낙준 전 연세대학교 총장. 정인보는 일제가 조선어 강의를 폐지하자 교수직을 그만두고 익산에 은둔했다.

도 당연히 명품 핸드백을 사달라고 할 것이다. 아버지가 고가의 골프 용품을 정신없이 사들인다면, 그 아들도 흥청망청 돈을 쓸 것이다. 정양모 교수는 "우리 사회는 비싼 명품을 소비해도 될 만큼 여유가 없는데도 명품 소비문화가 확산되고 있다"면서 "이는 결국 부모의 부담으로 돌아가고 만다"며 가정으로 번지고 있는 과소비문화를 우려했다.

반칙 없이 당당하게 살아라

작가이자 사학자인 육당 최남선이 친일로 돌아서자, 정인보는 상복을 입고 그의 집을 찾아가 "내 친구가 이제 죽었구나" 하며 통곡했다고 한다. 정인보는 일제의 탄압과 회유가 극심해지자 시골에서의 '은둔'을 택했다. 하지만 그에게는 은둔할 장소도 마땅치 않았다. 그때 그에게 거처를 제공한 사람은 당시 익산에서 한학자로 명성이 높았던 윤석오였다. 윤석오는 일제의 서슬 퍼런 감시에도 불구하고 정인보에게 기꺼이 은신처를 제공해주었다. 이것이 바로 진정한 용기다. 윤석오는 앞서 소개한 윤여준 전 환경부 장관의 부친이다. 두 명문가의 만남은 참으로 아름다운 인연이다.

정인보는 이승만 정권 때 초대 감찰위원장(현 감사원장)을 지냈는데, 한 장관이 독직 사건에 연루된 것을 두고 이승만과 마찰을 빚게 되자 사직했다. 그는 자녀들에게 "공무원이 되면 담뱃불도 빌리지 말고 차

한 잔도 얻어 마시지 말라"고 강조했다. 정양모가 국립중앙박물관 관장으로 재직할 당시 중앙청(구 총독부 건물)을 철거하고 그 옆에 국립중앙박물관을 짓게 되었다. 그때 수많은 건축업자들과 공사 계약을 맺었지만, 그는 말 그대로 그들과 커피 한 잔도 마시지 않았다. 그것은 모두 반칙하지 말고 청렴하게 살라는 아버지 정인보의 가르침에 따른 것이다. 아버지에게 부끄럽지 않은 자식이 되기 위해 커피 한 잔, 담뱃불 하나도 단호히 거절했다.

2002년 월드컵 때 TV에서 소개된 이색 축구인 가운데 강석진 서울대 수리과학부 교수가 있다. 그는 초등학생 때 축구부 선수로 뛰었을 정도로 축구를 좋아한다. 축구 칼럼도 쓰고, 『축구 공 위의 수학자』라는 책을 쓰기도 했다. 노벨상보다 월드컵을 더 좋아하는 괴짜 수학자로 통하는 강석진 교수는 정인보의 외손자이기도 하다. 그는 예일 대학에서 박사 학위를 받았고, '대한민국 최고과학기술인상'을 수상했다.

과학자의 글은 대체로 딱딱하게 마련인데 강석진의 글은 여느 과학자의 글과 다르다는 평가를 받는다. 강석진 교수가 『축구 공 위의 수학자』를 쓸 수 있었던 데는 인문학적 향기가 짙은 집안에서 자란 성장 배경도 뒷받침이 되었을 것이다. 이 책은 "우리 시대의 보기 드문 스포츠 역사서이자 스포츠를 통해 삶의 진정한 의미를 통찰하는 빼어난 산문"이라는 평가를 받고 있다.

"'반칙하지 말고 살자', '당당하게 살자', 이런 마음가짐을 어려서부터 배웠죠."

이는 강석진 교수가 "학자로 성공하는 데 가풍의 영향은 없었나요?"라는 질문을 받고 내놓은 대답이다. 강 교수는 외할아버지를 본 적이 없다. 그가 태어나기 전인 전쟁 때 납북되어 돌아가셨기 때문이다. 강 교수가 서울대를 나와 미국으로 유학 갈 때 정인보의 후배 한학자가 '박학독지(博學篤志)'라는 글귀를 써주었다고 한다. '넓게 공부하되 뜻을 굳건히 하라'라는 뜻이다. 그는 "실제로 그런 자세로 공부했고, 마음을 다잡는 데 도움이 많이 됐다"면서 "'집안 망신을 시키면 안 되겠다'는 생각에 더 열심히 공부했다"고 한다. 고교 시절에 패싸움에 연루되어 정학을 당한 적이 있는데, 생전 보지도 못한 외할아버지이지만 할아버지에게 부끄러운 마음이 들었다고 한다.

자녀가 수학도를 꿈꾼다면 강석진 교수를 역할 모델이자 멘토로 삼을 만하다. 강 교수가 쓴 『아빠와 함께 수학을』은 그 자신의 수학 교육 경험담이다. 이 책에는 수학을 잘하는 방법이나 수학 교재를 고르는 방법 같은 유용한 내용도 들어 있지만, 첫아이가 태어나 고등학생이 될 때까지 그가 느끼고 생각한 수학 공부와 자식 교육에 대한 솔직한 이야기를 흥미롭게 담아냈다.

강석진 교수는 앞의 두 책뿐만 아니라 『수학의 유혹』에 이어 『수학의 유혹 2』도 출간했다. 수학 분야의 스테디셀러로 자리 잡고 있는 『수학의 유혹』이 중학생이 재미있게 읽을 만한 수학 이야기를 다뤘다면, 『수학의 유혹 2』는 고등학생 이상으로 눈높이를 높인 '심화 학습' 편이라고 할 수 있다.

잠시 본론에서 벗어난 이야기를 하자면, 좋아하는 취미가 아니라 '잘하는 것'을 직업으로 삼으라는 말이 있다. 좋아하는 취미를 직업으로 삼게 되면 취미가 돈벌이가 되어 취미로서의 순수한 즐거움이 사라질 수 있기 때문이다. 축구 선수에게 축구는 단순히 즐길 수 있는 취미가 아니라 치열한 생존 경쟁의 영역인 것과 마찬가지다. 필자가 신문기자로 일할 때 유명 프로 게이머를 만난 적이 있다. 당시 10대 후반의 그 게이머에게 게임은 더이상 취미가 아니었다. 그는 게이머의 세계에서 살아남기 위해 매일 훈련을 반복해야 한다고 푸념했다.

아인슈타인은 바이올린 연주 실력이 뛰어났지만 바이올리니스트가 되기를 포기하고 물리학자가 되었다. 바이올린보다 수학을 더 잘했기 때문이다. 강석진은 어린 시절 축구 선수가 꿈이었고, 또 스포츠 기자를 선망하기도 했지만 수학자가 되었다. 아마도 축구보다 수학을 더 잘했던 모양이다. 아인슈타인이 바이올린을 평생 취미로 연주한 것처럼, 강석진은 지금도 축구를 즐기며 수학을 가르치고 있다.

자녀가 가는 길을 응원하는 게 최고의 멘토링이다

정인보는 국난의 시기를 살았다. 어느 때보다 극심한 혼돈의 시기였고, 존경할 만한 스승을 찾을 수도 없고, 스승의 권위마저 지킬 수 없는, 모든 것이 무너져 내리던 시기였다. 그 험난한 시절에, 정인보는 자신이 공부하던 역사에서 인생의 멘토를 찾았다고 한다. 한글과 지리지를 만들어 조선의 '문화 르네상스'를 연 세종대왕과 절체절명의 위난에 빠진 조국을 구한 이순신이 바로 그의 멘토였다. 정인보는 일제의 침탈이 가속화되자 이순신의 묘역을 살리자는 기사를 신문에 실어 민족의식을 고취하려 애썼다.

정양모는 "세종은 『세종실록지리지』를 만들었고, 이후에 나온 『동국여지승람』과 같은 지리서는 모두 『세종실록지리지』에서 비롯된 것"이라고 말한다. 그는 "세종은 이 지리지에 전국의 군과 읍 단위마다 그곳의 인물, 특산물, 풍속, 고건축물을 비롯해 가마를 굽는 자리까지 상세하게 기록했다"고 설명한다.

정양모가 서울대 사학과에 진학한 뒤 미술사학계의 외길을 걸을 수 있었던 것은 아버지 정인보의 영향이 컸다. 말하자면 그의 인생 멘토는 아버지 정인보였다. 하지만 아버지는 아들에게 한 번도 역사를 전공하라고 말한 적이 없었다. 정양모는 "아버지는 자녀들이 자유롭게 진로를 정하게 하셨고 '공부하라'고 잔소리를 하신 적이 없다"면서 그 자신도 자녀들에게 공부하라는 잔소리는 하지 않았다고 했다. 그의 자녀들은 각각 도예와 미술, 성악을 전공했다. 스스로 가고 싶은 길을 찾아 나서 원하는 분야에서 마음껏 꿈을 펼치고 있다.

큰아들 정진원은 도예작가로 활동중이다. 그는 경기대와 홍익대 대학원에서 공부하다 견문을 넓히기 위해 미국으로 유학을 갔다. 5년간의 유학 기간 동안 뉴욕 주립대에서 MFA(미술 석사 학위)를 취득했다. 도자기 하면 흔히 고려청자나 조선백자 같은 장식용 도기를 떠올리지만, 정진원이 만드는 작품들은 물건을 담아두거나 뚜껑을 닫을 수 있는 실용적인 소품용 도자기들이다. 도예 영역의 틈새를 파고들어 새로운 도예 분야를 개척하고 있다.

그는 소품용 도기의 독창성을 인정받아, 미국의 저명한 '클레이 스튜디오(The clay studio)'의 초청으로 전시회를 열기도 했다. 1974년 설립된 '클레이 스튜디오'는 미국 필라델피아 유일의 비영리 도자예술 교육기관으로, 국제적으로 도예 분야의 선구적인 기관 가운데 하나로 꼽힌다. 정진원과 같은 생활 도자기 작가가 되려면 먼저 디자인을 공부하는 것이 도움이 된다. 물론 미술사와 회화사, 도예 관련 공부는 필수다.

정양모의 딸 소라는 아버지처럼 사학과 미술사학을 전공했고, 막내아들 정상진은 성악을 전공해 음악 교사로 재직하고 있다. 아버지 정양모는 자녀들이 가는 길을 응원하고 멘토링을 해주는 역할에 만족할 따름이다. 그처럼 자녀가 가고자 하는 길이 있다면 용기를 갖고 길을 갈 수 있도록 응원해주는 것이 최고의 멘토링이라고 믿기 때문이다.

부모가 보기에 자녀가 더 많은 재능을 발현할 수 있는 길이 따로 있다는 확신이 들 때는 자녀와 상의하거나 설득해서 다른 길로 인도할 수도 있다. 그 대표적인 예로 미국 하버드 대학교 로스쿨에서 아시아 여성으로는 처음으로 종신교수가 된 석지영을 들 수 있다. 6세 때 미국으로 이민 간 석지영은 처음에는 발레리나를 꿈꿨다. 하지만 부모의 반대로 진로를 바꿔 예일 대학교에 입학해 영문학을 전공했고, 장학금을 받아 옥스퍼드 대학에서 비교문학으로 박사 학위까지 받았다.

하지만 그는 다시 법학으로 눈을 돌려 하버드 대학 로스쿨에 들어갔다. 졸업 후에는 뉴욕 검사를 거쳐 하버드 로스쿨 조교수로 임명되었고 4년 만에 종신교수 자리에 올랐다. 많은 이들이 종신교수직에 오르

----

8. 정인보의 친필 글씨. 조선 후기 선비 화가 심사정의 그림에 대해 평을 쓴 글
9. 정인보의 막내아들 정양모 전 국립중앙박물관장
10. 정인보의 차녀 경완과 홍명희의 차남 기무의 결혼식 모습. 이 결혼으로 인해 정인보는 납북되는 불운을 겪으면서 생을 마감하게 된다. 정인보의 비극은 바로 민족의 비극이었다.
11. 정인보(왼쪽)와 사돈인 벽초 홍명희(오른쪽)

기 전 6~7년간은 조교수로 지내는 것에 비하면 파격적인 발탁이라고 한다.

석지영에게는 발레보다 법학 공부가 재능과 적성에 더 맞았다. 그의 부모는 이러한 재능을 일찌감치 알아차리고 성공할 가능성이 상대적으로 낮은 발레리나의 꿈을 포기하도록 설득했던 것이다. 물론 석지영 교수가 이렇듯 화려한 성공 신화를 이루었기에 자신 있게 말할 수 있는 것일 테지만, 아버지의 멘토링이 적중했다는 사실은 부인할 수 없다.

한편으로 그의 여성으로서의 위치와 발레리나를 꿈꾸던 시절의 경험은 그의 시야와 연구 분야를 법의 영역뿐 아니라 춤으로까지 넓혀주고 있다. 석지영의 연구 분야는 남다르다. 『법의 재발견(At Home In The Law)』이라는 책을 통해 그는 법에서도 소외된 미국 여성을 다루었다. 이 책은 지난해 미국 법사회협회로부터 '올해 최고의 법률 서적'으로 선정되었다. 석지영의 사례는 부모의 응원과 멘토링이 자녀의 진로에 얼마나 큰 영향을 미치는지를 보여준다.

우리 것을 아끼고 사랑하는 '문화 전령사'를 꿈꾸게 하라

평생 미술사학자로 살아온 정양모는 미술사학 분야야말로 '글로벌 인재'가 절실하다고 말한다. 해외 순회 전시회 때 우리 문화, 우리 미술을 세계에 제대로 알릴 수 있는 인재의 필요성을 절감했다고 한다. 해외에서 한국을 잘 알릴 수 있는 게 바로 한국의 문화와 문화재인데, 이 분야를 전공한 홍보 인력이나 전문가가 크게 부족한 것이 현실이다. 심지어 전문가들조차 한국의 문화나 미술을 홀대하는 경향이 있다고 한다.

그가 국립중앙박물관 관장으로 재직할 때 〈한국 미술 5천년전〉이라는 전시회를 해외에서 연 적이 있는데, 전시회를 열고 난 후 한국의 위상이 많이 달라졌다고 한다. 특히 외교관들이 우리 문화를 피부로 느낄 수 있었다며 고마움을 표하기도 했다. 그는 최근에 해외에서 불고 있는 한류의 바람이 지속되려면 우리부터 먼저 우리 문화에 대한 자부심을 가져야 한다고 지적한다.

"우리나라 가수들이 해외에서 큰 인기를 누리고 있는데 이는 철저한 연습 덕분이죠. 마찬가지로 우리 문화를 제대로 알리려면 우리가 먼저 우리 역사를 잘 알아야 하고 또 자긍심을 가져야 해요."

정양모는 "'케이팝(K-Pop)'의 한류 붐에서 알 수 있듯이 앞으로 한국 문화가 세계로 더 확산되기 위해서는 '글로벌 문화 전도사'들이 필요하다"면서, 미술사학 분야에 보다 많은 젊은이들이 꿈을 꾸고 도전해보기를 바란다고 말했다. 그는 "우리 역사를 바로 알고 우리 것을 아끼고 자긍심을 갖는 인재야말로 세계 무대에서 당당히 글로벌 인재들과 겨룰 수 있다"고 강조한다. 우리 것을 멸시하거나 우리 것에 대한 열등감을 가진 이들은 결코 한국을 빛내는 글로벌 인재가 될 수 없다. 필자와 인터뷰를 하는 도중에 정 교수에게 전화 한 통이 걸려왔다. 그는 미국에 우리나라의 전통 정자를 짓는다면 한류의 확산에도 도움이 될 것이라는 취지로 이야기를 나누었다.

또한 정양모는 우리 문화를 세계에 알리는 인재가 되기를 꿈꾼다면 최소한 우리 역사와 인문 지리를 이해해야 한다고 강조한다. 우리의 역사와 문화를 제대로 이해할 때 창의적인 글로벌 인재가 될 수 있다는 것이다. 이를 위해 먼저 『삼국유사』를 읽을 것을 추천한다. 『삼국사기』가 정사(正史)라면 『삼국유사』는 야사(野史)에 해당한다. 『삼국유사』에서는 우리 민족의 생생한 문화와 삶을 엿볼 수 있다. 이중환의 『택리지』도 함께 추천한다. 『세종실록지리지』가 세종의 명에 따라 편찬된 것이라면, 『택리지』는 실학자 이중환이 전국을 답사한 발품 덕에 탄생했다. 전국 팔도의 인심을 평해놓기도 한 일종의 '인문 지리서'라고 할 수 있다. 『택리지』와 『삼국유사』는 필자 역시 참 재미있게 읽은 책이다. 특히 『택리지』는 우리가 사는 일상을 돌아보게 하는 책이어서 더 흥미롭다.

> 산수는 정신을 즐겁게 하고 감정을 화창하게 하는 것이다. 살고 있는 곳에 산수가 없으면 사람이 촌스러워진다…… 십 리 밖, 혹은 반나절 길쯤 되는 거리에 경치가 아름다운 산수가 있어 생각이 날 때마다 그곳에 가서 시름을 풀고, 혹은 유숙한 다음 돌아올 수 있는 곳을 마련해둔다면 이것은 자손 대대로 이어나갈 만한 방법이다.

이중환은 『택리지』에서 사람이 살 만한 곳을 가려 정하는 기준을 이렇게 제시한다. 이어 "한갓 산수만 취해서 삶을 영위할 수는 없다"고 덧붙인다. 먹는 문제를 해결하면서 집을 짓고 살 만한 아름다운 곳을 찾는다면 금상첨화라는 말이다. 또한 자연과 집을 보는 안목을 키워야 행복한 삶을 살 수 있다는 말이다.

문화 역시 마찬가지다. 문화에 대한 안목을 키워야 우리 문화를 제대로 감상할 수 있고, 나아가 우리 문화를 제대로 세계에 알릴 수 있다. 정양모는 한류 붐이 확산되는 지금이야말로 세계 무대에서 우리 문화를 알릴 수 있는 글로벌 문화 전령사가 절실한 때라고 강조한다. 그런 만큼 이 분야야말로 새롭게 도전해볼 만한 유망 분야라고 할 수 있다.

가수 김장훈과 함께 세계를 무대로 우리나라 문화와 독도 알리기에 적극 나서고 있는 서경덕 씨가 대표적인 문화 전령사라고 할 수 있다. '한국 홍보 전문가'로 불리는 그는 〈뉴욕 타임스〉와 〈월스트리트 저널〉 등 해외 유력 언론에 한국의 역사와 문화를 소개하는 광고를 실어 연일 화제를 낳고 있다.

정양모는 "문화 파수꾼이 되려면 우리 문화와 예술, 문학에 대한 폭넓은 이해가 필요하다"며, 대학에서 우리 문화와 미술을 전공하고 싶은 학생이라면 『노자』와 『장자』『왕유 시선집』『한국사신론』『한국 미술사』『동양 미술사』『한국 회화사』『중국 회화사』『한국 도자사』『중국 도자사』 등을 꼭 읽을 것을 권한다.

『노자』와 『장자』는 대학 입시를 준비하는 고등학생에게도 중요한 필독서다. 또한 왕유의 시 「중양절에 산동의 형제를 그리워하며(九月九日憶山東兄弟)」는 교과서에 수록되어 있는 작품이기도 하다. 자녀와 함께 『왕유 시선집』을 사서 함께 읽는다면 '시의 향기가 피어나는 가정'이 되지 않을까.

불효하는 사람은
멀리하게 하라

정인보는 어느 비 오는 날 남대문 역 앞에서 우연히 스승을 만났다. 그는 비 젖은 진흙탕 속에서 무릎을 꿇고 스승에게 절을 했다. 높이 우러러 받드는 스승만 보일 뿐, 진흙이며 비는 제자의 눈에 들어오지 않았던 것이다. 정인보는 스승이 스승의 권위를 잃어가던 당시의 혼란기에나 지금이나 보기 드문 참스승으로 회자된다. 그는 제자들의 스승이었을 뿐 아니라 자녀들의 스승이기도 했다.

6·25 전쟁 때 이승만 정부가 서울을 버리고 도망가자, 정인보는 "그래도 내 나라니까, 내 조국이니까 사랑해야 한다"고 강조했다. 그는 "나만 살겠다고 피난 갈 수 없다"며 서울 집에 머물다가 결국 납북되고 말았다. 정인보가 평생 강조한 것은 '나라가 나를 사랑해주지 않더라도 나라를 사랑하자'는 말로 요약할 수 있다.

삼일절과 광복절, 개천절 노래는 모두 위당의 작품이다. 정인보는 "나라 사랑은 효도에서 출발한다"고 늘 자녀들에게 말했다. 즉 '불효하는 사람은 사람으로 인정하지 말라'는 가르침이다. 아버지 정인보는 자녀들이 부모에게 저지르는 잘못은 아무리 작은 잘못이라도 용서하지 않았다. 평소에 잔소리 한 번 하지 않던 아버지였지만 자녀의 불효만큼은 반드시 깨우쳐주었던 것이다.

요즘은 아버지 노릇 하기 힘든 세상이다. 더욱이 제대로 된 아버지 노릇 하기는 더 힘든 세상이다. 정인보는 아버지로서 살아가기 힘든 지금 세상에도 참스승 같고, 멘토 같은 아버지의 본보기를 보여준다.

정인보는 그의 자녀들뿐만 아니라 우리 사회에 큰 흔적을 남기고 떠났다. 이제는 세상에 존재하지 않는 아버지가 그립다면, 혹은 아버지다운 아버지가 되어보고 싶다면 정인보가 어린 자녀들에게 해주었다던 '걸음마찍찍'을 해보자. 아이를 발등에 태우고 걸음마찍찍을 하며 발걸음을 맞춰보는 놀이만으로도 훗날 자녀들에게 따뜻한 아버지로 기억될 수 있지 않을까.

**명문가에서 배우는
큰 인물 만드는 비법 10**

우리 집만의 DNA를 강화시키는
'독서 리스트' 만들기

케네디 가문은 미국에서 가장 존경받는 정치 가문으로 손꼽힌다. 케네디 가문이 정치 명문가로 발돋움하게 된 데는 존 F. 케네디 대통령의 어머니, 로즈 여사의 독서 리스트가 밑바탕이 되었다는 이야기가 있다. 로즈 여사는 정치인들에게 꼭 필요한 모험과 도전 정신을 키울 수 있는 책들로 독서 리스트를 만들어 자녀들에게 읽혔다고 한다. 로즈 여사는 고전을 중시하면서도『아라비안 나이트』『보물섬』『아서 왕과 원탁의 기사들』『천로역정』『피터 팬』『정글북』『밤비』『톰 아저씨의 오두막』『신드바드의 모험』『블랙 뷰티』『시튼 동물기』등 다양한 장르의 책들을 서가에 꽂아두었다.

케네디 가처럼 그 가문만의 특별한 가풍을 세울 수 있는 독서 리스트를 만들어 세대를 이어 공유한다면 새로운 성공 신화를 만들어내는 주인공이 될 수 있을 것이다. 자녀를 정치가로 키우고 싶다면, 로즈 여사처럼 도전과 모험 정신이 담긴 책들로 독서 리스트를 만들어 자녀들에게 권해보자. 세계적인 정치가들은 어릴 적에 도전 정신과 모험심이 담긴 이야기와 역사책을 유달리 좋아했다는 공통점이 있다.

청나라 말기의 정치가이자 학자인 증국번은 모택동이 존경한 인물이기도 하다. 그의 자녀교육 철학이 집대성된 『증국번 교자서(教子書)』는 근대 이후 중국 자녀교육서의 고전으로 자리매김하고 있다. 중국인들이 자녀를 관리로 키우기 위해 꼭 봐야 하는 필독서였던 셈이다.

증국번이 강조하는 자녀교육의 핵심은 "자녀를 사랑하면 도리로써 가르쳐라"라는 것이다. 자녀를 가르칠 때는 먼저 품성을 바르게 형성시키면서 재능을 배양해야 하는데, 이를 위해 그는 세 가지를 강조했다.

첫째, 자손을 훈계해 전심전력을 다해 독서하고 수신하게 하라.
둘째, 사치를 경계하고 근면하고 겸손한 품덕을 배양하는 데 힘쓰게 하라.
셋째, 넓게 공부하게 하라.

특히 그는 부모가 먼저 책을 많이 읽어 자녀들을 이끌어야 한다고 강조했다. 덮어놓고 꾸짖지 말고 몸소 솔선수범의 본보기를 보이고 자녀와 서로 의견을 나누면서 지도해야 한다는 것이다. 그러기 위해서는 반드시 부모와 자녀가 함께 읽을 만한 필독서들을 마련할 것을 요구했다. 증국번이 필독서로 꼽은 책에는 『사서삼경』을 비롯해 사마천의 『사기』와 『장자』 등이 포함되어 있다.

또한 증국번은 책을 읽을 때는 분야를 한정짓지 말고 이른바 '문사철(문학, 역사, 철학)'뿐만 아니라 자연과학 분야의 책도 두루 섭렵해야 한다고 말한다. 제대로 된 자녀교육을 위해서는 가정마다 필독서를 갖춰야 한다는 게 증국번이 주는 교훈이라 하겠다.

　정양모 전 국립중앙박물관장뿐만 아니라 그의 자녀들은 모두 도예와 미술, 음악에 종사하는 예술가 가족이다. 정양모는 서울대에서 사학을 전공하고 국립중앙박물관에 근무하면서 미술사학에 눈을 떴고 이 분야의 전문가가 되었다.

　자녀를 정양모와 같은 우리 '문화 전령사'로 키우고 싶다면 무엇보다 문화와 예술, 역사와 문학 관련 책들로 독서 리스트를 만들 필요가 있다. 정양모 전 관장이 추천한 『세종실록지리지』, 이중환의 『택리지』, 일연의 『삼국유사』 『노자』 『장자』 『왕유 시선집』 『한국사신론』 등은 우리 문화를 이해하기 위해 반드시 읽어야 할 교양서라고 할 수 있다. 물론 『노자』와 『장자』 등은 청소년들이 읽기에 다소 어려운 부분이 있지만 아버지와 함께 토론하면서 읽을 수도 있다.

　정양모 가의 경우처럼 우리 집만의 독서 리스트를 만들어 부모와 자녀가 함께 읽어보자. 부모의 애독서가 자녀의 애독서가 된다면, 그것이 바로 우리 집만의 DNA를 강화시키는 독서 리스트가 될 것이다. 단, 독서 리스트에는 반드시 고전을 포함시켜야 한다. 동서양을 통틀어 역사의 큰 흐름을 주도한 위대한 리더들의 공통점은 바로 고전과 역사책을 중시했다는 점이라는 것을 잊지 말자.

　참고로 우리에게 『수레바퀴 아래서』와 『데미안』으로 유명한 헤르만 헤세는 무엇보다 셰익스피어와 괴테의 작품을 모두 읽기를 권했다. 헤세는 "진정한 대문호들을 제대로 알아야 하는데 그 선두에 있는 것이 셰익스피어와 괴테"라고 강조했다. 헤세는 또한 독서 리스트를 동양과

서양, 고대와 현대의 책들로 조화롭게 구성하는 것이야말로 지혜로운 독서 기술의 핵심이라고 말했다.

    독서 리스트는 집집마다 다를 수 있다. 우리 집 자녀의 재능과 적성을 고려해 우리 집만의 특별한 독서 리스트를 만들어보자. 가능하다면 작은 서가를 꾸며 책들로 가득 채워보자. 머잖아 집은 책 향기로 가득해지고, 자녀들은 어느새 열혈 독서가로 바뀌어 있을 것이다.

자녀에게 가업을 잇게 하고 싶은 부모에게

현대 명문가의 자녀교육 11
정일형·이태영 가

8선 국회의원 · 한국 최초 여성 변호사

해방 후 첫 '3대 정치가'를 배출한 내력

고학생을 키워준 교회와 남을 위해 일하라

정일형·이태영 가에서 배우는 자녀교육법 7

1. 여성의 힘이 세상을 바꾼다
2. 고학생을 키워준 교회를 위해 일하라
3. 누비이불 장사한 억척 아내, "법학 공부 하게 해주세요"
4. 스스로 생각하고 판단해서 어려움을 뚫고 나가라
5. 엄격한 체벌도 교육의 일환이다
6. 성경으로 서구 역사와 우리 문화를 보는 눈을 키워라
7. 혼이 담긴 '레시피'를 만들어야 성공한다

고 정일형 박사와 아들 정대철, 손자 정호준. 정호준이 소중히 간직해온 사진으로, 이 사진을 보면서 할아버지와 아버지의 뒤를 잇는 정치인이 되겠다는 열망을 키웠을 것으로 짐작된다.

"**가족이 단결해서 안 되는 일은 없다.**" 이 말은 형제간의 우애를 중시한 케네디 가의 모토다. 오늘날 케네디 가는 미국에서 정치 명문가 1위(2009년 〈워싱턴 포스트〉 선정)로 인정받고 있는데, 그 원동력으로 유별난 형제애가 거론되곤 한다. 형제간의 우애가 정치 명문가를 만든 초석이라는 말이다.

케네디의 어머니 로즈 여사는 슬하에 4남 5녀를 두었다. 둘째 아들인 존 F. 케네디(애칭 '잭')가 29세 때 하원의원 선거에 출마하자 로즈 여사는 '선거본부장'을 자임하고 나섰다. 여덟 형제자매는 다니던 직장을 휴직하거나 사표를 내고 선거운동에 합류했다. 로즈 여사는 티파티(다과회)를 열어 여성 유권자들에게 지지를 호소했다. 전쟁에서 아들을 잃은 어머니들의 모임인 '골드스타어머니회'에 잭을 초청해 연설하게 하기도 했다. 가족의 적극적인 협조에 힘입어 존 F. 케네디는 하원의원에 당선되었다.

이어 35세에 상원의원에 도전하자 이번에도 형제자매들은 다시 똘

똘 뭉쳐 선거운동원으로 나섰다. "J. F. 케네디에게 한 표를"이라고 수놓은 스커트를 입고 집집마다 찾아다니며 지지의 한 표를 호소했다.

이들 가족은 각자의 재능과 특기에 맞게 선거운동을 했다. 프랑스어를 잘하는 로즈 여사는 프랑스어를 사용하는 캐나다 사람들에게 지지를 호소했다. 레바논 사람들이 거주하는 지역에서는 레바논에 대해 잘 아는 유니스(3녀)가 선거운동을 맡았다. 로즈 여사는 티파티의 초대장을 직접 발송했고, 모두 32회에 걸쳐 티파티를 열었다. 티파티에 참석한 여성 유권자만 해도 7만여 명에 달했다. 저녁이면 자매들은 집회를 열고 존 F. 케네디가 출연하는 텔레비전 프로그램을 함께 시청했다.

마침내 잭은 상원의원에 당선되었다. 그리고 다시 하원과 상원에 이어 대통령에까지 당선되자 당시 언론들은 선거 승리의 원동력은 케네디 집안의 티파티였다고 앞다투어 보도했다. 특히 어머니 로즈 여사와 다섯 딸들은 여성 유권자들을 대상으로 한 티파티를 주관하면서 난공불락이던 상대 후보의 아성을 조금씩 흔들기 시작했다. 온 가족이 한마음이 되어 똘똘 뭉친 케네디 가는 이길 수 없는 싸움으로만 보였던 선거에서 모두 승리를 거두었다.

다만 아버지 조지프는 뒤에서 선거를 지원하는 역할만 할 뿐 전면에 나서지 않았다. 아버지는 자녀들에게 잭이 경쟁 후보나 반대 세력에 맞설 때 형제간에 일치단결하면서 서로 의지해 어려움을 이겨내라고 가르쳤다. 선거 때마다 어머니와 다섯 딸을 전진 배치한 게 선거 승리의 원동력이 되었던 것이다. 이것이 바로 케네디 가를 정치 명문가로 만든 '보이지 않는 힘'이었다.

여성의 힘이
세상을 바꾼다

"선거 사무소에 여성이 많아야 당선될 수 있습니다." 해방 후 처음 '3대 정치인' 가문을 일구어낸 정대철 민주통합당 상임고문의 말이다. 정 고문의 선친인 정일형 의원(외무부 장관 역임)이 8선(국회의원 선거에서 8번 당선되었다는 의미) 국회의원이었고, 정 고문은 5선, 이어 그의 장남 정호준 의원이 세 번의 도전 끝에 당선됨으로써 3대에 걸쳐 무려 14선이라는 기록을 세웠다.

그런데 정 고문의 집안 가계도를 살펴보면 국회의원 선수(選數, 국회의원에 출마해 당선된 횟수)가 14선에 그치지 않는다. 정대철 고문 부인(김덕신)의 친정 집안에도 국회의원 5선의 기록이 있다. 정 고문 부인의 할머니(박현숙)는 2선의 국회의원으로 무임소장관(특정 임무가 없거나 정부 부서에 속하지 않는 장관)을 역임했다. 김덕신 여사의 형부는 조순승 전 의원으로 3선을 역임했다. 여기서 양가를 잇고 있는 김덕신 여사를 기준으로 하면, '시아버지(정일형) 8선+남편(정대철) 5선+아들(정호준) 1선+할머니(박현숙) 2선+형부(조순승) 3선=19선'이라는 경이적인 기록이 나온다.

정 고문은 장남 정호준이 출마한 19대 총선에서 여성의 힘을 중시한 것이 승리에 일조했다고 말했다.

"선거운동의 효과를 10으로 잡을 경우, 남성 운동원은 3의 효과를 보이는 반면 여성 운동원은 7의 효과를 얻을 수 있는 것 같아요."

이번 선거에서 부인 김덕신 씨를 비롯해 장녀 혜준의 역할이 컸다고 말한다. 물론 미국 유학중인 차남 세준도 가세했다. 이들 가족은 각기 한 팀을 이루어 모두 여섯 팀(정 고문 부부가 두 팀, 정호준 부부가 두 팀, 장녀와 차남이 각각 한 팀)을 가동하면서 선거를 지원했다. 가족간 화합이 선거의 보이지 않는 힘이었다고 한다. 미국 최고의 정치 명문가를 만든 것도 가족간·형제간 화합이었는데 정대철 가도 가족간·형제간 화합으로 선거에서 승리를 이뤄냈다. 그러고 보면 가족간·형제간의 화합이 정치 명문가의 최우선 조건인 듯하다. 물론 가족간·형제자매간 화합은 비단 정치 가문뿐 아니라 행복한 가정의 필수 덕목이다. 다만, 정치 가문의 경우 부모나 형제자매의 단합된 선거운동에서 나오는 한 표야말로 선거 당락을 좌우할 수 있기 때문에 더욱 두드러지는 것이다.

정대철 고문이 쓴 책 중에는 『여자를 키우면 나라가 큰다』라는 제목의 책도 있다. 그는 이 책에서 선거에서 단지 여성의 힘을 중요시하는 차원을 넘어 한국이 더욱 발전하려면 여성의 잠재적인 능력을 계발하는 길이 가장 확실한 방법이라고 주장한다.

정대철 가의 내력을 보면 어머니의 역할이 특히 두드러진다. 정대철의 할머니(한은총)는 하루아침에 청상과부가 되어 온갖 고생 다하면서 오누이를 키워냈다. 그 아들이 정일형 박사, 정대철의 아버지다. 또한 정대철의 어머니인 이태영 여사는 정일형 박사가 독립운동으로 갖은 고초를 겪을 때 꿋꿋이 뒷바라지하며 자녀를 키웠다. 더욱이 세 자녀를 둔 주부로 서울대학교 법대에 뒤늦게 들어가 한국의 첫 여성 변호사로 이름을 알렸다. 정대철의 할머니와 어머니, 두 여성의 힘이 한국의 정치 가문을 만들었다고 해도 과언이 아니다.

고학생을 키워준
교회를 위해 일하라

"우리 집안은 할머니부터 시작해 손자까지 5대째 기독교 집안이고, 외증조부도 목사로 감리교회를 세웠어요. 저는 '모태신앙'이고요. 아버지도 목사 안수를 받으셨고, 할머니는 전도부인이었어요. 이번에 국회의원에 당선된 호준이와 며느리도 신자고요. 저는 어릴 때부터 집안에서도 나라와 민족을 위한 기도, 통일을 위한 기도를 늘 들으며 성장했습니다."

정대철 고문을 인터뷰하며 집안의 내력을 들으면서 교회가 한 가문에 미친 영향을 실감했다. 어쩌면 5대째 이어지는 신앙이 3대에 걸쳐 정치인을 배출한 힘은 아니었을까 하는 생각마저 들었다. 필자는 수많은 가문을 인터뷰하면서 때로는 신앙이 가문에 깊은 영향을 끼친 이야기를 듣곤 했다. 예를 들면, 조선에 기독교가 전파되던 100여 년 전 여러 형제 중에 기독교 신자가 있었는데 그만이 유독 다복하고 성공한 자녀들을 두었다는 이야기였다. 물론 일반적인 이야기는 아닐 테지만 가난하고 암울했던 시절 교회가 한 가문의 성장 배경에 무시할 수 없는 영향을 끼치기도 했던 것이다. 즉 교회가 인재를 키우고 가르치는 인큐베이터 역할을 한 셈이다.

정대철의 선친인 정일형 박사는 8선의 야당 정치인이자 2공화국(장면 정권) 때는 외무부 장관을 지냈다. 일제강점기에는 무려 스물세 차례나 일본 경찰에 체포되어 5년간 옥살이를 했을 정도로 독립운동에 앞장섰고 고문과 투옥으로 혹독한 시련을 겪어야 했다.

그때 정일형에게 항일 의지와 투지를 불사르게 하고 시련을 이겨낼 수 있는 힘이 되어준 것 중 하나가 신앙이었다. 그는 감리교신학대학 교수를 지낼 때 목사 안수를 받았고, 해방 후에는 중앙신학교(현 강남대학교)를 설립했다. 그는 초등학교부터 대학교까지 기독교 계통의 학교를 다녔다. 미국 유학도 교회에서 선발한 미국 유학 장학생으로 뽑혀 갈 수 있었다. 이상에서 알 수 있듯이 정일형을 키우고 인재로 만든 것은 교회였다. 너무도 가난했던 소년 정일형은 2년간 교회에서 종지기를 하며 겨우 학교에 다닐 수 있었다.

"우리 집안은 황해도 안악군 저도(젯섬)에서 살았어요. 증조부가 상해를 오가며 상업으로 자금을 모아 구한말 의병 1,000여 명을 사재로 양성하며 독립 투쟁을 준비했어요. 그러다 상해에서 돌아오던 중 배 위에서 그만 호열자(콜레라)로 급서했어요. 조부는 아버지를 이어 의병을 이끌어오다 빚만 잔뜩 진 채 장질부사(장티푸스)로 26세에 급서를 했고요."

집안 내력을 듣는 내내 어떻게 가난한 청상과부와 그의 아들이 온갖 어려움을 이겨내고 큰 인물이 될 수 있었는지 궁금증이 더해갔다. 졸지에 청상과부가 된 장 고문의 할머니는 네 살배기 아들(정일형)과 딸을 데리고 섬을 도망치다시피 해서 빠져나와 진남포에 정착했다. 의병대장의 손자가 졸지에 집도 없는 가엾은 신세가 된 것이다. 정일형은 자서전 『오직 한 길로』에서 당시의 상황을 '화는 홀로 오지 않는다'는 속담에 빗대어 기록했다. 불행은 넝쿨째 온다는 말인데, 그것이 당시 소년 정일

1. 정대철 민주통합당 고문은 박정희 정권이 아버지 정일형을 의원직에서 제명하자 아버지의 지역구(서울 중구)에 도전해 국회의원이 되었다. 이어 그의 아들인 정호준은 세 번의 도전 끝에 자신의 지역구에서 19대 국회의원에 당선되면서 해방 후 첫 3대 정치가 가문을 일구었다.

2. 정대철·김덕신 부부와 아들 정호준 부부. 김덕신 씨에게 정치가 집안은 운명처럼 보인다. 친정 집안의 할머니가 장관을 지낸 2선 국회의원이었는데, 시아버지 정일형 박사가 외무부 장관을 지낸 8선 국회의원이 되는 데 주도적인 역할을 했다. 그는 또 그 아들을 국회의원으로 만들었다.

3. 정일형·이태영 박사 기념사업회관의 뜰을 걸으며 담소를 나누는 정대철 고문과 장남 호준. 정호준에게 국회의원 5선 관록의 아버지는 최고의 멘토가 아닐 수 없다.

형과 그의 어머니에게 닥친 현실이었다.

오갈 데 없던 모자는 먼 친척이 방 한 칸을 내주어 그나마 풍찬노숙을 면할 수 있었다. 어머니는 땔감을 해다 팔거나 삯바느질을 하며 밤낮을 가리지 않고 일하는 한편으로 아버지가 남긴 빚을 갚으라는 독촉에 시달렸다.

소년 정일형은 교회 종지기를 하며 교회가 운영하는 초등학교에 다니기 시작했다. 새벽에 누구보다 먼저 일어나 교회의 종을 울리는 종지기 노릇을 2년 동안 했다. 그때부터 정일형과 교회의 인연이 시작되었고, 평생을 함께했다. 가난을 딛고 꿈을 키울 수 있었던 원동력이 바로 교회였던 것이다. 그는 교회나 학교로부터 장학금을 받고 선교사의 도움을 받으면서 장차 큰사람이 되겠노라 다짐했다. 어려움에 처한 소년이 종지기 일을 시작으로 다시 힘을 얻고 꿈을 꾸기 시작한 것이다.

정일형은 연희전문학교(현 연세대학교)를 졸업한 뒤 교회에서 뽑는 미국 유학생에 선발되어 유학길에 올라 박사 학위(농촌사회학)를 받았다. 교회 종지기 고학생이 미국에서 박사 학위를 받은 것이다. 그의 사례를 통해서도 교회가 근대 조선의 가난한 고학생들이 인재로 성장하는 데 큰 역할을 했던 사실을 확인하게 된다.

정일형은 훗날 아들 정대철에게 유언을 남겼다.

"먼저 교회를 위해 일해라. 둘째로 민주주의를 위해 일해라. 셋째로 통일을 위해 일해라."

그는 무엇보다 자신을 인재로 키워준 교회를 위해 봉사하라고 했다. 심지어 아버지는 정대철이 목사가 되기를 바랐다. 아들은 목사 대신 민주주의를 위해 일하라는 두번째 유언을 따랐고, 미국 유학 도중 귀국해 아버지를 이어 정치인의 길에 들어섰다. 정대철은 아버지의 첫번째 유언에도 따르기 위해 사도 바울과 베드로의 책을 번역하는가 하면 국내에서는 물론 국외 한인교회에서도 선교 활동에 열성적이다. 정일형과 정대철, 그리고 정호준으로 이어지는 3대 정치인 집안은 어쩌면 종지기로 시작된 교회와의 인연 덕분이 아니었을까.

누비이불 장사한 억척 아내, "법학 공부하게 해주세요"

정일형은 가난한 어린 시절을 보내고 어엿한 청년이 되어 박사 학위를 안고 귀국했다. 그는 연희전문학교의 교수직을 제안받았지만 거절하고 평양으로 가서 개척교회를 시작했다. 이어 감리교신학대학 교수, 외무부 장관, 야당 정치인으로 한국 근현대사의 한 획을 그은 인물이 되었다.

정일형에게 소년 시절 큰 힘이 되어준 것이 '교회의 세계'였다면 결혼 이후에는 아내 이태영의 내조가 큰 힘이 되었다. 영변에서 금광을 운영하며 독립운동을 지원하던 부모 밑에서 자란 이태영은 이화여자대학교 가사과를 졸업한 엘리트 여성이었다. 기독교 신자였던 부모는 똑똑하면 아들딸 가리지 않고 평등하게 공부시키겠다고 자녀들에게 약속했다. 정대철은 "어머니는 공부를 잘해서 이화여대에 들어갈 수 있었던 반면 외삼촌은 고등학교까지만 나왔다"고 전했다.

　이태영은 공부를 더 하는 것이 꿈이었다. 결혼 후 공부를 더 하게 해주겠다는 남편의 동의를 받고서야 결혼을 할 정도였다. 하지만 신혼의 단꿈도 잠시였다. 도산 안창호 선생의 강연을 주최하다가 남편이 일본 경찰에 쫓겨다니기 시작하면서 고된 신혼살이가 시작된 것이다.

　남편의 잦은 옥살이로 생계가 막막해지자 이태영은 누비이불 장사를 하기 시작했다. 누비이불을 만들면서 남편에게 좋은 가위와 재봉틀이 있으면 사다 달라고 부탁하기도 했다. 잘 들지 않는 가위가 늘 말썽이었기 때문이다. 이태영은 남편의 옥바라지를 하면서 억울하게 고초를 당하는 독립투사들을 숱하게 보았다. 주변에서 힘이 없어 억울함을 당하는 사람들 또한 부지기수로 보았다. 그때부터 이태영의 꿈은 법학 공부를 하는 것으로 바뀌었다.

　1남 2녀의 어머니였던 이태영은 아들 정대철이 3세 되던 1946년 마침내 꿈을 이루기 위해 도전에 나섰다. 바로 서울대학교 법대에 편입한 것이다. 그때의 나이 33세였다. 이태영은 만학도가 되어 20대 초반의 학생들과 함께 공부했다. 그사이 자녀들은 학교에 들어갔고 또 막내딸도 낳았다. 6년 뒤에는 고등고시에 합격했고, 야당 정치인의 아내라는 이유로 법관 임용을 포기하고 변호사가 되었다. 한국 최초의 여성 변호사였다. 이태영은 가정법률상담소를 열어 힘없는 여성들을 대변하는 데 앞장선 공로를 인정받아 막사이사이상을 수상하기도 했다. 55세에는 서울대학교에서 법학박사 학위를 취득했다.

　이태영은 한국 여성계의 대모이자 지금도 수많은 여성들의 역할 모델이 되고 있다. 일제강점기에는 남편 내조에 온 힘을 기울였고 해방 후에는 변호사이자 교수, 민주화 운동가로 홀로서기를 하면서 사회적 약자인 여성들의 파수꾼이 되어주었다.

스스로 생각하고 판단해서 어려움을 뚫고 나가라

필자는 『세계 명문가의 독서 교육』을 쓸 때 힐러리 클린턴의 역할 모델이 엘리너 루스벨트라는 사실을 알았다. 엘리너 루스벨트는 미국의 32대 대통령 프랭클린 루스벨트의 부인으로, 갑작스러운 소아마비 진단으로 정치 인생을 포기하다시피 한 남편을 일으켜 세워 마침내 미국의 대통령에 당선시킨 '내조의 여왕'이다. 더욱이 프랭클린 루스벨트는 미국 역사상 처음이자 마지막 기록인 4선 대통령이다.

엘리너는 퍼스트레이디 자리에서 물러난 뒤 홀로서기를 했고, 유엔의 '세계인권선언' 제정에 큰 역할을 했다. 엘리너가 보여준 민권·아동보호·난민·인권에 대한 관심은 힐러리의 관심 분야이기도 했다. 엘리너는 『나 홀로 걷는 길(On My Own)』이라는 자서전을 썼는데 퍼스트레이디 이후, 즉 남편인 프랭클린 루스벨트가 세상을 떠나 홀로 되고 나서의 인생 역정을 담고 있다. 엘리너는 지금도 주도적인 삶을 산 여성의 상징으로 회자된다.

엘리너는 『세상을 끌어안아라(You Learn by Living)』라는 자전적 에세

---
4. 이태영 변호사는 1975년 자유를 위해 헌신한 공로를 인정받아 '막사이사이상'을 수상했다. 또한 남편과 함께 민주화 운동에 앞장서다 변호사 자격을 박탈당했다.
5. 정일형 박사 부부와 1남 3녀의 자녀들. 가족 아닌 김흥한 변호사(사진 뒷줄 오른쪽)가 함께한 것이 흥미롭다. 김흥한은 이태영 변호사의 서울대 법대 동창으로 훗날 그 옆에 있는 장녀 진숙과 결혼해 큰사위가 된다.
6. 정일형 박사와 이태영 변호사의 노년의 한때. 부부는 암울한 세상을 함께 헤쳐나가며 때로는 동지로 살았다.

이도 썼는데, 이 책에서 강조하는 메세지는 살면서 끊임없이 배워야 한다는 것이다. 엘리너는 "배움을 멈추는 순간 삶도 멈춘다"고 이야기한다. 그리고 배움의 열정으로 이끄는 것은 다름 아닌 호기심과 모험심이라고 강조한다.

> 호기심과 지칠 줄 모르는 모험심만 있으면 활기차고 의미 있는 삶을 살아나갈 수 있다. 인생은 살아볼 만한 가치가 있는 것이며, 호기심은 항상 깨어 있어야 한다.

엘리너는 또 이렇게도 말한다.

> 여자는 티백(teabag)과 같아서, 뜨거운 물에 빠지기 전에는 여자가 얼마나 강한지 모른다.

이 말에 자극받아 홀로서기를 시도한 여성들이 전 세계적으로 수없이 많았을 것이다.

엘리너의 자서전 『나 홀로 걷는 길』을 번역한 이가 바로 이태영 변호사다. 그는 엘리너의 자서전을 번역하면서 엘리너의 배움에 대한 열망과 홀로서기를 통한 자주적인 삶에 큰 감명을 받았다. 엘리너가 이태영의 역할 모델이 되어 그의 삶 속으로 들어온 것이다. 이태영이 변호사로서 홀로서기를 하고 한국가정법률상담소를 세워 여성에 대한 불평등과 인습에 맞서 싸운 데는 엘리너의 영향도 작용했을 것이다.

"세계인권선언을 기초한 그는 약자 혹은 버림받은 사람들을 위해 얼마나 따뜻한 손길을 뻗치고 싶어했는지 모른다."

이태영은 엘리너의 자서전을 번역하면서 이렇게 소회를 밝혔다.

이태영은 자녀들에게도 늘 주도적으로 살라고 강조했다. 정대철은 "어머니는 늘 스스로 판단하고 스스로 노력해서 결정하도록 유도하는 교육을 했다"면서 "특히 정신적으로 자녀들이 자립할 수 있도록 가르쳤다"고 말한다. 마틴 루서 킹 목사가 한 말, 즉 "네가 처한 곳에서 네가 할 수 있는 일에 최선을 다하라"는 말은 자녀들에게 좌우명이 되었다고 한다. '자립 정신'과 '자생 능력', '자주적 판단'은 뒤늦게 홀로서기를 하면서 변호사가 된 이태영의 자녀교육 3원칙이었다.

"교육의 핵심은 스스로 어려운 것을 뚫고 나가는 능력을 키우는 데 있다. 지식이 많아도 이 능력을 키우지 않으면 안 된다. 다른 사람과 의논을 하고 자문을 구해도 결국 스스로 판단하고 결정을 해야 한다. 스스로 노력해서 목적을 달성해야 한다."

정대철은 어머니가 늘 강조한 교육의 핵심은 '스스로 생각해서 스스로 판단하라'였다면서 유독 자립심을 중시했다고 한다. 어머니의 가르침은 바로 어머니 당신의 삶이었던 것이다. 1남 3녀를 키우면서도 밤마다 불을 밝히며 고시 공부를 했던 이태영의 삶은 그 자체로 교훈이 되고도 남는다. 자녀들은 별 탈 없이 자라 장녀(진숙)와 막내(미숙)는 이화여자대학교를, 차녀(선숙)와 장남(대철)은 서울대학교 법대를 나왔다. 특히 큰사위가 이태영의 서울대학교 법대 동기인 것이 흥미로웠다. 큰사위는 한국 최초의 로펌인 '김장리'를 설립한 김흥한 변호사로, 장면 총리의 비서실장을 지내기도 했다.

엄격한 체벌도 교육의 일환이다

정대철 고문은 뜻밖의 이야기를 들려주었다. 기독교가 중시하는 사랑의 정신으로 충만한 이들 부부가 자녀교육을 위해 때로는 체벌을 했다는 것이다. 시늉만 내는 데 그치지 않고 자녀의 눈물을 쏙 뺄 정도로 매서운 체벌이었다고 한다.

정대철은 어린 시절 악동으로 소문이 났었다고 한다. 초등학교 1학년 때는 집에서 쫓겨나기도 했다. 그럴 때면 어린 마음에 어머니가 미워 집으로 돌아가지 않았다. 어머니는 가끔 소지품 검사를 했는데 그때마다 엄청난 수의 딱지와 구슬이 나왔다. "세상에 이럴 수가…… 어서 가서 대철이 불러오너라." 작은누나(정선숙)에게 불려온 대철은 무릎을 꿇고 앉아 어머니의 이야기를 들어야 했다.

"대철아, 아무리 어려도 그렇지, 네가 신이 나서 이런 예쁜 구슬과 쇠구슬을 따 모을 때 그것을 잃은 아이는 얼마나 가슴이 아프겠니. 그래, 너만 좋고 남은 가슴이 아파도 좋아? 이런 것은 그때그때 가지고 놀다 나누어 주고 돌아와야지."

어머니는 준엄한 목소리로, 말하자면 '이웃과 더불어 사는 삶' 혹은 '이웃과 나누며 사는 지혜'를 어린 대철에게 설명하려고 했던 것이라고, 정선숙은 아버지가 쓴 『정대철, 유난히 큰 배꼽』이라는 책에서 증언했다.

악동 대철은 결국 사고를 치고 말았다. 어머니의 핸드백에서 돈을 훔쳐 평소 사고 싶었던 백과사전을 산 것이다. 그리고 제발이 저려 거짓말을 했다. "어머니, 이거 제가 학교에서 상으로 받아 온 거예요"라며 횡설수설한 게 엉성했던 터라 곧 거짓임이 탄로 나고 말았다. 이 사실을 안 아버지는 회초리로 대철의 종아리에 피멍이 들도록 체벌을 했다.

"어렸을 때 종아리는 물론이고 심지어 뺨도 맞았어요. 심하게 잘못한 일이 있으면 꿇어앉혀놓고 뺨을 때리셨어요. 자존심을 상하게 할 의도로 일부러 그렇게 하신 거죠. 보통 집이라면 아버지가 때리면 어머니가 말리거나 위로해주었을 텐데 우리 집은 그렇지 않았어요. 어머니와 아버지가 짜고 혹독하게 매질을 하거나 뺨을 때렸습니다."

정대철 고문은 자신도 체벌에 찬성할 뿐만 아니라 부모님처럼 자녀에게 체벌을 했다고 한다. 심지어 자녀가 고등학교를 마칠 때까지도 계속했다고 한다. 막내 세준이 "아버지에게 따귀를 안 맞으니까 섭섭하다"는 농담까지 했을 정도다. 자신 역시 대학에 들어가 술 먹는다고 아버지에게 맞은 적이 있다고 고백했다.

『주역』에 "다른 사람에게는 관대하고 자신에게는 엄격하라"라는 말이 나온다. 이 말을 자녀교육에 적용하면, 자식에게는 엄격하고 이웃들에게는 관대하라는 말과 잇닿아 있다. 어쩌면 정일형 박사와 이태영 변호사는 최고의 지성인이었지만 자녀들을 엄하게 교육함으로써 사회에 나가 이웃에게 따뜻한 배려와 나눔을 베풀 줄 아는 사람이 되기를 바

7. 민주 구국 선언을 하고 있는 정일형 박사. 그는 일제강점기에는 독립운동에 앞장섰고, 박정희 정권 아래서는 민주화 운동에 앞장서다 1977년 국회의원직을 박탈당했다.
8. 한국을 찾은 테레사 수녀와 함께한 이태영 변호사
9. 정일형 박사의 국회의원 입후보를 알리는 선거 포스터를 앞세운 부인 이태영 변호사와 여성들
10. 이태영 변호사가 장남 정대철의 53세 생일을 맞아 써준 축하의 글. 엄마가 자녀에게 쓰는 글은 훈장처럼 자녀의 머리에 새겨져 평생을 지탱해주는 따스한 힘이 된다.

랐을 것이다.

그러한 가정교육의 영향인지 정대철은 자신의 등록금을 친구들에게 나눠 주고 정작 자신은 등록금이 없어 자형에게 도움을 받아 등록한 적도 있었다. 자기 주머니나 집에 있는 물건을 가져가 다른 사람에게 주는 게 '습관'일 정도로 나눔 정신이 '투철'했다. 정대철은 어머니가 늘 "기독교 정신으로 사랑을 나누어라. 사랑의 핵심은 남을 돕는 것이다"라는 가르침으로 무장시켰기 때문이라고 설명했다.

성경으로 서구 역사와
우리 문화를 보는 눈을 키워라

정대철 고문은 요즘도 교회를 돌며 강연하느라 바쁘다. 강연 주제는 대부분 '한국인의 의식 구조'다. 그가 한국의 문화와 역사에 관심을 가지게 된 것은 성경 공부 덕분이었다고 한다. 그는 감옥에 있을 때 성경을 통독했다. 아버지 정일형은 자녀들에게 성경 해설서를 읽게 했다. 성경을 읽는 것만으로는 성경의 역사와 이스라엘의 역사를 잘 이해할 수 없기 때문이었다. 더군다나 성경에 담긴 지혜를 어린 소년이나 청소년이 혼자서 깨우치기란 쉽지 않다. 정대철은 고등학생 때 목사이자 감리교신학대학 교수를 지낸 아버지가 해설서를 주면서 성경을 이해하도록 이끌어주었다고 말한다.

"성경을 통해 서구 문명과 역사를 심도 있게 공부했습니다. 그리고 서구 문명과 역사와 비교하며 한국의 역사와 문화에 대해서도 공부했어요."

그가 가장 감명 깊게 읽은 책은 함석헌의 『뜻으로 본 한국역사』였다. 눈물을 흘리며 읽었을 정도다. 그는 "이 책을 읽으면서 한국의 역사와 한국은 한마디로 '희망이 있다'는 생각을 했다"고 말한다. 함석헌을 통해 한국 역사를 본 그는 이어 이어령을 통해 한국의 문화를 이해할 수 있었다고 말한다. 그는 역사를 공부하면서 정조 임금을 역할 모델로 삼았다. 국민을 위한 개혁적인 통치자이자 국가사업으로 서적을 출판하는 등 문예부흥을 이끈 점이 마음에 와 닿았다고 한다. 최근에는 『바울 이야기』에 이어 『베드로, 나를 따르라』를 번역 출간했다. '교회를 위해 일하라'는 아버지의 유언을 실천한 것이다.

혼이 담긴 '레시피'를 만들어야 성공한다

정대철은 어머니가 이화여자전문학교를 나온 뒤 다시 서울대학교 법대에 들어가 공부하고 고시 공부를 하는 모습을 보면서 "사람이란 무엇인가 목표를 세우고 부단히 노력해야 성공한다"는 확신을 갖게 되었다. 더욱이 민주화 운동에 앞장섰다가 국회의원에서 제명된 아버지와 변호사직을 박탈당한 어머니는 정대철에게 정치적 스승이기도 하다. 1976년 아버지가 박정희 유신정권에 의해 국회의원에서 제명되자 정대철은 미국 유학 도중 귀국해 보궐선거에 출마해 당선되면서 아버지의 뒤를 이었다.

그는 19대 국회의원에 당선되어 정치가의 길에 입문하는 아들 정호준에게 할아버지와 자신을 뛰어넘는 정치인으로서의 '레시피'를 만들라고 조언했다. 할아버지와 아버지가 정호준에게 늘 자신을 비춰 보며 스스로를 더욱 갈고 닦게 해주는 거울이 되어줄 수는 있겠지만, 여기에 더해 요리사처럼 혼이 담긴 레시피를 만드는 것은 혼자서 감당해야 할 몫이다. 정호준은 "할아버지나 아버지의 명성은 제게 소중한 유산인 동시에 부담입니다. 저만의 혼이 담긴 정치적 콘텐츠를 부단히 연구해서 만들어내겠습니다"라고 말한다.

정치 선배로서 아버지 정대철은 아들 호준에게 세 가지 '메뉴'를 주문했다. 첫째, 학위 공부를 하라. 둘째, 밑바탕이 되는 교양 공부를 하라. 셋째, 폐기된 법안을 다시 살펴보고 되살려내라.

정호준은 한양대학교 사회학과를 나와 미국 뉴욕 대학교에서 석사과정을 마쳤다. 아버지는 내친김에 박사 학위를 취득해 '3대 박사'도 이으라고 조언한다. 학문적 전문성이야말로 정치인이 갖춰야 할 조건이라는 생각에서다. 정대철은 서울대학교 법대에서 석사 과정을 마치고 미국 유학길에 올라 국제정치학 박사 학위를 받았다.

다음으로 교양이 되고 세상을 자신만의 관점으로 볼 수 있는 지식이 있어야 하는데 이를 위해 독서 목록을 만들어 부지런히 책을 읽게 했다. 정대철은 자신의 필독서들을 아들에게 주었다. 거기에는 성경과 자신이 번역한 바울, 베드로에 대한 책을 비롯해 『뜻으로 본 한국역사』

『목민심서』, 입센의 『인형의 집』, 수전 그린필드의 『브레인 스토리』 『최무영 교수의 물리학 강의』, 다치바나 다카시의 『우주로부터의 귀환』, 토인비의 『역사의 연구』 등이 포함되어 있다.

또한 정대철은 자신의 의정 경험을 들려주면서 폐기된 법안을 다시 공부하고 자료를 연구해 되살리는 것도 선배 정치인들의 축적된 노하우를 연구하는 기회로 삼을 수 있다고 조언했다.

정일형 박사와 이태영 변호사, 그 후손들의 이야기는 한 편의 드라마보다 더 극적이고 교훈적이다. 그중에서도 특히 인상적인 것은 교회가 한국에서 때로는 가난한 인재들을 키우는 '인큐베이터' 역할을 해왔다는 것과 부모가 엄격한 체벌로 가정교육을 했다는 대목이다. 또한 정일형 박사를 일으킨 아내의 헌신적인 내조와 이태영 변호사를 만든 남편의 아름다운 외조도 참으로 인상적이다. 해방 후 최초로 3대 정치인을 배출한 가문이 될 수 있었던 것은 바로 위대한 아내와 남편이 있고 가족과 형제간의 화합과 우애가 있었기에 가능했다.

> 명문가에서 배우는
> 큰 인물 만드는 비법 11

교회 종지기 소년을 큰사람으로 만든
'큰 새'처럼 꿈꾸기

　데일 카네기가 쓴 『나의 멘토 링컨』을 보면 처절함이란 게 어떤 것인지 느끼게 해준다. 이 책을 보면 미국 대통령을 지낸 에이브러햄 링컨이 어릴 적에는 너무나 가난해, 사람이 이렇게도 살 수 있을까 하는 생각마저 들게 한다. 9세 때 어머니를 잃은 링컨은 수년간 인디애나의 오두막에서 미래에 자신이 해방시킬 그 수많은 노예들보다 더욱 끔찍한 가난을 견뎌야 했다.
　링컨이 받은 정규 학교교육 기간은 다 합쳐도 기껏해야 12개월을 채우지 못한다. 그는 대신 독서를 많이 했다. 책은 링컨이 전에는 한 번도 꿈꾸지 못했던 미지의 세상으로의 문을 열어주어 그를 변화시켰을 뿐 아니라 시야를 넓혀주고 비전을 보여주었다. 그는 25년 동안 독서에 대한 열정으로 살았다. 21세 때까지 아버지를 도와 초원에서 돼지와 소, 옥수수를 키웠고 그때 처음 인쇄기라는 것도 보았다. 자신이 변호사가 되리라고는 상상도 못한 채 말이다.
　어린 시절 링컨이 가지고 있던 책은 단 네 권뿐이었다. 어머니가 준

성경과 『워싱턴 전기』, 아버지가 준 『천로역정』, 어떤 부인이 선물한 『이솝우화』가 그가 가진 책의 전부였다. 『워싱턴 전기』는 먼 마을에 살던 변호사 앤드루 크로포드의 집에서 빌려 왔다가 빗물에 젖는 바람에 책값 대신 농사일을 해주기로 하고 갖게 된 것이다. 링컨은 이 책들만으로 꿈꾸기를 멈추지 않고 꿈을 이루기 위해 실패와 도전을 반복했다.

책을 통해 링컨은 윌리엄 셰익스피어와 영국 시인 로버트 번스를 알게 되었다. 링컨이 놀란 것은 두 작가 모두 대학에 진학하지 못한 데다 자신보다 오히려 교육을 받지 못했다는 사실이었다. 링컨은 배움이 짧은 아버지의 아들로 태어나 교육을 받지 못한 것이 외려 잘된 일이라고 생각했다. 21세가 지나서야 링컨은 꿈을 꾸기 시작했는데, 셰익스피어와 번스 같은 작가가 되는 것이었다.

그리고 사랑하는 연인을 만났다. 대학을 다니는 그녀를 만나면서 링컨은 그녀와 결혼하기 위해서는 자랑스러운 사람이 되어야겠다고 생각했고, 변호사가 되기로 마음먹었다. 링컨의 꿈꾸기는 이렇게 뒤늦게 시작되었다. 그리고 마침내 수많은 좌절을 이겨내고 52세에 꿈처럼 대통령에 당선되었다.

20세기 초에 세계 최고의 부자이자 자선사업가로 이름을 떨친 앤드루 카네기 역시 공교육을 거의 받지 못했다. 초등학교 4학년까지 다닌 게 그가 받은 정규교육의 전부다. 대신 독학을 하고 독서를 하며 대학 교육을 받은 다른 사람들 못지않게 지식과 교양을 쌓았다. 어느 날 소년 카네기는 제임스 앤더스 대령이라는 사람이 자기 집 개인 도서관에 소장중인 장서 400여 권을 소년 노동자들에게 개방하기로 했다는 소식을 접했다. 우여곡절 끝에 그 도서관에서 책을 빌려 본 카네기는 그때 이후로 꿈을 꾸기 시작했다. 당장은 돈도 없고 성공하지도 못했지만 큰돈을 벌었을 때 자신이 이루고 싶은 장기적인 목표 세 가지를 세웠다. 첫째는 대학 설립, 둘째는 무료 도서관 설립, 셋째는 인간의 고통을 경감시키는 데 필요한 병원이나 의과대학, 연구소 등을 한 곳 이상씩 설립하는 것이었다.

그의 꿈은 기적처럼 이루어졌다. 가난한 소년이 성공의 꿈을 꾸기 시작한 지 40년이 안 되어 철강 사업으로 세계 최고의 부자가 된 것이다. 꿈꾸기의 힘은 이렇게 위대하다.

링컨이나 카네기 가의 공통점은 처음에는 너무 가난하고 먹고살기에도 바빠서 꿈조차 꿀 수 없었다는 것이다. 하지만 그런 와중에도 이웃을 돕고 책을 읽으면서 자신의 꿈을 키워갔다. 가난과 고난 속에서도 꿈을 버리지 않았기에 마침내 대통령이 되고, 세계 최고의 부자가 될 수 있었다.

청상과부인 어머니와 함께 고향에서 도망치듯 떠나온 소년 정일형은 어머니와 함께 지낼 방 한 칸도 없었지만 교회 종지기 일을 하고, 〈독립신문〉을 배달하고, 열심히 학교에 다니면서 큰 인물이 되기를 꿈꾸며 민족의식을 키워갔다.

의지할 곳 없던 소년은 어느 날 많은 작은 새들이 파닥이는 바닷가 저 멀리서 큰 새 몇 마리가 날아오는 장면을 보았다. 그런데 이상한 일이 벌어졌다. 그동안 시끄럽게 재잘거리던 모든 새들이 큰 새들이 등장하자 갑자기 조용해진 것이다. 그때 소년은 불현듯 '나도 저 큰 새처럼 큰사람이 되고 싶다'는 꿈을 품었다. 그리고 그다음 날부터 그 큰 새를 생각하면서 매일같이 바닷가에 나왔다.

　　가난한 소년이 꿈을 꾸기 시작한 것이다. 꿈이 생기자 종지기 일을 하고 신문 배달을 하는 고학생의 고달픔도 사라졌다. 그 소년은 훗날 연희전문학교를 거쳐 미국 유학길에 올라 박사 학위를 받았다. 그의 부인 이태영은 세 자녀를 낳고 33세에 법학 공부를 시작해 39세에 고시에 합격함으로써 주부로서는 불가능해 보였던 꿈을 실현했다. 100년이 흐른 지금, 정일형과 이태영 부부의 꿈꾸기는 마침내 해방 후 첫 3대 정치인 가문이라는 결실을 맺었다. 가난하더라도, 고난을 겪고 있더라고 결코 꿈꾸기를 멈추어선 안 된다.

● 에필로그

한국을 빛낸 '글로벌 리더'에게 배우는
또 하나의 자녀교육 성공 비결
- 고 강영우 전 백악관 차관보와 김용 세계은행 총재의 사례

시각 장애를 이겨내고 미국 백악관 차관보의 자리까지 오른 고 강영우 박사(교육학)와 경제학자가 아닌 보건 행정 전문가로서 세계은행 총재로 선임된 김용 박사(의학, 인류학)는 한국을 빛낸 대표적인 글로벌 리더라고 할 수 있다. 이들의 성공이 그들 자신의 치열한 노력과 열정의 산물이었음은 두말할 나위가 없다.

그런데 두 글로벌 리더가 자라온 환경은 전혀 달랐다. 강영우 박사는 홀어머니 밑에서 자랐고, 중학생 때 불의의 사고로 실명을 하는 등 온갖 어려움을 겪었지만, 고난과 역경을 극복하고 한국인으로서는 최초로 미국 백악관 차관보가 되었다. 또한 강 박사는 두 자녀를 미국의 핵심 인재로 키워냈다.

김용 총재는 치의대 교수인 아버지와 퇴계학 박사인 어머니 사이에서 유복하게 자랐다. 그의 부모는 확고한 교육철학을 갖고 김용을 가르쳤는데 '실용'과 '정신'의 조화가 그것이다. 김용은 부모님의 가르침대로 하버드 대학 의대 교수(실용)로 재직하면서 '의료봉사'(정신)에 눈을 떴고, 국제 의료봉사 분야의 보건 행정 전문가가 되었다. 한국을 빛낸 이들 '글로벌 리더'의 성공 스토리에는 현대 명문가 자녀교육의 또 다른 진수가 담겨 있기에 에필로그에서 소개하고자 한다.

'개인 성장-자녀교육-사회봉사' 순으로 인생의 '큰 돌'을 정하라
- 강영우 박사

시각장애인으로서 미국에서 차관보까지 지낸 고 강영우 박사(1944~2012)는 인생의 한 시점부터 자녀교육을 인생의 우선순위에 두어 마침내 두 자녀를 미국 최고의 엘리트로 키워낸 주인공이다. 강영우 박사의 인생 스토리는 '한 편의 드라마 같다'는 표현으로는 부족할 만큼 대단하다. 그의 실화를 바탕으로 한 2부작 드라마가 제작되기도 했는데, 1994년 MBC 창사 특집 드라마 〈눈먼 새의 노래〉가 바로 그것이다.

1944년 경기도 양평군에서 태어나 아버지를 일찍 여의고, 홀어머니 밑에서 자란 그는 중학교 때 눈에 축구공을 맞아 실명했다. 아들의 실명 소식에 충격을 받아 어머니가 세상을 떠나고 얼마 지나지 않아 누나도 병으로 숨을 거두었다. 하루아침에 맹인 고아가 된 그는 이후 그야말로 온갖 차별과 홀대를 받으며 살았지만 고난 속에서도 더욱 자신을 단련했다.

다른 학생보다 5년 늦게 공부를 시작했지만 1968년 서울맹학교 고등부를 졸업해 연세대학교 교육학과에 입학하고 1972년 전체 차석으로 졸업했다. 졸업과 함께 결혼한 그는 1972년 8월, 한국 장애인 최초의 정규 유학생으로 아내와 함께 미국으로 건너가 피츠버그 대학교에서 교육학·심리학 석사와 교육학 전공 철학박사 학위를 취득해, 1976년 한국인 맹인으로서는 최초로 박사 학위를 받았다. 이후 그는 미국, 아니 전 세계를 움직일 수 있는 리더의 자리에 오르게 된다. 백악관 국가장애위원회 정책차관보 자리에 올라 연방정부 최고위 공직자가 된 것이다.

그의 성공은 여기서 끝이 아니다. 그의 두 아들이 아버지의 성공을 이어가고 있다. 큰아들 진석은 〈워싱턴 포스트〉가 선정한 2011년 '최고의 수퍼닥터'로 뽑혔으며, 둘째 진영은 오바마 대통령의 선임법률고문으로 일하고 있다.

50년 전의 맹인 고아가 사회적으로 존경받는 가문을 일궈낼 수 있었던 비결이 무엇일까.

첫째, 그는 먼저 인생의 '큰 돌'을 정하고 그다음의 우선순위를 정해 집중하라고 조언한다. 시티그룹 세미나에서 그는 한 가지 실험을 보게 되었다. 돌, 자갈, 모래, 물, 이렇게 네 가지를 넣어 항아리를 채우는 실험이었다. 어떤 사람들은 그중 한 가지 또는 두 가지만으로 항아리를 채운다. 또는 자갈이나 모래로 먼저 항아리를 채우는 바람에 큰 돌은 넣어보지도 못하는 사람들도 있다. 큰 돌은 맨 처음에 넣지 않으면 영영 들어갈 자리가 없다. 우선순위를 정해서 돌-자갈-모래-물의 순서로 넣으면, 이 네 가지는 서로 방해받지 않고 조화를 이루면서 항아리를 채울 수 있다.

강 박사는 이 실험을 마음에 새기고 인생의 고비마다 '큰 돌'을 정해서 집중했다고 한다. 다만 큰 돌은 인생의 고비마다 바뀌었다. 박사 학위를 받을 때까지는 자신의 능력과 재능을 최대한 계발하는 것이 주요 과제였다. 즉 '개인의 성장과 성공'이 큰 돌로서 최우선 순위였다. 33세에 박사가 된 후 두 아들의 아버지가 되면서 인생의 큰 돌은 '성공적인 자녀교육'으로 바뀌었다. 치밀한 계획과 준비 끝에 두 아들이 미국의 명문 사립고인 필립스 아카데미에 입학해 기숙학교에 들어간 뒤부터는 다시 인생의 큰 돌이 자녀교육에서 '아름다운 세상을 만드는 사회봉사'로 바뀌었다. 그 꿈을 추구하다 보니 백악관 차관보라는 자리에까지 이르게 된 것이다.

둘째, '나 자신이 아닌' 많은 이들을 이롭게 하는 꿈을 꾸라는 것이다. 그의 삶은 역경의 연속이었다. 그는 15세 때 불의의 사고로 시력을 잃었다. 그 일을 전후로 아버지와 어머니가 차례로 세상을 떠났다. 그러자 17세 누나가 세 동생을 부양하느라 학교를 그만두고 공장에 취직해 일하다가 16개월 만에 과로로 쓰러져 세상을 뜨고 말았다. 결국 어린 삼 남매는 뿔뿔이 흩어져 소년 강영우는 맹인재활원으로, 13세 남동생은 철물점으로, 아홉 살이던 여동생은 보육원으로 가야 했다. 이런 사정으로 강영우는 다른 학생보다 5년 늦게 공부를 시작해 18세에야 중학교 1학년에 진학할 수 있었다.

강 박사는 "포기하지 않는 의지와 끈기가 있었고, 무엇보다 나 자신을 위한 꿈이 아니었기에 성공이 가능했다"고 말한다. 그는 두 아들에게도 늘 나 자신의 성공이 아니라 '더 좋은 세상을 만드는 꿈'을 가지라고 당부했다.

"1등은 아니었어요. 사실 우리 두 아들의 성적이 우수했는지는 몰라도 1등은 단 한 번도 해본 적이 없습니다. 그런데 지금은 학창 시절 최고 성적을 냈던 그 누구보다 성공했다고 생각합니다. 이유는 더 좋은 세상을 만드는 꿈을 이루려는 비전을 가졌기 때문이죠."

강 박사는 "성공의 포인트는 꿈의 성취이지 지위가 아니었습니다"라면서 "꿈을 꾸니 지위가 따라온 것"이라고 말했다. 이는 돈을 벌기 위해 일한 게 아니라 열심히 일을 하다 보니 저절로 돈이 들어온 것이라는 부자들의 말과 같은 이치다.

그리고 그 꿈은 자신이 아니라 많은 이들을 이롭게 하는 넓은 의미의 꿈이어야 했다. 강 박사는 "자녀를 올바르고 능력 있게 키우려면 자녀들이 자기 자신보다는 다른 사람들의 삶의 질을 높이고 더 좋은 세상을 만들기 위해 배운다는 마음을 갖게 하는 것이 중요합니다"라고 말했다.

강 박사가 이런 생각을 갖게 된 것은 미국의 명문 학교인 필립스 아카데미(엑서터와 앤도버의 두 명문 사립고)를 세운 존 필립스의 건학 이념 덕분이었다. 필립스 아카데미의 건학 이념이 바로 '나 자신을 위해서가 아닌'이다. 강 박사는 두 아들에게도 이런 꿈을 심어주기 위해 필립스 아카데미에 진학시키기로 결심했고 마침내 목표를 이루었다.

큰아들 진석이 세 살 될 무렵부터 이런 계획을 세웠는데 제일 먼저 저축 통장을 만들어 대학원까지의 등록금을 마련하기 시작했다. 진석은 아버지의 바람대로 필립스 엑서터 아카데미를 거쳐 하버드 대학교 의대를 졸업하고 현재 조지타운 대학 안과 교수로, 작은아들 진영은 필립스 앤도버 아카데미를 거쳐 듀크 대학교 로스쿨을 나와 미국 백악관 선임 법률고문으로 일하고 있다. 이것이 강 박사가 말하는 꿈을 이루는 또 하나의 비결이다. "주류가 되고 싶다면 주류의 물결에 합류하라".

마침내 강 박사는 두 아들을 미국의 주류가 진학하는 명문 학교 필립스 아카데미에 진학시켰다. 작은아들 진영이 다닌 필립스 앤도버 아카데미 교장의 도움으로 강 박사는 자신의 저서인 『빛은 내 가슴에』를 조지 부시 대통령에게 전달했는데, 필립스 앤도버 아카데미의 동문인 조지 부시 대통령은 "이 책에는 하나의 불완전한 생명을 끝까지 완성하기 위해 노력하는 고마운 마음씨를 가진 사람들의 고귀한 사랑과 봉사의 이야기가 담겨 있다"고 평가했다. 그 인연으로 강 박사는 그 아들인 부시 대통령에게 발탁되어 차관보의 자리에 오를 수 있었다.

"나에게 인생과 자녀교육에서 성공한 비결을 하나 말하라고 한다면, 필립스 아카데미의 건학 이념을 나와 우리 가족의 것으로 채택한 것입니다."

이런 경험을 바탕으로 강 박사는 "자신이 속하고 싶은 세계의 핵심 인재들과 긍정적인 인맥을 형성하라"고 강조한다. 이것이 강 박사의 세 번째 성공 비결이다. 기회가 왔을 때 그것을 놓치지 않고 포착하기 위해서는 평소에 자신의 능력을 대변하고 추천해줄 수 있는 인맥이 형성되어 있어야 한다는 것이다. 강 박사는 미국에서는 학연으로 인한 인맥 네트워킹이 아주 활발하게 작동한다고 설명했다.

"학연으로는 부족합니다. 유사한 인생관이나 가치관 또는 세계관을 가진 사람들과 어울리고 그들 집단에 속해야 합니다. 부자가 되려면 부자들과 어울리고 사랑과 봉사를 실천하려면 봉사 단체의 일원이 되라는 말입니다."

마지막 성공 비결은 고난과 역경을 '긍정적 자산'으로 삼는 것이다. 다시 말해 세상을 긍정적인 관점에서 보는 것이다. 강 박사는 장남 진석이 어렸을 때 "야구, 운전, 자전거 타기를 가르쳐주는 것은 눈뜬 엄마가 더 잘하지만, 눈먼 아빠가 더 잘하는 다른 것들도 있단다"라고 말했다. 그러자 진석이 호기심 가득한 얼굴로 "그게 무슨 말이야?"라고 물었다.

"네가 잠들기 전에 아빠는 불을 끄고도 성경 이야기나 동화책을 읽어줄 수 있지만 엄마는 불을 끄면 책을 못 읽어주잖니."

시각장애인인 강 박사는 빛 없이 손의 촉감으로 점자책을 읽어줄 수 있었던 것이다. 그 말 한마디로 진석은 아버지의 실명을 새로운 시각, 긍정적인 시각으로 보게 되었다고 한다.

강 박사는 췌장암으로 세상을 떠나기 전 두 아들과 함께 국제로터리재단에 25만 달러를 기부했다. 국제로터리재단은 40년 전인 1972년 강 박사에게 장학금을 주어 미국 유학의 기회를 제공했던 재단이다. 그는 그 고마움을 잊지 않고 자신과 같은 또다른 인재를 위해 길을 열어준 것이다.

그는 자신이 먼저 세상을 밝히는 인재가 되어 두 자녀를 훌륭하게 키워냈다. 그것은 '나 자신을 위한 꿈'이 아니라 '많은 이들을 이롭게 하는 꿈'을 꾸었기에 가능했다. 그는 우선 자기 자신을 일으켜 세우기 위해 피나는 노력을 경주했다. 그리고 어느 정도 성공에 도달하자 다시 인생의 큰 돛을 자녀교육에 두고 집중했다. 마지막으로 자녀들이 어느 정도 홀로서기를 했을 때 이번에는 봉사라는 더 큰 꿈에 도전했다. 인생의 큰 돌을 단계마다 세 번에 걸쳐 옮겨놓았던 것이다. 그리고 마침내 그는 명문가의 초석을 다진 위대한 아버지가 되었다. 명문가란 이렇게 시작되는 게 아닐까.

한 아버지는 엄청난 성공을 거둔 예술가 또는 CEO, 아니면 운동선수를 자녀로 두었다. 그러나 그는 자녀와 그리 친근하지 않고 낯선 관계인 이방인 같은 아버지다. 다른 한 아버지는 배관공이나 버스 운전사처럼 그냥 보통 사람으로 역사에 길이 남을 만한 업적을 세운 적은 없지만 자식들을 위해서라면 야근을 마다하지 않고 언제나 가족이 모이는 자리에 함께하여 자녀로부터 열렬한 사랑과 존경을 받는다. 당신은 어느 편이 바람직하다고 생각하는가?

필 맥그로가 쓴 『위대한 가족을 만드는 7가지 원칙』에 나오는 내용이다. 아마도 요즘 아버지들은 전자가 더 많고 후자는 별로 없을 듯하다. 하지만 한 번쯤 자신의 지난날들을 중간 결산해본다면, 전자에 속하는 아버지는 자녀와 친밀한 관계를 맺지 못했다는 것을 깨닫게 될 것이다. 평일에는 직장일이 바빠서 아이들과 놀지 못하고 휴일에는 골프나 낚시 등으로 자녀와 함께 보낼 시간이 없었을 것이다. 반면 후자에 속하는 아버지는 늘 자녀를 우선으로 생각해 아이들과 함께하기 위해 노력했을 게 분명하다. 전자이든 후자이든 이것 한 가지는 가슴에 새겨두자. 많은 시간이 흐른 뒤 자신과 함께해줄 사람은 직장 동료도 친구도 아니다. 바로 소중한 가족이다.

요즘 직장 업무나 사업 때문에 바쁜 아버지들이 아이와 함께 보낼 시간이 없다고 하소연한다. 하지만 이는 우선순위를 어디에 두느냐에 달려 있다. 일이 우선순위가 되면 아이와 시간을 보내는 것은 자연히 뒤로 밀리게 된다. 자녀와 좋은 관계를 유지하려면 무슨 일이 있더라도 일주일에 하루 정도는 아이와 함께 시간을 보내는 것을 우선순위에 두어야 한다. 필 맥그로는 "인생의 스크랩북을 넘겨보면 같이 일했던 직장 동료들은 그 안에 없을 겁니다. 그 스크랩북은 가족들 사진으로만 채워져 있게 마련이죠"라고 말한다. 지나고 보면 남는 것은 결국 가족밖에 없다. 자녀교육은 부모가 정하는 우선순위에 따라 그 성패가 좌우된다고 해도 과언이 아니다.

강 박사처럼 인생의 중요한 단계마다 하나의 큰 돌을 정해 집중하자. 부모가 자녀교육을 우선순위에 둘 때 인물은 길러지고 명문가는 만들어지는 것이다.

1등이 되기보다 '위대한 것'에 도전하라
- 김용 세계은행 총재

'맥아더 천재상'(2003), 미국 〈뉴스 앤 월드 리포트(US News & World Report)〉 선정 '미국의 25대 리더'(2005), 〈타임스 매거진(Times Magazine)〉 선정 '세계에서 가장 영향력 있는 100인'(2006), 아이비리그 다트머스 대학교 총장(동양인 최초, 2009), 그리고 세계은행 총재(2012).

올해 53세의 나이로 세계은행의 수장이 된 김용 총재의 화려한 이력이다. 동년배라면 열패감을 안겨주기에 충분한 글로벌 인재다. 그렇기에 오바마 대통령은 경제통이 아닌 국제 의료봉사 전문가이자 행정가인 그를 세계은행 총재로 지명한 것이다. 그는 브라운 대학교를 거쳐 하버드 대학교에서 의학과 인류학 박사 학위를 취득했고, 하버드 대학교 의대 교수를 지냈다.

그는 최고의 지식 엘리트이자 인성 엘리트로 평가받기에 부족함이 없다. 미국 아이비리그의 명문 다트머스 대학교가 2009년 그를 아시아계 최초의 아이비리그 총장으로 선임하면서 '봉사와 헌신'의 정신을 선임 이유 중 하나로 든 데서도 그가 지식과 인성을 겸비한 글로벌 리더라는 사실을 확인할 수 있다. '봉사와 헌신'이야말로 최고의 인성 엘리트가 지녀야 할 덕목이기 때문이다.

과연 무엇이 그를 세계적인 지도자로 만들었을까? 그 비결은 먼저 가정교육에서 찾을 수 있다.

첫째, 김용은 어린 시절부터 아버지(김낙희, 1987년 별세)에게 "먼저 '기술(실력)'로 무장하라, 그리고 난 후에 좋아하는 일을 하라"는 가르침을 받았다. 세상에서 인정받는 기술, 즉 실력을 갖추는 게 중요하다고 배운 것이다. 아이오와 대학교 치의대 교수였던 그의 아버지는 김용에게 자신처럼 의학을 공부하라고 조언했다. 의학 기술이라면 어디서든 대접받는 인재가 될 수 있으리라는 판단에서였다.

김용은 브라운 대학교 2학년 방학 때 아버지에게 무슨 일을 하고 싶냐는 질문을 받았다. 그는 9세 때 마틴 루서 킹 목사 암살 사건을 접하고는 '세상의 불평등을 없애겠다'고 이미 다짐한 터였다. 그는 아버지에게 소년 시절의 다짐대로 "철학이나 정치학을 공부하겠다"고 답했다. 이에 아버지는 "무슨 일을 해도 좋지만 우선 의대 인턴 과정부터 끝마쳐라. 한국계로 미국에서 살려면 무엇보다 기술이 꼭 필요하다"고 말했다.

그의 아버지는 실용적인 능력을 중시하는 사람이었다. 조선 후기로 치면 연암 박지원 같은 실학파라고 할 수 있다. 아들에게 미국에서 동양인으로 살아가려면 먼저 실력, 즉 기술을 가지고 있어야 한다고 조언한 데는 그것이 생존의 필수적인 요소라고 여겼기 때문이다.

일찍이 에리히 프롬이 『사랑의 기술』에서 주장했듯이 아버지는 자녀에게 '생존의 기술'을 가르치는 것을 사랑이라고 여긴다. 김용의 아버지 역시 아들에게 필요한 생존의 기술을 가르쳤는데, 미국으로 이민 와 고단한 삶을 살아야 하는 동양인 이민자의 경험에서 우러나온 혜안이었다. 김용이 5세 되던 1964년 한국을 떠나 미국으로 이민 간 그의 아버지는 6·25 한국전쟁 당시 17세 나이에 고향인 북한 남포를 떠나 홀로 월남해 서울대학교 치의대를 졸업하고 미국 뉴욕으로 유학을 떠났다.

김용은 실력을 키우는 실용적인 공부법 역시 아버지에게 배웠다. 아버지는 "매주 금요일 숙제는 그날 마쳐라. 일요일까지 미루면 그땐 못 하게 하겠다"고 했고 그 '약속'을 지켰다. 그는 그날 해야 할 숙제를 미루지 않고 제때에 열심히 공부해야만 실력을 키울 수 있다고 굳게 믿었다.

어머니 전옥숙 박사는 아버지와는 교육철학이 달랐다.

"어머니는 늘 '위대한 것에 도전하라'고 하셨어요. 제 꿈은 마틴 루서 킹처럼 세상의 불평등을 없애는 데 기여하는 것이었는데 그게 어머니가 말한 '위대한 것'이었던 것 같습니다."

어머니는 늘 '큰 뜻을 품고 세계를 위해 봉사하라'고 가르쳤다. 훗날 봉사하는 삶에 대한 그의 열정은 일찍이 어머니의 가정교육에서 비롯된 것이다. 그가 다트머스 대학교 총장으로 선임될 때 높이 평가받은 덕목 중 하나가 봉사에 대한 열정이다. 여기서 우리는 봉사의 열정이 1등보다 위대한 것이라는 사실을 확인할 수 있다.

전옥숙 박사는 서울에서 여고를 졸업한 뒤 미국 아이오와 대학교에서 퇴계 철학 연구로 박사 학위를 받은 퇴계학의 권위자다. 국제퇴계학회 활동을 통해 퇴계학의 가치를 조명하는 데 많은 관심을 기울였고, 남가주 대학교(UCLA)의 한국학연구소장을 맡아 미국 학생들에게 한국의 유교 문화를 가르쳤다. 이런 경험이 바탕이 되어 그녀는 아들에게 늘 퇴계 선생과 같이 말과 행동이 일치하는 삶을 살라고 가르쳤다. 김용은 어머니의 그러한 가르침을 가슴에 새기며 살아왔고, 언행이 일치한다는 평가를 받는다. 그런데 살아보면 알겠지만 언행이 일치하는 삶을 살기란 결코 쉽지 않다. 부모가 자녀에게 거짓말을 하는 것도 바로 언행 불일치의 대표 사례다.

그의 어머니는 어린 시절부터 시를 쓰는 부모 밑에서 자랐다. 김용 총재의 외할아버지가 시조시인 전병택이고 외할머니가 시인 이경자다. 그의 외삼촌은 성균관대학교 유학대학의 전현전 교수다. 전 교수는 퇴계 선생의 '성학십도(聖學十圖)'를 강의해왔으며 김용에게는 인생의 스승과 같은 멘토였다. 이런 집안 내력만 보더라도 성장기 김 총재의 가정교육 분위기를 짐작할 수 있다.

어머니는 철학자답게 항상 자신은 누구이며, 세상에 무엇을 줄 수 있는지 그리고 어떤 사람이 될 수 있는지 등의 질문을 던지면서 아들에게 "1등보다 '위대한 것'에 도전하라"고 가르쳤다. 그래서 세계에서 일어나는 일, 즉 시사적인 것에 관심을 갖도록 지도했고 뉴스를 어떻게 해석해야 하는지에 대해서도 알려주면서 이와 관련해 토론을 벌이기도 했다.

그런데 김용의 부모처럼 양쪽 부모가 자칫 자녀교육에서 상반된 입장을 취하면 자녀가 혼란에 빠질 수도 있다. 예를 들어 어머니는 성적을, 아버지는 인성을 각각 강조하면 자녀는 길을 잃고 헤맬 수 있다. 그런데 김용은 부모의 가르침을 절묘하게 접목해냈다. 성공하는 가정을 보면 부모의 열정에 대해 자녀 또한 부단한 노력으로 보답한다.

큰 인물은 부모의 의지만으로 만들어지지 않는다. 스티브 잡스는 스탠퍼드 대학교 졸업식 축사에서 "꿈을 이룰 때는 '점'과 '점'을 잘 이어야 한다"고 강조했다. 여기서 점이란 한 사람이 살아온 삶의 과정들이 모인 것이다. 예를 들면 과학을 전공하고서도 소설가의 삶을 살 수 있다. 여기서 두 삶이 두 점에 해당한다. 이때 두 삶은 성격이 전혀 다르다. 하지만 소설을 쓸 때 다른 작가들과 달리 과학의 영역을 집중적으로 소설의 소재로 쓴다면 그는 과학 전문 소설가가 될 수 있다. 이는 점과 점을 잘 이은 경우다.

또 변호사로 일하다가 소설가가 될 수도 있다. 대표적인 사람이 미국의 추리소설 작가 존 그리샴이다. 『어소시에이트』 등의 세계적인 베스트셀러를 펴낸 그는 변호사 시절의 경험을 바탕으로 소설에서 변호사의 세계를 집중적으로 다룬다. 이 역시 점(변호사)과 점(작가)을 잘 연결해 성공한 사례에 해당한다.

김용은 실력(기술)을 중시하는 아버지와 가치(헌신과 봉사)를 중시하는 어머니의 철학을 연결해 자신의 삶에 잘 접목시켰다. 그 결과 부친이 권유한 기술, 즉 의술을 가지고 어머니가 강조한 가치 있는 헌신의 삶인 의료봉사를 실천하며 살 수 있었다.

　다시 말하자면, 그는 아버지의 교육 방침에 따라 미국의 백인 주류 사회에서 무시당하지 않기 위해 의학 기술이라는 전문직에 필요한 자격을 취득해 '하버드 대학 출신 의학박사'가 되었다. 그리고 자신이 원했던 인류학을 공부해 박사 학위를 땄다. 실력과 기술을 갖추고 난 후에는 자신이 원하는 삶을 살기 시작했다. 여기에 헌신하는 삶을 살라는 어머니의 가르침을 접목했다. 그것은 바로 가난한 나라에서의 의료봉사였다.

　페루 등의 가난한 나라에 의약품을 전달하는 등 자신이 하고 싶었던, 세상의 불평등을 줄일 수 있는 봉사 활동을 시작했다. 그는 하버드 대학교에서 의대 교수로 재직하면서 동료 교수와 비영리 의료봉사 기구인 PIH(Partners In Health)를 조직해 활동했다. 이때의 경험을 토대로 세계보건기구(WHO)와 공동으로 결핵과 에이즈 등 저개발국의 질병 퇴치를 위해 오랫동안 헌신해왔다. 그 결과 김용은 의대 교수라는 자리에서 더 나아가 저개발국들의 보건 발전을 위해 활동하는 보건 행정 전문가가 되었고, 경제 전문가가 아님에도 세계은행 총재에 선임될 수 있었다.

　여기서 귀중한 교훈을 얻을 수 있다. 그것은 어떤 지위를 추구하지 않고 자신이 하고 싶은 무언가에 열정적으로 매진하면 그 이상의 대가가 주어진다는 것이다. 김용은 하버드 대학교 의과대학 교수로 학생들을 가르치는 한편 가난한 나라들을 돌며 의료봉사 활동을 했다. 그것이 그가 전혀 생각지도 않았던 아이비리그 대학 총장의 길로 이끌어주었다. 또한 아이비리그 총장의 자리는 그가 인생의 목표나 꿈으로 한 번도 생각하지도 않았던 세계은행 총재의 자리로 이끌었다. 그것은 바로 불평등을 개선하기 위해 그가 '하고자 했던 그 무엇', 즉 의료봉사가 가져다준 '보너스' 같은 것이다. 그는 말한다.

"'What to be'(무엇이 될 것인가)가 아니라 'What to do'(무엇을 할 것인가)를 추구하십시오. 나는 한 번도 내가 어떤 자리에 오르거나 어떤 사람이 될 것인가에 관심을 두지 않았습니다. 늘 내가 무엇을 해야 하나에 관심을 두었습니다."

김용은 "누군가가 되기 위한 인생을 살지 말고, 무엇인가를 하기 위한 인생을 살아야 한다"고 어머니에게 배웠고, 그것이 인생의 길잡이가 되어 자신을 이끌어주었다고 말한다.

끝으로 김용 총재는 한국의 젊은이들에게 먼저 세상에 도움을 줄 수 있는 실력(기술)을 갖추라고 당부한다. 그 하나가 바로 외국어다. 그는 생존에 꼭 필요한 영어를 포함해 두 개 정도의 외국어를 구사할 수 있어야 한다고 강조한다. 영어는 전 세계인이 사용하는 만국 공용의 언어로 생존을 위한 필요조건이자 충분조건이다. 아이비리그 대학에서 공부하고, 세계보건기구에서 일하고, 전 세계로 의료봉사를 다니면서 글로벌 시대에 적응하기 위해서는 외국어 능력이 절실하다는 것을 깨달았기 때문이다.

"반드시 두 개 이상의 외국어를 배울 필요가 있어요. 세 개면 더욱

좋습니다. 네덜란드는 거의 모든 국민이 세 개의 외국어를 합니다. 한국 젊은이들은 영어와 중국어를 하는 것도 좋다고 생각합니다."

김용 총재는 한국어로 의사소통을 하는 데 별다른 문제가 없다. 아들이 한국말을 잊어버리지 않도록 어릴 때부터 그의 부모는 집에서 늘 한국말을 사용했다.

또한 한국 학생들에게 '스펙'보다 더 특별하고 의미 있는 일을 추구하라고 조언한다. 김용은 다트머스 대학교의 신입생 선발 기준이 바로 '학생들이 세상일에 대해 얼마나 호기심과 열정을 가지고 있는가'라고 했다. 그는 한국의 젊은이들에게 책만 파는 공부벌레가 되지 말고 눈을 크게 뜨고 세계를 바라보라고 충고한다.

"대학들이 똑똑하고 실력이 아주 뛰어난 학생을 원하고 있고, 이러한 학생들이 분명 대학에 도움이 되겠지요. 하지만 공부만 열심히 하는, 소위 공부벌레는 더이상 원하지 않습니다. 학업에 대한 뜨거운 열정과 세상일에 대한 깊은 호기심을 가진 학생들을 원합니다. 시대가 변하고 있고, 앞으로 더욱 빠른 속도로 변할 것이기 때문입니다."

그는 덧붙여 "호기심과 열정이 없는 공부벌레는 핵심 인재가 될 수 없다"고 말한다. 달리 말하면 명문 대학을 나오거나 해외 유학을 하더라도 호기심과 열정 없이는, 대기업에는 들어가겠지만 세상의 주목을 받는 인재는 될 수 없다는 뜻이다.

그래서 김용은 자칫 쓸모없을지 모를 스펙 쌓기에 열중하기보다 더 가치 있는 일을 추구하는 데 필요한 것을 준비하고, 다양한 경험을 통해 내실을 다지라고 주문한다. 2009년 다트머스 대학교 총장 취임 연설

때 그는 "입학을 위해 필요한 것은 1등 성적표가 아니다. 세상을 바꾸기 위해 얼마나 관심을 갖고, 얼마나 특별하고 의미 있는 일을 했고, 또 앞으로 할 것인가 하는 비전이 필요하다"면서 학생들에게 '열정' '끈기' '열공'(열심히 공부하기) '크게 생각하기', 이 네 가지를 주문했다.

김용은 무엇이 되기 위해 살지 말고 내가 세상을 위해 무엇을 해야 하는지를 생각하면서 살아간다면 누구나 자신처럼 될 수 있다고 말한다. 그 시작은 호기심과 열정이다. 세상이 어떻게 돌아가는지 알기 위해서는 먼저 호기심을 가지고 세상을 바라보는 게 중요하다. 그러려면 신문과 책을 열심히 보고, 여행을 하고, 세상을 직접 경험(아르바이트, 인턴십 등)해봐야 한다. 세상에 대한 호기심이 있어야 어떻게 살지에 대한 목표와 그에 대한 열정이 생긴다. 김용 총재의 어머니가 늘 신문을 읽게 하거나 시사에 관심을 갖게 하고 토론을 함께 한 이유도 그 때문이다.

자녀를 인재로 키우려면 먼저 그 가정만의 특별한 지식 교육과 인성 교육이 함께 이루어져야 한다. 김용의 부모는 사회에서 필요한 기술과 함께 봉사와 헌신 같은 고귀한 사회적 가치의 중요성을 가르치는 데 초점을 두었다. 쉽게 말하면 "사람에게는 빵도 중요하지만 빵만으로는 보람 있는 인생을 살 수 없다. 사회를 위해 무엇인가를 하며 봉사하고 헌신해야 한다"고 가르친 것이다.

봉사와 헌신에 삶의 가치를 둔 인성 교육이야말로 동서고금을 막론하고 모든 명문가들에서 공통적으로 발견되는 덕목이다. 이런 가르침을 실현하려면 김용의 경우처럼 '실용'(빵)과 '이상'(봉사와 헌신)을 접목하려는 개인의 노력이 중요하다. 특히 자녀 스스로 실용과 이상을 어떻게 조합하느냐에 따라 사회적 인재가 될 수도 있고 이기적 인재에 그칠 수도 있다. 실용에만 중점을 둔다면 '돈만 많이 버는 의사'에 그칠 수 있다. 늘 현실에 뿌리를 두고 있되 여기에 봉사와 헌신의 덕목을 실천한다면 생활인으로서 보다 가치 있는 삶을 살아갈 수 있을 것이다. 그런 점에서 하버드 대학교 의대 교수로서 의료봉사 활동에 열정을 바친 김용은 실용과 이상을 조화롭게 접목한 케이스라고 하겠다. 실용과 이상 어느 한 쪽에 치우치지 않고 균형을 유지한 김용 세계은행 총재야말로 명문가 자녀교육의 가장 이상적인 모델이 아닐까.